统　计　学

主　编　朱文娟
副主编　张晓芳　陈美香

電子工業出版社
Publishing House of Electronics Industry
北京・BEIJING

内 容 简 介

统计学是高等院校经济管理类专业的基础课程。本书全面系统地阐述了统计学的基本理论、基础知识和基本技能。内容包括绪论，统计数据的收集、整理与展示，统计数据的描述性分析，参数估计，假设检验，相关分析与回归分析，时间序列分析，对比分析与指数分析，Excel 在统计中的应用。全书结构合理、内容完善、深入浅出、通俗易懂、实用性强，每章附有配套练习题，便于学生理解、掌握与运用，有利于提高学生分析、解决实际问题的能力。本书可作为高等院校经济管理类专业的本科教材，也可作为统计实际工作者和经济管理工作者的学习参考用书。

图书在版编目（CIP）数据

统计学/朱文娟主编. —北京：电子工业出版社，2022.2（2023.7 重印）

ISBN 978-7-121-42870-8

Ⅰ.①统… Ⅱ.①朱… Ⅲ.①统计学—高等学校—教材 Ⅳ.①C8

中国版本图书馆 CIP 数据核字（2022）第 025412 号

责任编辑：魏建波
印　　刷：固安县铭成印刷有限公司
装　　订：固安县铭成印刷有限公司
出版发行：电子工业出版社
　　　　　北京市海淀区万寿路 173 信箱　邮编 100036
开　　本：787×1092　1/16　印张：12.5　字数：320 千字
版　　次：2022 年 2 月第 1 版
印　　次：2023 年 7 月第 2 次印刷
定　　价：49.80 元

凡所购买电子工业出版社图书有缺损问题，请向购买书店调换。若书店售缺，请与本社发行部联系，联系及邮购电话：（010）88254888，88258888。

质量投诉请发邮件至 zlts@phei.com.cn，盗版侵权举报请发邮件至 dbqq@phei.com.cn。

本书咨询联系方式：（010）88254609，hzh@phei.com.cn。

前　言

统计学是一门研究如何收集、整理和分析客观现象的总体数量特征，以便正确认识和把握客观现象发展规律的方法论学科。本教材是根据教育部普通高等院校专业基础课程教学基本要求，总结编写团队多年统计学教学实践和理论研究，按照应用型人才培养的特点而编写的，普遍适用于经济管理类专业。

本教材理论联系实际，全面、系统地阐述了统计学的基本理论、基础知识和基本技能，教材结构清晰、资料新颖、难度适中、内容完善、实用性强，总体来说具有以下几个特点：

（1）本教材力求准确把握重难点，简明扼要、通俗易懂。每章章前配有学习目标、案例导入，章后有知识点回顾，便于学习和把握知识要点，提高学习效率。

（2）在章节结构上，遵循少而精和学以致用的原则。本教材删除了概率与概率分布、统计量及其抽样分布等章节。

（3）在教学内容上，尽量避免数学公式推导与证明，着重通过案例阐述统计思想，强调统计方法在社会经济管理中的应用，突出培养和提高学生应用统计方法的能力。

（4）每章都附有针对性很强的配套练习题，能很好地满足学生练习的需要，有助于学生消化和吸收所学知识。

（5）强调统计的计算机应用能力。为提高学生学习的兴趣和效率，本教材采用较为常见的通用软件 Excel 作为实现统计计算和分析的工具。专设一章“Excel 在统计中的应用”，介绍 Excel 在统计中的应用方法，以提高学习者运用现代统计分析技术的能力。

本教材由朱文娟担任主编，张晓芳和陈美香担任副主编。各章编写分工如下：朱文娟编写第二、七、八章；张晓芳编写第一、三、四章；陈美香编写第五、六章；朱文娟、张晓芳和陈美香共同编写第九章；孙悦负责各章课后习题，鲍艳珍负责各章节图表的规范；全书由朱文娟负责总纂和定稿工作。

在教材的编写中，我们参考和借鉴了大量的国内外同类著作、文献以及相关资料，对这些作者们表示诚挚的感谢！同时，本书的编写与出版得到了学校领导和出版社相关工作人员的大力支持，在此一并深表感谢！

由于编者水平有限，书中的不足和疏漏之处在所难免，恳请同行专家、教师和广大读者给予批评和指正，多提宝贵意见，以便改进完善。

编　者

目　录

第一章　绪　论

学习目标

（1）了解统计的含义及应用领域。
（2）理解统计学的基本概念及各概念之间的联系和区别。
（3）掌握统计数据的类型以及在实际中的运用与辨别。

案例导入

央视网消息：2020 年 10 月 1 日至 8 日，各地在做好常态化疫情防控的基础上，人们的出行需求全面释放。路上车水马龙，景区人头攒动，各地更是出现了久违的火爆消费场景。根据文化和旅游部数据，8 天长假期间，全国共接待国内游客 6.37 亿人次，同比恢复 79.0%；国内旅游收入 4665.6 亿元，同比恢复 69.9%。餐饮消费更是跑出了加速度，10 月 1 日至 8 日，全国零售和餐饮重点监测企业销售额约 1.6 万亿元，日均销售额比去年同期增长 4.9%。其中，宁波、北京、甘肃、上海、海南重点监测企业销售额同比都实现了两位数的增长，超 6 亿人次出游的背后是 14 亿人民共同抗疫的不懈努力。

思考：上述相关数据说明了什么？哪些人员负责这些信息的收集和整理？整理后的这些信息又能帮忙我们分析并解决哪些问题？

第一节　统计的含义及应用

一、统计的含义

统计作为一种实践活动已有悠久的历史，随着社会经济的发展，统计的应用领域越来越广泛，在信息时代，我们面对来自各行各业的信息，只有利用统计这一工具，才能了解信息的真实面目，才能利用信息去解决相应的问题。目前政府和企业都有专门的统计机构，由专门的统计人员负责国民经济中各行各业信息的搜集、整理和分析工作，及时可靠的统计信息是国家和企业进行各项决策的重要依据。

在现实经济生活中，我们将统计的含义概括为统计资料、统计工作和统计学。反映社会经济现象情况和特征的数字及文字材料，称为统计资料；把统计资料的搜集、整理和分析工作统称为统计工作或统计活动，其过程包括统计设计、统计调查、统计整理与统计分析；系统论述统计工作的学科称为统计学。三者之间关系密切，统计资料是统计工作的成果，统计学与统计工作是理论与实践的辩证关系，如图 1-1 所示。了解和掌握统计学的基本理论和方法，是做好统计工作并取得有效统计资料的基础。

图 1-1　统计学、统计工作和统计资料三者间的关系

本书主要介绍统计学，这是一门关于数据的科学，它所提供的是一套有关数据搜集、处理、分析、解释并从数据中得出结论的方法。数据搜集的目的是取得统计数据；数据处理则将数据用图表等形式展示出来；数据分析则是选择适当的统计方法研究数据，并从数据中提取有用信息进而得出结论。

二、统计的应用

随着人们对定量研究的日益重视，统计方法在自然科学和社会科学的众多领域都有大量的应用，统计学已发展成为由若干分支学科组成的学科体系。可以说，几乎所有的研究领域都用到统计理论和方法，如政府部门、学术研究机构、市场调查机构、公司或企业的生产经营管理、老百姓的日常生活等都要用到统计。下面将给出统计在经济管理中的一些应用。

（一）人力资源管理

人力资源管理工作对员工和企业的关系起到直接的影响作用，统计学应用于人力资源管理工作，能够有效把握员工的工作态度及个人需求，为完善人力资源管理工作提供重要依据，从而促进企业的进一步发展。

（二）市场营销管理

统计学对各类信息数据具有较强的收集、统计功能，在企业的市场营销活动中，通过统计学的充分应用，发挥其信息处理功能，进一步明确市场细分，准确反映企业之间产品价格的近似性关系，经过详细分析价格关系，为相关决策者提供有效依据，利用合理的市场报价和产品定位占据更多的市场份额，另外，利用统计学，各个企业能够整理和收集各类信息数据，让企业了解竞争对手的相关信息，赋予它们更多的竞争手段，提升客户满意度。

（三）产品质量管理

质量是企业的生命，是企业持续发展的基础。质量管理中离不开统计的应用。在一些知名的跨国公司，六西格玛准则成为一种重要的管理理念。质量控制成为统计学在生产领域的一项重要应用。各种统计质量控制图广泛应用于监测生产过程。

（四）财务分析

上市公司的财务数据是股民投资的重要参考依据。一些投资咨询公司主要根据上市公司提供的财务和统计数据进行分析，为股民提供投资参考。企业自身的投资也离不开对财务数据的分析，其中更要用到大量的统计方法。

（五）经济预测

企业要对未来的市场状况进行预测，经济学家也常常对宏观经济或其某一方面进行预测。在进行预测时要使用各种统计信息和统计方法。比如，企业要对产品的市场潜力做出预测，以便及时调整生产计划，这就需要利用市场调查取得数据，并对数据进行统计分析。经济学家在预测通货膨胀时，要利用有关生产价格指数、失业率、生产能力利用率等统计数据，通过统计模型进行预测。

第二节　统计数据的类型

统计数据是统计工作活动过程中所取得的反映国民经济和社会现象的数字资料以及与之相联系的其他资料的总称。根据不同的划分依据，统计数据有不同的分类（见图 1-2）。

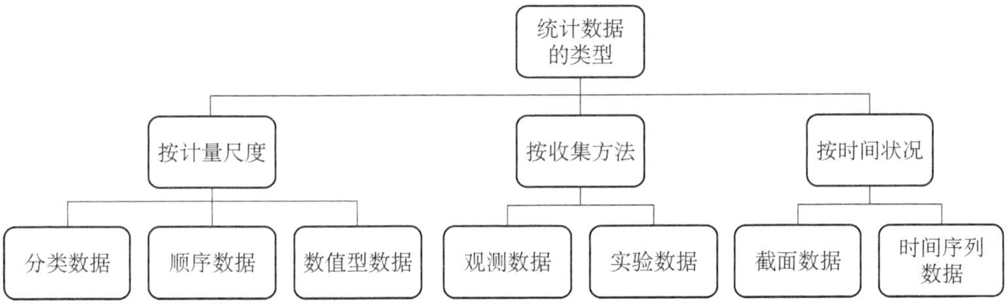

图 1-2　统计数据的分类框图

一、分类数据、顺序数据和数值型数据

按照采用的计量尺度的不同，统计数据可分为分类数据、顺序数据和数值型数据。

分类数据是只能归于某一类别的非数值型数据，是对事物进行分类的结果，数据表现为类别，用文字表述。例如，企业按经济类型分为国有经济、集体经济、私营经济、个体经济等 9 种类型，这 9 种类型都属于分类数据，为了便于统计，分类数据可以用数字代码来表示，例如，用 1 表示“国有经济”，2 表示“集体经济”，3 表示“私营经济”，4 表示“个体经济”等。

顺序数据是只能归于某一有序类别的非数值型数据，顺序数据也有类别，但这些类别是有序的。例如，一个人的受教育程度可以分为小学、初中、高中、大学、研究生等，考试成绩可以分为不及格、及格、中等、良好、优秀，以上 5 种教育程度和 5 种考试成绩都属于顺序数据，顺序数据也可以用数字代码来表示。例如，用 1 表示“不及格”，2 表示“及格”，3 表示“中等”，4 表示“良好”，5 表示“优秀”。

数值型数据是按数字尺度测量的观察值，其结果表现为具体的数值，统计调查中大多数数据是数值型数据，如职工月收入的观察值有 3000 元、3500 元、2900 元、4500 元等。

分类数据和顺序数据说明的是事物的品质特征，通常用文字表述，其结果均表现为类别，统称为定性数据或品质数据；数值型数据说明的是现象的数量特征，通常用数值来表现，可称为定量数据或数量数据。

二、观测数据和实验数据

按照统计数据收集方法的不同，可以将其分为观测数据和实验数据。

观测数据，是通过调查或观测收集到的数据，这类数据是在没有对事物人为控制的条件下得到的。人们为了获得社会经济现象的相关数据，运用相应的调查方法，客观实际搜集的统计数据几乎都是观测数据。

实验数据，是在实验室中控制实验对象而收集到的数据。例如，对新冠肺炎疫苗防疫效果的实验数据，一种新的农作物品种的实验数据，自然科学领域的大多数数据为实验数据。

三、截面数据和时间序列数据

按照被描述的现象与时间的关系，可以将数据分为截面数据和时间序列数据。

截面数据是在相同或近似相同的时间点上收集的数据，这类数据通常是在不同的空间获得的，用于描述现象在某一时刻的变化情况，如表 1-1 所示。

表 1-1　2019 年平均工资排名前五的城市　　单位：元

城市	北京	上海	深圳	杭州	广州
平均工资	10910	10231	9443	9082	8321

时间序列数据是在不同时间收集到的数据，这类数据是按时间顺序收集到的，用于描述现象随时间变化的情况，如表 1-2 所示。

表 1-2　2015—2019 年天猫“双十一”销售额

年份/年	2015	2016	2017	2018	2019
销售额/亿元	912	1207	1682	2135	2684

第三节 统计学的基本概念

一、总体、总体单位和样本

（一）总体、总体单位

统计总体是由客观存在的、具有某种共同性质的许多个别事物组成的集合体。构成总体的个别事物，就是总体单位。

例如，我们要研究福建省的企业发展状况，福建省所有的企业就是总体，每个企业是总体单位，总体单位的共同性质只有一个，都是属于福建省的企业。当我们要研究全国民办高校的发展状况时，总体是所有的民办高校，每个民办高校就是总体单位，总体单位的共同性质有两个，即不但是高校，还是民办高校。由此可见：

第一，构成总体的这些总体单位至少在某一方面的性质是相同的，即总体具有同质性。

第二，构成总体的这些总体单位除至少在某一方面性质相同之外，在其他方面应存在差异，即总体具有变异性，变异性是统计研究的主要内容。

第三，总体必须规定具体的时间和空间范围。例如，第四次全国经济普查，标准时点为普查年份的 12 月 31 日，普查的对象是境内（不包括香港、澳门特别行政区和台湾省）从事第二、三产业活动的法人单位、产业活动单位和个体户。

（二）样本

样本是由部分总体单位组成的集合体，抽取的数量称为样本量，例如，在产品质量检查中，从某一批产品中随机抽取 100 件，这 100 件就构成一个样本，样本量是 100，然后根据这 100 件产品的信息去推断这批产品的相关信息。抽取样本必须注意以下几个问题：第一，样本必须来自总体，不允许将总体外部的单位作为该总体的样本；第二，一个总体中可以抽取多个样本，样本个数的多少与抽样方法有关；第三，在随机抽样中，样本的抽取必须排除主观因素的影响，确保样本的客观性。

二、标志和指标

（一）标志

1. 标志的定义

标志是说明总体单位特征的名称，对总体中每一个单位从不同的侧面观察，它们都具有许多的属性或特征，使它们可以被识别。例如，企业的所有职工为总体，每一个职工是总体单位，表示每个职工特征的名称包括姓名、性别、年龄、收入、学历、部门等，这些名称都从某一个侧面对职工的特征或属性进行说明。再如，总体是所有民办高校，每一所民办高校是总体单位，表示每一所民办高校属性特征的名称有学校类型、学生人数、固定资产总额、教师人数等。

2. 标志的分类

标志按照所反映的总体单位的特征不同，可以分为品质标志和数量标志。如上述的姓名、性别、学历、部门、学校类型，都是表明总体单位属性方面的特征，称为品质标志，品质标志的表现一般用文字或语言描述，如性别是品质标志，标志表现为男、女，如部门是品质标志，标志表现为行政部、人事部、财务部、生产部等。上述的年龄、收入、学生人数、固定资产总额、教师人数都是表明总体单位数量方面特征的标志，称为数量标志，其表现可用数值表示，如张三的收入是 3000 元，某民办高校的教师人数是 350 人。

标志按照在总体中各单位的具体表现是否相同，可以分为不变标志和可变标志。如总体是教师，总体单位是每一位教师，“职业”这一标志在各单位的表现都是相同的，都是教师，“职业”为不变标志。标志在同一个总体中的各单位具体表现都相同的，称为不变标志。标志表现不完全相同的，称为可变标志，如“职工收入”的值不尽相同。在一个总体中，至少要有一个不变标志，总体才有存在的意义。可变标志是进行统计分组和研究总体数量特征、数量关系的基础。

根据以上内容填写表 1-3。

表 1-3　标志的分类

总体	总体单位	数量标志	品质标志
某企业职工			
某高校老师			
某百货营业员			
某厂商生产的汽车			

（二）指标

1. 指标的定义

在统计调查中，我们对各单位的标志表现进行登记，获得的数据是反映有关个体的标志表现，是描述总体单位的，经过分组、归类、综合、汇总，最终形成能说明总体数量特征的统计指标，简称指标，它是反映总体数量特征的概念和数值。例如，2019 年全国居民人均可支配收入 30733 元，比上年增长 8.9%，按常住地分，城镇居民人均可支配收入 42359 元，比上年增长 7.9%，农村居民人均可支配收入 16021 元，比上年增长 9.6%；2020 年“十一”黄金周共实现旅游收入 4665.6 亿元，按可比口径同比恢复 69.9%，国庆 8 天累计观影人数近 1 亿人次，票房累计达到 39.5 亿元，全国零售和餐饮重点监测企业销售额约 1.6 万亿元等，这些都是统计指标。

一项完整的统计指标由时间、空间、指标名称、指标数值和计量单位等构成，上述提到的“2020 年‘十一’黄金周共实现旅游收入 4665.6 亿元”，这一指标对时间、空间、指标名称、指标数值和计量单位都做了具体的规定。

统计指标的数值来源于数量标志表现。例如，某企业的所有职工为总体，每个职工为总体单位，职工收入是数量标志，每个职工的具体工资是数量标志表现，将所有职工的工资进行加总平均，得到职工的平均工资，即为统计指标。

2. 指标的分类

统计指标按反映的数量特点不同分为数量指标和质量指标。

数量指标，反映社会经济现象总规模和总水平。例如，人口总数、GDP 总值、销售额、总成本、资产总额、总利润等都属于数量指标，表现形式为绝对数。

质量指标，反映社会经济现象的相对水平或平均水平，如人均 GDP、价格、利润率、人口密度、单位成本等都属于质量指标，表现形式为相对数或平均数。质量指标是由数量指标派生出来的，常用于反映现象间的内在联系，评价工作质量，说明现象发展的规律性。

三、变量和变量值

（一）定义

变量是说明现象某种特征的概念，其特点是从一次观察，到下一次观察，结果会呈现出差别或变化，变量也是可变的数量标志。例如，企业职工月收入是变量，不同的职工有不同的具体数值，有 3500 元、4000 元、2900 元、5000 元，这里的 3500 元、4000 元、2900 元、5000 元就是变量值。

（二）变量的类型

分类变量，是说明事物类别的一个名称，其取值是分类数据。例如，“企业经济类型”是一个分类变量，其变量值是分类数据，有“国有经济”“集体经济”“私营经济”“个体经济”；“职业”是一个分类变量，变量值有“教师”“医生”“会计师”“司机”等。

顺序变量，是说明事物有序类别的一个名称，其取值是顺序数据。例如，“受教育程度”是顺序变量，其取值是顺序数据，有“小学”“初中”“高中”“大学”“研究生”等，“考试成绩”是顺序变量，其取值可以有“不及格”“及格”“中等”“良好”“优秀”。

数值型变量，是说明事物数量特征的一个名称，其取值是数值型数据。例如，“某品牌手机月产量”是数值型变量，其取值是数值型数据，有“1200 台”“1400 台”“3000 台”等，“某品牌手机月销售额”是数值型变量，其取值可以为“12.3 万元”“15 万元”“29.6 万元”等。数值型变量根据其取值的连续与否可以分为离散型变量和连续型变量，离散型变量是指变量值只能是整数而不会出现小数的变量，如“职工人数”“机器设备台数”等，其取值不会有小数；连续型变量是指变量值可以是整数也可以是小数的变量，如人的身高、体重、年龄、收入、银行存款等，取整数和小数都有经济意义。

知识点回顾

（1）统计可以概括为统计资料、统计工作和统计学。反映社会经济现象情况和特征的数字及文字材料，称为统计资料；把统计资料的搜集、整理和分析工作统称为统计工作或统计活动；系统论述统计工作的学科称为统计学。三者之间关系密切，统计资料是统计工作的成果，统计学与统计工作是理论与实践的辩证关系。

（2）在生活和工作中都需要用到统计的理论和方法，统计在经济管理中的一些应用包括人力资源管理、市场营销管理、产品质量管理、财务分析、经济预测等。

（3）按照采用的计量尺度的不同，统计数据可分为分类数据、顺序数据和数值型数据。分类数据是只能归于某一类别的非数值型数据，是对事物进行分类的结果，数据表现为类别，用文字表述；顺序数据是只能归于某一有序类别的非数值型数据，顺序数据也有类别，但这些类别是有序的；数值型数据是按数字尺度测量的观察值，其结果表现为具体的数值，在实际统计工作中可以用数字“1, 2, 3, …”进行编码代替。分类数据和顺序数据也称为定性数据，数值型数据也称为定量数据。

（4）按照统计数据收集方法的不同，可以将其分为观测数据和实验数据。观测数据，是通过调查或观测收集到的数据，客观实际搜集的统计数据几乎是观测数据；实验数据，是在实验室中控制实验对象而收集到的数据，自然科学领域的大多数数据为实验数据。

（5）按照被描述的现象与时间的关系，可以将数据分为截面数据和时间序列数据。截面数据是在相同或近似相同的时间点上收集的数据，这类数据通常是在不同的空间获得的，用于描述现象在某一时刻的变化情况；时间序列数据是在不同时间收集到的数据，这类数据是按时间顺序收集到的，用于描述现象随时间变化的情况。

（6）统计总体是由客观存在的、具有某种共同性质的许多个别事物组成的集合体。构成总体的个别事物，就是总体单位，总体具有同质性、变异性、时空性。

（7）标志是说明总体单位特征的名称，按照标志所反映的总体单位的特征不同，可以分为品质标志和数量标志，品质标志的表现一般用文字或语言描述，数量标志的表现可用数值表示；按照标志在总体中各单位的具体表现是否相同，可以分为不变标志和可变标志，标志在同一个总体中的各单位具体表现都相同的，称为不变标志，标志表现不完全相同的，称为可变标志。

（8）指标是反映总体数量特征的概念和数值，一项完整的统计指标包括时间、空间、指标名称、指标数值和计量单位等。统计指标的数值来源于数量标志表现。统计指标按反映的数量特点不同分为数量指标和质量指标，数量指标反映社会经济现象总规模和总水平，质量指标反映社会经济现象的相对水平或平均水平。

（9）变量是说明现象某种特征的概念。分类变量，是说明事物类别的一个名称，其取值是分类数据；顺序变量，是说明事物有序类别的一个名称，其取值是顺序数据；数值型变量，是说明事物数量特征的一个名称，其取值是数值型数据。数值型变量根据其取值的连续与否可以分为离散型变量和连续型变量，离散型变量是指变量值只能是整数而不会出现小数的变量，连续型变量是指变量值可以是整数也可以是小数的变量。

课后习题

一、单项选择题

1. 指出下面的变量哪一个属于分类变量（　　）。

A. 年龄

B. 工资

C. 汽车产量

D. 购买商品时的支付方式（现金、信用卡、支票）

2. 指出下面的变量哪一个属于顺序变量（　　）。

A. 年龄

B. 工资

C. 汽车产量

D. 员工对企业某项改革措施的态度（赞成、中立、反对）

3. 一名统计学专业的学生为了完成其统计作业，在《统计年鉴》中找到了 2006 年城镇家庭的人均收入数据。这一数据属于（　　）。

A. 分类数据

B. 顺序数据

C. 截面数据

D. 时间序列数据

4. 下列不属于品质标志的是（　　）。

A. 姓名

B. 企业部门

C. 大学专业

D. 职工月收入

5. 一家研究机构从 IT 从业者中随机抽取 500 人作为样本进行调查，其中 60%回答他们的月收入在 5000 元以上，40%回答他们的消费支付方式是用信用卡。这里的总体是（　　）。

A. IT 业的全部从业者

B. 500 个 IT 从业者

C. IT 从业者的总收入

D. IT 从业者的消费支付方式

6. 一家研究机构从 IT 从业者中随机抽取 500 人作为样本进行调查，其中 60%回答他们的月收入在 5000 元以上，40%回答他们的消费支付方式是用信用卡。这里的“月收入”是（　　）。

A. 分类变量　　B. 顺序变量

C. 数值型变量　　D. 离散型变量

7. 下列指标中不属于质量指标的是（　　）。

A. 平均价格　　B. 单位成本

C. 资产负债率　　D. 利润总额

8. 下列指标中不属于数量指标的是（　　）。

A. 资产总额　　B. 总人口

C. 资产报酬率　　D. 人口增加数

9. 某班学生数学考试成绩分别为 65 分、71 分、80 分和 87 分，这四个数字是（　　）。

A. 指标　　B. 标志

C. 变量　　D. 标志值

第二章　统计数据的收集、整理与展示

学习目标

（1）理解统计数据收集的概念、要求以及种类。
（2）掌握统计调查的各种具体组织形式。
（3）掌握统计调查方案设计的基本内容。
（4）明确统计整理的概念和工作程序。
（5）掌握统计分组的概念、作用、原则、类型以及统计分组方法。
（6）熟悉分配数列的概念与种类。
（7）掌握变量数列的编制方法。
（8）熟悉统计表和统计图的编制技术及其应用。

案例导入

统计数据从何而来

2021 年 2 月，国家统计局发布的《中华人民共和国 2020 年国民经济和社会发展统计公报》显示，2020 年中国国内生产总值 1015986 亿元，比上年增长 2.3%。其中，第一产业增加值 77754 亿元，增长 3.0%；第二产业增加值 384255 亿元，增长 2.6%；第三产业增加值 553977 亿元，增长 2.1%。第一产业增加值占国内生产总值的比重为 7.7%，第二产业增加值比重为 37.8%，第三产业增加值比重为 54.5%。全年最终消费支出拉动国内生产总值下降 0.5 个百分点，资本形成总额拉动国内生产总值增长 2.2 个百分点，货物和服务净出口拉动国内生产总值增长 0.7 个百分点。政府统计部门发布的这些数据给我们提供了很多有用的信息。为了正确地使用和理解统计数据，常常需要了解这些数据是如何收集而来的；到何处去取得所需要的数据；对于收集的数据，应当如何进行整理和归纳，以便更好地掌握其中所包含的信息，为此，本章将介绍收集、整理和展示统计数据的基本方法。

第一节　统计数据的收集

一、统计数据收集的概念

统计数据收集的主要形式是统计调查，就是根据统计研究的目的和要求，采用科学的方法，针对调查对象中各调查单位的有关标志的具体表现，有计划、有组织地进行登记，取得真实可靠的统计资料的活动过程。

按获取途径不同，统计资料可分为原始资料和次级资料，原始资料也称为第一手资料，是反映被调查对象原始状况的资料，如原始记录、统计台账、调查问卷答案、实验结果等。次级资料也称为第二手资料，是已经存在的经他人整理分析过的资料，如期刊、报纸、广播、电视以及互联网上的资料，各级政府机构公布的资料，企业内部记录和报告等。

统计调查在统计工作的整个过程中担负着提供基础资料的任务，所有的统计计算和统计研究都是在原始资料搜集的基础上建立起来的。因此，统计调查是统计工作的基础环节，是统计分析的前提。只有搞好统计调查，才能保证统计工作达到对客观事物规律性的认识的目的，从而预测未来。统计资料还是制定政策的依据，并据此检查和监督政策的贯彻执行情况。

二、统计调查的要求

统计调查必须准确、及时、全面，做到数字准、情况明、反映及时、内容全面。这是统计调查的基本要求。

统计调查的准确性是指提供的统计资料必须符合客观实际情况，保证各项统计资料真实可靠。如果提供的统计资料不准确，就不能正确反映客观现实，也不能由此而得出正确的结论。

及时性也称时效性，即要求在规定的时间内完成统计调查工作并提供调查资料。如果调查资料搜集不及时，就会贻误统计整理与分析的时间，失去应有的作用。另外，资料本身所代表的时间应是当期或近期，过期的资料也被视为不符合及时性要求的。失去时效，犹如“雨后送伞”，起不到统计的真实作用。

全面是指根据调查目的对调查对象的所有有关项目进行全面的资料搜集，片面零碎的调查资料是不能全面地反映调查对象的真实情况的，统计调查也就失去了应有的意义。

三、统计调查的种类

社会经济现象的错综复杂性，决定了统计调查的目的和调查对象的特点也各不相同，这就要求我们根据统计调查的具体情况选择合适的统计调查方法，才能达到预期的效果。统计调查按不同的分类标准分为不同的种类，主要有以下几种。

（一）按被研究总体的范围划分

按被研究总体的范围划分，统计调查可分为全面调查和非全面调查。

1. 全面调查

全面调查是指对被研究现象总体中的所有单位或者个体都进行调查登记的方法，如人口普查。全面调查只适用于有限总体。

2. 非全面调查

非全面调查又称部分调查，是指对被研究总体中的部分单位进行调查登记的一种形式。例如，在进出口贸易中一般只按一定比例抽取一部分商品以检验其质量。抽样调查、重点调查和典型调查等都属于非全面调查。非全面调查和全面调查相比较，由于调查单位少，所耗费的人力、物力和财力就较少，并且不局限于有限总体，故应用较广泛。不过，这种方法没有掌握全面资料，又受到调查单位选择技巧的影响，容易产生误差，实际应用中常需要同全面调查结合在一起运用。

（二）按调查登记的时间是否连续划分

按调查登记的时间是否连续划分，统计调查可分为经常性调查和一次性调查。

1. 经常性调查

经常性调查是指随着调查对象情况的变化、连续不断地进行调查登记，以了解事物在一定时期内发生、发展的全过程，如产品质量调查。经常性调查的资料说明现象的发展过程，体现现象在一定时期的总量。

2. 一次性调查

一次性调查是间隔一定时间，一般是相当长的时间（如 1 年以上）进行登记的一种调查方式。例如，高校学校数等，短期内不发生变化，一般隔一段时间进行一次调查。因此，一次性调查并不意味着只能对现象调查一次，只是没有必要经常进行调查，只需间隔一定时间了解现象在某一时点上的状况。

（三）按组织方式的不同划分

按组织方式的不同划分，统计调查可分为统计报表调查和专门调查。

1. 统计报表调查

统计报表调查是根据国家有关法律规定，按一定表式和要求，自上而下统一布置，自下而上逐级提供基本统计资料的一种调查方式。它是我国长期统计调查中一种行之有效的调查方式，如工业统计报表制度、农业统计报表制度。

2. 专门调查

专门调查是为了某一特定的调查目的而专门组织的一种搜集资料的统计调查形式。专门调查属于一次性调查，如普查、抽样调查、重点调查和典型调查等。

四、统计调查的组织形式

（一）统计报表

1. 统计报表的概念和特点

统计报表是我国搜集统计资料的一种重要方式。

统计报表的主要特点是：首先，统计报表的资料来源于基层单位的历史记录，从原始记录到统计报表，中间往往还要有统计台账。基层单位也可利用其对生产、经营活动进行监督管理；其次，由于统计报表是逐级上报和汇总的，各级领导部门能获得管辖范围内的报表资料，了解本地区、本部门的经济和社会发展情况；再次，统计报表属于经常性调查，调查项目相对稳定，有利于积累资料，并且可进行动态对比分析。

2. 统计报表的种类

（1）统计报表按其性质和内容不同，分为基本统计报表和专业统计报表。基本统计报表由国家统计部门制发，在全国范围内执行，用来搜集整个国民经济与社会发展的基本资料；专业统计报表由各业务主管部门为适应本部门业务管理的需要而制订，主要用来搜集本部门系统内的统计资料。

（2）统计报表按填报单位不同，分为基层报表和综合报表。基层报表主要由基层企事业单位填报，它是统计调查的基础资料；综合报表是指由主管部门根据基层报表逐级汇总填报的统计报表。

（3）统计报表按实施范围不同，分为国家、部门和地方统计报表。国家统计报表在全国范围内的各行各业实施，主要用来搜集整个国民经济和社会发展情况的统计资料；部门统计报表的实施范围限于各业务主管部门系统内，一般用来搜集各级主管部门所需的专业统计资料。地方统计报表的实施范围是各省、市、自治区，主要用来满足地方政府需要。

（4）统计报表按调查范围不同，分为全面调查的统计报表和非全面调查的统计报表。全面调查的统计报表的范围是调查对象的全部单位均要填报；非全面调查的统计报表的范围只是调查对象中的部分单位填报。

（5）统计报表按报送周期不同，分为日报、旬报、月报、季报、半年报和年报。

（6）统计报表按报送方式不同，分为邮寄报表和电讯报表。

（二）普查

1. 普查的概念

普查是根据统计的特定任务而专门组织的一次性全面调查。

普查有两个主要特点：第一，普查是一次性调查，其主要用来调查属于一定时点上的社会经济现象的总量，如全国人口普查、生产设备普查、第三产业普查等。第二，普查是专门组织的全面调查。其主要用来全面、系统地掌握重要的国情国力方面的统计资料，如经济普查、农业普查、工业普查等。

普查有两种组织方式：一是通过专门的普查机构来进行；二是利用企事业单位日常核算和报表资料来进行核实填报。普查是一种不可缺少的调查方式，它的主要目的是为党和国家决定重大方针政策和制定社会经济发展的长远规划，提供有关人力、物力资源的现状和利用情况的全面资料。

2. 普查的原则

普查是一次性全面调查，多在全国或很大范围内进行，涉及面广，工作量大，调查内容要求高，时效性强，通常需要动员和组织较多的人力、物力、财力。为获得准确、及时、完整的资料，普查时必须遵循以下四项原则。

（1）标准时间原则。标准时间就是指全体普查人员在对调查对象进行登记时，所依据的统一时刻。它的作用是使所有的资料都是反映同一时点上的情况，以避免登记的重复或遗漏。标准时点的选择，要根据研究任务、对象性质和实际条件来决定。

（2）短期完成原则。在普查范围内各调查单位应尽可能同时进行调查，并尽可能在最短期限内完成，以便在方法、步调上取得一致，保证调查资料的真实性。

（3）项目统一原则。调查项目一经统一规定，不能任意改变或增减，以免影响汇总综合，降低资料质量。同一种普查，再次进行时，项目的规定也应力求一致。

（4）周期调查原则。为了方便普查资料的对比分析，最好定期普查。我国现有的国家普查项目规定：①人口普查每 10 年进行一次，年份逢 10 进行；②农业普查每 10 年进行一次，年份逢 6 进行；③第三产业普查、工业普查和基本单位普查合并，再加上建筑业，共四项工作一起进行，统称为经济普查。在 2004 年进行了第一次全国经济普查。全国经济普查每 10 年进行两次，分别在逢 3、逢 8 的年份实施，这与国家编制五年计划的衔接更加紧密。

（三）重点调查

1. 重点调查的概念与特点

重点调查就是指在调查对象中，只选择重点单位搜集统计资料的一种非全面调查。所谓重点单位，是指其单位数目在全部单位中虽只是一部分，但其标志值在总体标志总量中占有绝大比重的单位。通过对这部分重点单位的调查，可以从数量上说明整个总体在该标志总量方面的基本情况。例如，选择鞍钢、宝钢、太钢、包钢等几个钢铁企业进行调查，能及时地了解到全国钢铁生产的基本情况，因为这些企业的年钢铁产量占全部钢铁企业年总产量的绝大比重，可以满足调查任务需要的资料。

重点调查时由于调查单位少，因此比全面调查省时、省力，能用较少的代价及时地搜集到总体的基本情况。重点调查的重点单位，虽然不完全等于工作重点，但这些单位的基本情况对全局工作的影响有举足轻重的作用。重点调查的主要特点如下：

（1）调查单位少，省时省力，能够用较少的代价及时收集到总体的基本情况。

（2）重点单位的选择不带有主观因素，客观性强。

（3）重点调查的目的是反映现象总体的基本情况，但其终究是不能完全反映总体的，也不具有推断总体的条件。

2. 重点单位的选择

组织重点调查的关键问题是确定重点单位，而重点单位的选择恰当与否严重影响着对总体的认识。在选择重点单位时，应视调查任务来确定。一般选出的重点单位在数量上尽可能少，而其标志值在总体标志总量中所占的比重应尽可能大。选中的重点单位应是管理工作比较严格、统计力量充实、统计工作做得较好的单位。另外，重点单位的选择要客观，只需着眼于这些单位的标志值在总体标志总量中的比重，而不能带有主观因素，考虑这些单位在技术、管理或其他方面是否有特殊意义。

（四）典型调查

1. 典型调查的概念和特点

典型调查是根据调查的目的与任务，在对研究总体做全面分析后，有意识地从中选择少数具有代表性的单位进行深入调查研究的一种非全面调查。典型调查是一种比较灵活的调查方式，它具有以下特点：

（1）调查单位是根据调查目的有意识地选择出来的少数具有代表性的单位，便于从典型入手，逐步扩大到认识事物的一般性和普遍性。

（2）典型调查比较细致，取得的资料可以用来研究事物发生和发展的过程及结果，并揭示事物发展变化的规律。

（3）典型调查灵活多样，既可以从现象的数量方面对现象间的数量关系进行分析，也可以从质量方面分析现象的质量关系。

（4）典型调查由于范围小，涉及的调查单位少，因而省时、省力。

2. 典型单位的选择

典型调查的首要问题就是典型单位的选择。典型调查的成功或失败，关键取决于典型单位选择的恰当性。因此在选择典型单位时，要注意以下几点。

（1）按照统计调查的目的和任务，选择典型单位的方法可以比较灵活，但必须建立在对现象总体的全面分析的基础之上。

（2）划类选典。在了解总体大致情况的基础上，先把总体分为若干类型，再从每一类型中按其在总体中所占比例的大小，选出若干典型单位进行调查。

（3）如果调查目的是了解总体的一般表现，则可以选取中等的典型作为调查单位。

（4）如果调查目的是总结成功的经验、找出失败的教训或者宣传各种榜样，则可以选择先进、后进或新生事物典型作为调查对象。

（五）抽样调查

抽样调查也称抽样推断，是指按照随机原则从总体中抽选部分单位进行观察，并根据这部分单位的调查资料从数量方面推断总体指标的一种非全面调查。

抽样调查虽然是一种非全面调查，但是由于其具有显著的特点而被广泛应用。抽样调查的特点如下：

（1）误差小、代表性强、准确性高。由于样本是按随机原则选取的，因此能够保证被抽取的单位在总体中均匀分布，不至于出现倾向性误差。而且由于抽样调查用严格的数理方法推断总体，因此推断的结果比较准确、可靠。

（2）经济性。由于调查的样本只是总体单位中的一部分，因此工作量小、费用低。

（3）及时性。抽样调查可以及时地获取所需的信息，时效性强。

五、统计调查方案的设计

统计调查是一项复杂工作，应有计划、有目的、有组织地进行。在着手调查之前应该制定一个周密的统计调查方案。统计调查方案是统计设计阶段的一项重要内容，是保证统计调查顺利进行的前提，也是准确、及时、系统、完整地取得调查资料的重要条件。统计调查方案设计主要包括以下几项内容。

1. 确定调查目的和任务

也就是明确为什么要进行统计调查，要解决什么问题。只有明确调查目的，才能正确确定调查的内容和方法，收集真正需要的资料。

2. 确定调查对象和调查单位

调查对象和调查单位需要根据调查目的来确定。目的越明确、越具体，调查对象和调查单位的确定也就越容易。

所谓调查对象，是指需要调查的现象总体，即调查总体，它是由性质相同的许多调查单位组成的。所谓调查单位，是指所要调查的具体单位，即总体单位，它是进行调查登记的标志的承担者。例如，调查目的是取得国有工业企业的生产情况，调查对象就是全部的国有工业企业，而具体的每一个国有工业企业就是调查单位。明确调查单位，还必须把它与报告单位区别开。报告单位亦称填报单位，它是负责向上报告调查内容、提交统计资料的单位。报告单位一般是在行政和经济上具有一定独立性的单位，而调查单位可以是个人、企事业单位，也可以是物。根据不同的调查目的，调查单位与报告单位有时是一致的，有时则不一致。例如，进行工业设备普查，报告单位是每一个工业企业，调查单位是每一台设备，调查单位与报告单位是不一致的。但是，调查国有工业企业的生产情况时，调查单位与调查报告又是一致的。

3. 确定调查项目和调查表

调查项目就是所要调查的具体内容，即要登记调查单位的基本标志，它是由调查目的、任务和调查对象性质决定的，包括一系列的品质标志和数量标志所构成的标志体系。调查项目确定得正确与否，决定整个调查工作的成败。选择的调查项目是调查目的和任务所需要并且确实能取得资料的项目，对不必要或者虽然需要但没有可能取得资料的项目，应该加以限制。每一个项目应该有确切的含义和统一的解释，不能模棱两可，否则会使被调查者产生不同的理解而得出不同的答案或做出不同的表达形式。同时，应尽量使调查项目之间尽可能相互联系、彼此衔接，以便从整体上了解现象的相互关系。

将调查项目按照一定的顺序排列在一定的表格中，就构成了调查表。

调查表的内容一般包含三个部分，即表头、表体和表脚。表头在调查表的上方，主要有调查表的名称、填报单位名称等；表体是调查表的主要部分，由表格、调查项目等组成；表脚包括调查人员或填报人员签名、审核人员签名、填报日期等。

调查表一般有一览表和单一表两种形式。一览表是把许多调查单位填写在一张纸上，在调查项目不多时较为简单，而且便于合计和核对差错。单一表是每个调查单位填写一份，可容纳较多标志，一般用于调查项目较多的场合。

4. 确定调查时间和调查期限

调查时间是指调查资料所属的时间，即所谓的客观时间。调查时间可以是时期，也可以是时点，如果所要调查的是时期现象，调查时间就是资料所反映的起止日期。如调查某企业2020年产量，则调查时间是2020年1月1日至2020年12月31日；如果所要调查的是时点现象，则调查时间就是规定的统一标准时点。例如，我国第六次人口普查的调查时点是2010年11月1日0时。

调查期限是进行调查工作所要经历的时间，包括搜集资料、登记调查表和报送资料等整个工作过程所需的时间，又称主观时间。例如，2010年人口普查规定2010年11月1日至11月10日登记完毕，则调查期限为1日到10日共10天。任何调查都应尽可能缩短调查期限。

5. 制订调查工作的组织实施计划

严密细致的组织工作，是调查工作能够顺利进行的保证。调查的组织工作主要包括：调查工作的组织领导和调查人员的组成、调查的方式方法、调查的工作规则和流程、调查前的准备工作、调查资料的报送方式、调查经费的预算和开支方法、工作进度安排等。

为使统计调查方案更科学、更符合实际，便于以后的操作，对一些大规模统计调查，调查方案制定后往往还需要做试点工作，以检验调查方案是否可行，以便根据试点情况对统计调查方案进行修改和补充，使之切实可行。

第二节　统计数据的整理

一、统计整理的概念和工作程序

（一）统计整理的概念

统计数据的整理简称统计整理，是根据统计研究的目的对调查资料进行科学的加工，使之条理化、系统化，成为说明总体特征的综合资料的工作过程。统计整理既包含对统计调查所得到的原始数据资料进行整理，也包括对加工过程中的综合资料即次级资料进行再整理。

统计整理是人们对社会经济现象从感性认识上升到理性认识的过渡阶段，既是统计调查阶段的继续和深入，又是统计分析阶段的基础，起着承前启后的作用。

（二）统计整理的工作程序

统计整理是一项细致的工作，要有计划、有组织地进行。统计整理的基本程序有以下几个。

（1）制定统计整理方案。

（2）审核调查资料。

（3）对调查资料进行分组、汇总和计算。

（4）整理后的统计数据的再审核。

（5）将整理结果编制成统计表或绘制成统计图。

二、统计分组

（一）统计分组的概念、作用

1. 统计分组的概念

根据统计研究的目的和客观现象的内在特点，将总体按照某种标志划分为若干个不同性质的组，称为统计分组。统计分组的标志既可以是品质标志，又可以是数量标志。

统计分组的关键在于分组标志的选择。分组标志作为将现象总体划分为各个不同性质的组的标准或依据，选择正确与否关系到能否正确地反映总体的性质特征和实现统计研究的目的。分组标志一经选定，必然突出了现象总体在此标志下的性质差异，而掩盖了总体在其他标志下的差异。缺乏科学根据的分组不但无法显示现象的根本特征，而且会把不同性质的事物混淆在一起，歪曲社会经济的实际情况。

2. 统计分组的作用

统计分组在统计研究中占有重要地位，其基本作用有以下三个方面。

（1）将现象划分为不同类型。社会经济现象千差万别，要了解各种社会经济现象的性质、特点及其相互关系，必须根据某种标志把它们划分为性质不同的类型，以便揭示不同社会经济现象的质的差异。例如，企业按登记注册的实际类型划分为内资企业、港澳台商投资企业、外商投资企业三大类，分别统计核算各大类上缴所得税的总额及比重，就可以从一个侧面反映出我国改革开放吸引外资壮大国民经济的状况。

（2）揭示社会现象总体的内部结构和特征。从数量上反映社会经济现象总体的内部结构及特征，是统计研究的重要内容。通过统计分组，可体现部分与整体的关系，以及各部分之间存在的差别和相互联系，反映事物从量变到质变的过程，帮助人们掌握事物的特征，认识事物的性质。根据不同时期结构的变动情况，可以说明现象总体发展变化的过程及规律。

（3）分析现象之间的依存关系。任何社会经济现象之间都不是彼此孤立的，而是相互联系、相互依存和相互制约的。当研究目的在于探讨同一总体范围内两个可变标志的依存关系时，可以将其中一个可变标志（自变量）作为分组标志，以观察另一标志（因变量）相应的变动情况。

（二）统计分组的原则

1. 组内同质、组间异质原则

统计分组的目的是把同质总体中具有不同性质的单位分开，性质相同的单位合在一起，保持各组内统计数据的一致性和组间数据的差异性，以便进一步运用各种统计方法，研究现象的数量表现和数量关系，从而正确地认识研究对象的本质及其规律性。

2. 穷尽原则

穷尽原则是指同一组内各单位性质相同，不同组所包含的各单位性质相异，保证做到凡是性质相同的单位都能落在一个组内，所有组要能一起容纳总体的全部单位。例如，从业人员按文化程度分组，分为小学毕业、中学毕业和大学毕业三组，那么，那些文盲或识字不多的，以及大学以上的从业者则无组可归，这就不符合穷尽原则。

3. 互斥原则

互斥原则是指在特定的分组标志下，总体中的任何一个单位只能归属于某一组，而不能同时或可能归属于另一个组。例如，某商场把服装分为男装、女装、童装三类，这不符合互斥原则，因为童装也有男、女之分。若先把服装分为成年与儿童两类，然后每类再分男女两组，这就符合互斥原则了。

统计分组既可表明现象之间质的差别，也可表明现象在空间上和数量上的差别。统计分组是统计资料整理的中心，它的正确与否，是决定整个统计研究成败的关键。

（三）统计分组的类型

1. 按分组标志的多少划分

按分组标志的多少划分，统计分组可以分为简单分组和复合分组两种。

简单分组是对研究现象按一个标志进行分组，它只能从某一方面说明和反映事物的分布状况和内部结构。许多简单分组从不同角度说明同一总体，就构成一个平行的分组体系。

复合分组是用两个或两个以上标志分组，即先按一个标志分组，在此基础上再按第二个标志分组，然后按第三个标志分成更小的组，以此类推。

2. 按分组标志的性质不同划分

按分组标志的性质不同，统计分组可分为品质分组和数量分组两种。

品质分组就是按品质标志进行分组。一般来说，对于类别变量或顺序变量的数据，常采用品质分组。例如，职工按性别分组，企业按经济类型分组等。

数量分组就是按数量标志分组，也称为变量分组。例如，人口按年龄分组，企业按产值分组等。

（四）统计分组的方法

1. 品质分组的方法

品质标志分组比较简单，分组标志一经确定，组名称和组数也就确定了，不存在组与组之间界限区分的困难。例如，人口按性别可分为男女两组。

2. 数量分组的方法

按数量标志分组，应注意两个问题：一是分组时各组数量界限的划分必须能反映事物质的差别；二是应根据被研究的现象总体的数量特征，采用适当的分组形式。

（1）单项式分组。对于离散型变量，如果变量值变动幅度比较小，变量值的项数又很少，则可依次将每一个变量值作为一组，这种分组称为单项式分组。例如，育龄妇女按其生育子女的存活数分组，可分为 0 个、1 个、2 个、3 个、4 个、5 个等 6 组。

（2）组距式分组。组距式分组就是将变量依次分为几段区间，一段区间表现为“从……到……”距离，把一段区间内的所有变量值归为一组，形成组距式变量数列。区间的距离就是组距。对于连续型变量或者变动范围较大的离散型变量，适宜采用组距式分组。例如，工人按工资分组，进行如下组距式分组：1500 元以下、1500～2500 元、2500～4000 元、4000 元以上。

①间断组距式分组和连续组距式分组。在组距式分组中，每组包含许多变量值，每一组变量值中，其最小值为下限，最大值为上限。组距是上下限之间的距离，相邻每组的界限称为组限。凡是组限不相连的（或不相重叠的），称为间断组距式分组。例如，企业按工人人数的组距式分组：200～499 人、500～999 人、1000～1999 人、2000 人以上。凡是组限相连（或相重叠），即以同一数值作为相邻两组的共同界限的，称为连续组距式分组。例如，学生按语文成绩分为：60 分以下、60～70 分、70～80 分、80～90 分、90 分以上。

在连续组距式分组中，存在以同一个数值作为相邻两组共同界限的现象，这违背了统计分组的“互斥原则”，因此，统计上规定，凡是总体某一个单位的变量值是相邻两组的界限值时，这个单位归入下限值的那一组，即所谓“上限不在内”原则。例如，学生按成绩分组，把 70 分的学生归入 70～80 分组内，把 80 分的学生归入 80～90 分组内。

②等距分组和异距分组。等距分组就是标志值在各组保持相等的组距，即各组的标志值变动都限于相同的范围。凡是标志值变动比较均匀的情况下，都可采用等距组距。异距分组即各组的组距不相等。一般，异距分组适用于以下几种场合：第一，标志值分布很不均匀的场合；第二，标志值相等的量具有不同意义的场合。例如，生命的每一个月对于新生儿和对于成年人是大不一样的，此时，若按年龄分组进行人口疾病研究，应采用异距分组；第三，标志值按一定比例发展变化的场合。这时可以按照等比的组距间隔来分组。例如，商场营业额的差别很大，年营业额从 5 万元到 5 亿元不等，就可以采用公比为 10 的分组：5 万～50 万元、50 万～500 万元、500 万元～5000 万元、5000 万～5 亿元。

三、分配数列

（一）分配数列的概念

分配数列就是将总体按一定标志分组整理，形成总体各单位在各组间的分布，又叫次数分布。

分配数列由两部分组成，即按分组标志划分的各个组和与之相对应的次数或频数；各组频数与总体单位数之比是频率，又叫比率或比重，一般用百分数表示。

（二）分配数列的种类

分配数列是统计分组的一种重要形式，它可以反映总体的结构分布状况和分布特征。根据分组标志的特征不同，分配数列可分为品质分配数列和变量分配数列两种。

1. 品质分配数列

品质分配数列是指对总体按品质标志分组形成的分配数列，简称品质数列。品质数列由各组名称和次数两部分组成。各组次数可以用绝对数表示，即次数；也可以用相对数表示，即频率。表 2-1 列出了某班学生的性别构成情况。

表 2-1 某班学生的性别构成情况

性别	人数/人	频率/ %
男	60	60
女	40	40
合计	100	100

对于品质数列，如果分组标志选择得恰当，则现象性质上的差异就表现得比较明显，总体中各组的划分也就比较容易。

2. 变量分配数列

变量分配数列是指对总体按数量标志分组形成的分配数列，简称变量数列。变量数列分为单项式变量数列和组距式变量数列两种。

（1）单项式变量数列。单项式变量数列是指以每个变量值为一组所形成的变量数列，它一般适用于分组变量变化幅度不大的情况或分组变量为离散变量的情况，如表 2-2 所示。

表 2-2 某班学生的性别构成情况

日产量分组（件）	工人人数（人）	频率（%）
20	10	6
21	20	10
22	30	17
23	50	28
24	40	22
25	30	17
合计	180	100

（2）组距式变量数列。组距式变量数列是进行组距式分组后所形成的变量数列，如表 2-3 所示。

表 2-3 某班学生 A 门课程成绩情况

成绩（分）	学生人数（人）	频率（%）
60 以下	5	5
60～70	20	20
70～80	35	35
80～90	30	30
90 以上	10	10
合计	100	100

在组距式变量数列中，需要掌握以下概念。

①组限。组限即分组的数量界限，分为上限和下限。上限就是各组分组标志的最大值，称为该组的上限；下限就是各组分组标志的最小值，称作该组的下限。如果各组的组限都齐全，则称为闭口组；如果各组的组限不齐全，即最小组缺下限或最大组缺上限，则称为开口组。

在确定组限时，注意以下几点。

•最小组的下限不能大于最小变量值，最大组的上限不能小于最大变量值，应保证每个单位有所归属。

•根据研究对象的特点来确定组限。例如，按考试成绩分组，60 分为及格，可以写 60 分以下，60 为组限。

•划分连续变量组限时，采用“上下限重叠分组”和“上限不在内”原则，每组变量值都以下限为起点，上限为极限，但不包括上限。如“70～80 分”这一组，说明大于等于 70，小于 80，取值范围为 $70 \leqslant x < 80$，即 80 分不在这一组内。

•划分离散变量组限时，相邻组的上下限应当间断，但在实际中为求简便，也可采用“上下限重叠分组”原则。此外，当变量出现极大值或极小值时，可采用开口组，即用“××以下”或“××以上”表示。

②组距。每组下限与上限之间的距离称为组距，即

$$\text{组距}=\text{上限}-\text{下限} \tag{2-1}$$

组距变量根据组距是否相等，可分为等距数列和不等距（异距）数列。

第一，等距数列，是指各组的组距都相等，适用于现象变动比较均匀的情况，各组次数的分布不受组距大小的影响。

第二，不等距（异距）数列，是指各组组距不相等的数列。不等距分组中各组的次数多少受分组组距不同的影响，组距大次数可能多，组距小则次数可能少，因此要消除组距对其分布的影响，就需要计算次数密度，即

$$\text{次数密度}=\frac{\text{各组次数}}{\text{各组组距}} \tag{2-2}$$

③组中值。组距变量数列是按变量的一般区间来分组的，掩盖了分布在各组内的单位的实际变量值。为了反映分布在各组中的总体单位变量值的一般水平，就需要计算组中值。

组中值是各组上下限之间的中点数值。闭口组的组中值计算公式为

$$\text{组中值}=\frac{\text{组下限}+\text{组上限}}{2} \tag{2-3}$$

对于开口组的组中值，一般用其相邻组的组距的一半来调整，其公式为

$$\text{缺上限组的组中值}=\text{下限}+\frac{\text{相邻组的组距}}{2} \tag{2-4}$$

$$\text{缺下限组的组中值}=\text{上限}-\frac{\text{相邻组的组距}}{2} \tag{2-5}$$

（三）变量数列的编制

1. 单项式变量数列的编制

将变量值由小到大排序，按变量值分组，整理各组出现的次数或计算频率，绘制图表。

【例 2-1】对某城市 20 户居民家庭人口数进行调查，得出每户的人口数如下：

3 4 5 2 3 4 3 4 5 2 3 3 3 4 3 2 3 4 3 3

解：上述资料比较分散零乱，不易直接看出其基本特征，而且是离散型变量，变量值的单位不能分割，同时变量值的个数不多，可编单项式数列。其结果如表 2-4 所示。

表 2-4 某城市 20 户家庭人口数的分布情况

按每户人口数分组	家庭数（户）	频率（%）
2	3	15
3	10	50
4	5	25
5	2	10
合计	20	100

2. 组距式变量数列的编制

组距式变量数列的编制步骤：

（1）整理数据资料，计算全距。将总体各单位标志值由小到大排列，找出最大值和最小值，两者之差就是全距。

（2）确定组数和组距。对于组数和组距，先确定哪一个，不能机械地规定，应视具体情况而定。在编制等距数列的情况下，组数、组距和全距存在下列关系

$$\text{组数}=\frac{\text{全距}}{\text{组距}} \tag{2-6}$$

确定组数和组距时，主要考虑以下原则：

①要尽可能反映出总体单位的分布情况及集中趋势。

②要尽可能区分出组与组之间性质上的差异。

为方便计算，组距宜取 5 或 10 的倍数；组数的经验数据一般取 5～9。

（3）确定组限。当组距、组数确定后，只需划分各组数量界限，便可以编制组距数列。

组限的确定原则：包容所有变量、“上下限重叠”和“上限不在内”原则。

（4）编制变量数列。确定上述要素后，就可以把变量值归类排列，最后把各组单位数综合填入相应的各组次数栏中。

【例 2-2】某企业 30 个职工的月工资额如表 2-5 所示，试编制其变量数列。

表 2-5　某企业职工月工资额情况　　单位：元

1060	850	1150	950	970	880	1190	1200	1100	1270
1010	970	1150	1120	1080	1050	1030	1180	1120	1040
1230	980	990	830	1000	1100	1060	950	940	1030

解：

第一步，将原始资料排序，计算全距=1270−830=440。

第二步，确定组数和组距。根据本例资料情况，确定分为 5 组，每组的组距为 100 元，这样可以将原始资料编制成变量数列，如表 2-6 所示。

表 2-6　某企业职工月工资额情况

月工资额（元）	职工人数（人）	频率（%）
800～900	3	10.0
900～1000	7	23.3
1000～1100	9	30.0
1100～1200	8	26.7
1200～1300	3	10.0
合计	30	100

（四）累计频数与累计频率

向上累计是指将各组频数或频率由变量值低的组向变量值高的组累计，表明在这些数值以下所有数值所占的比重；向下累计是将各组频数或频率，由变量值高的组向变量值低的组累计，表明在这些数值以上所有数值所占的比重。

累计频数分布的特点是：同一数值的向上累计和向下累计次数之和等于总体总次数，而累计频率之和等于 1（或 100%）。

如【例 2-2】中某企业职工月工资额的累计分布，如表 2-7 所示。

表 2-7　某企业职工月工资额的累计分布

月工资额（元）	人数	频率（%）	向上累计		向下累计	
			人数	频率（%）	人数	频率（%）
800～900	3	10.0	3	10.0	30	100.0
900～1000	7	23.3	10	33.3	27	90.0
1000～1100	9	30.0	19	63.3	20	67.7
1100～1200	8	26.7	27	90.0	11	36.7
1200～1300	3	10.0	30	100.0	3	10.0
合计	30	100	—	—	—	—

（五）次数分布的主要类型

由于社会经济现象性质不同，各种统计总体有不同的次数分布，形成不同类型的分布特征。概括起来，社会经济现象次数分布的类型大致有三种：钟形分布、U 形分布和 J 形分布。

1. 钟形分布

钟形分布的特征是“两头小，中间大”，即靠近中间的变量值分布的次数多，靠近两边的变量值分布的次数少，其曲线图宛如一口古钟。

钟形分布可分为对称分布和偏态分布两种。

（1）对称分布。对称分布的特征是：中间变量值分布的次数最多，两侧变量值分布的次数随着与中间变量值距离的增大而渐次减少，并且围绕中心变量值两侧呈对称分布，如图 2-1（a）所示。这种对称分布在统计学中称为正态分布。

（2）偏态分布。偏态分布的特征是：中间变量值分布的次数最多，两侧变量值分布的次数逐渐减少，但两侧减少的速度不同，致使分布曲线向某一方向偏斜。分布曲线偏斜分两种情况：

①右偏（正偏）。当变量值存在极大值时，次数分布曲线就会向右延伸，这种分布称右偏分布，如图 2-1（b）所示。

②左偏（负偏）。当变量值存在极小值时，次数分布曲线就会向左延伸，这种分布称左偏分布，如图 2-1（c）所示。

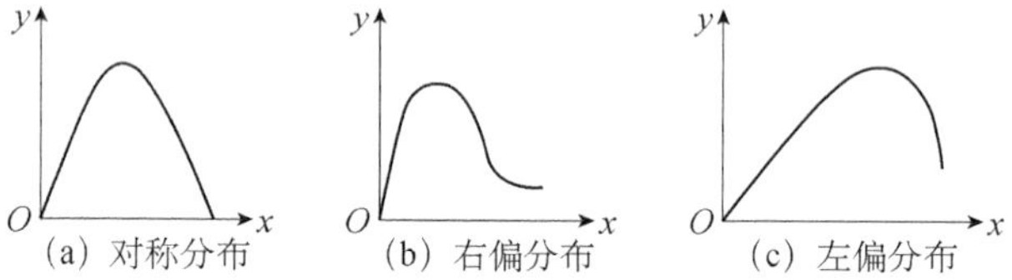

图 2-1　钟形分布

2. U 形分布

U 形分布数列则正好与钟形分布数列相反，表现出“两头大、中间小”的次数分布特点，其次数分布曲线图就像“U”字，如图 2-2 所示。在社会经济现象中，人口死亡率按年龄分布便是如此。人口总体中，幼儿和老年人死亡率高，而中青年死亡率低，呈现 U 形分布。

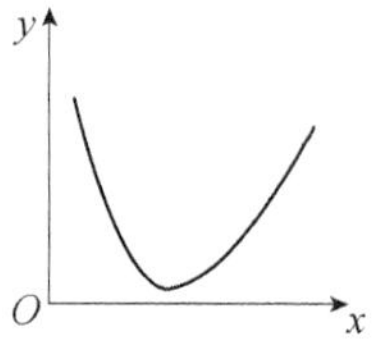

图 2-2　U 形分布

3. J 形分布

J 形分布的特征是“一边小，一边大”，即大部分变量值集中分布在某一端，分布曲线图像英文字母“J”。J 形分布有正 J 形分布和反 J 形分布两种类型，如图 2-3 所示。一种是次数随着变量值的增大而增多，呈现正 J 形分布，如供给量按市场价格高低分布（供给曲线）；一种是次数随着变量值的增大而减少，呈现反 J 形分布，如需求量按市场价格高低分布（需求曲线）。

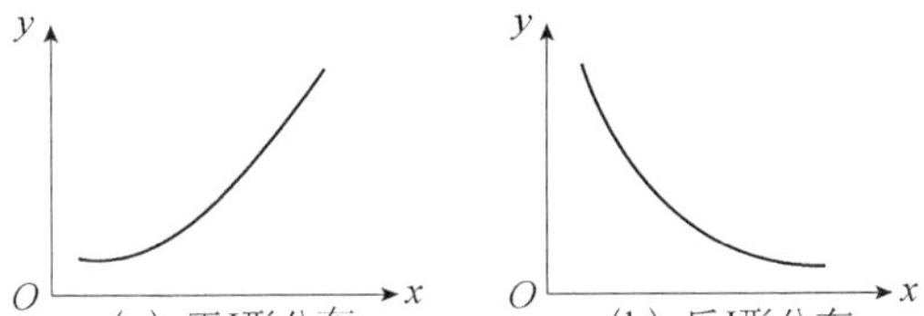

图 2-3　J 形分布

第三节　统计数据的展示

一、统计表

（一）统计表的概念

将经过整理汇总所得到的数据按一定的顺序以表格形式列出来就形成了统计表。统计表有广义的统计表和狭义的统计表。广义的统计表包括统计工作各阶段中所用的一切表格。狭义的统计表专指分析表和容纳各种统计数据的表格，也就是通常所说的统计表。它清楚地、有条理地展示统计数据，直观地反映统计分布特征。

统计表的主要优点：能够使统计数据的表现条理化、系统化、标准化，使人们在阅读时一目了然；能够合理地、科学地组织统计数据，便于对比分析，以研究现象的规模、速度和比例关系等。

（二）统计表的构成

1. 在形式方面的构成

统计表从形式上看，由总标题、横行标题、纵栏标题和指标数值四部分组成。

（1）总标题是统计表的名称，用以概括说明统计表中所反映的统计数据的内容，一般位于表的上端正中央。

（2）横行标题是横行的名称，在统计表中用来说明总体及其各分组的名称，一般在表的左方。

（3）纵栏标题是纵栏的名称，在统计表中通常用来表示统计指标的名称，一般位于表的上方。

（4）指标数值列在各横行标题与各纵栏标题交叉处。

2. 在内容方面的构成

统计表从内容上看，由主词栏和宾词栏两部分组成。

（1）主词栏是统计表所要说明的总体及其分组。

（2）宾词栏是统计表用来说明总体数量特征的各个统计指标。主词一般列在表的左方，宾词一般列在表的右方。必要时，主宾词可以变换位置。

统计表的构成如表 2-8 所示。

表 2-8 2018 年某省生产总值及构成 ⟶ 总标题

横行标题 纵栏标题 指标数值

按行业产业分组	生产总值（亿元）	比重（%）
第一产业	888.72	14.56
第二产业	2892.33	47.37
第三产业	2324.78	38.07
合计	6105.83	100.00

主词栏 宾词栏

此外，必要时可在统计表的下方加上表外附加，主要包括补充资料、注解、资料来源、填表单位、填表人及填表日期等。

（三）统计表的分类

统计表按照总体分组情况不同，可分为简单表、分组表和复合表三类。

1. 简单表

简单表是统计总体未经任何分组，仅按时序和空间罗列的统计表，如表 2-9 所示。

表 2-9 2018 年某汽车公司三个厂家的汽车产量

厂名	合格品数量（万辆）
A	300
B	400
C	420
合计	1220

2. 分组表

分组表是指统计总体仅按一个标志进行分组的统计表，也称简单分组表或单一表。利用分组表可以揭示不同类型现象的特征，说明现象内部的结构，分析现象之间的相互关系。

3. 复合表

复合表是指统计总体按两个或两个以上的标志重叠分组而形成的统计表，也称复合分组表，如表 2-10 所示。复合表可以把多标志结合起来，能更深入地反映社会现象的特征和规律性。

表 2-10　2017 年某市工业企业产值和职工人数

项目		产值（万元）	职工人数（人）
内资企业	大型	285350	14400
	中型	135530	9900
	小型	45320	4210
外资企业	大型	97600	7220
	中型	88300	10400
	小型	25400	4500
合计		677500	50630

（四）统计表的设计

统计表设计总的要求是：简练、明确、实用、美观，便于比较。

1. 统计表形式设计注意事项

（1）统计表应设计成由纵横交叉线条组成的长方形表格，长与宽之间保持适当的比例。

（2）线条的绘制。表的上下端应以粗线绘制，表内纵横线以细线绘制。表格的左右两端一般不画线，采用“开口式”。

（3）合计栏的设置。统计表各纵列若需合计，一般应将合计列在最后一行，各横线若需要合计，可将合计列在最前一列或最后一列。

（4）栏数的编号。如果栏数较多，应当按顺序编号，习惯上主词栏分别编号为甲、乙、丙等序号，宾词栏编号为（1）、（2）、（3）等序号。

2. 统计表内容设计注意事项

（1）标题设计。统计表的总标题、横行标题、纵栏标题应简明扼要，以简练、准确的文字表述统计资料的内容、资料所属的空间和时间范围。

（2）指标数值。表中数字应该填写整齐，对准位数。当数字因过小可忽略而不计时，可写上“0”；当缺某项数字资料时，可用符号“…”表示；不应有数字时用符号“—”表示。

（3）计量单位。统计表必须注明数字资料的计量单位。当全表只有一种计量单位时，可以把它写在统计表的右上方。如果表中各栏的指标数值计量单位不同，可在横行标题后添一列计量单位。

（4）注解或资料来源。为保证统计资料的科学性与严肃性，在统计表下应注明资料来源，以便考查。必要时，在统计表下还要加注解或说明。

二、统计图

统计图也是反映统计数据的一种重要形式。统计图的最大优点是，可以直观地反映统计数据的分布特征。常见的统计图主要有以下几种。

1. 圆形图

圆形图也称饼图，是用圆形及圆内扇形的面积来表示数值大小的图形。圆形图可以表示总体中各组成部分所占的比例，主要用于研究结构性问题。

【例 2-3】某企业 80 名工人日加工情况如表 2-11 所示，其圆形图可表示为图 2-4。

表 2-11　某企业 80 名工人日加工量情况

日加工量（件）	人数
20～30	10
30～40	35
40～50	30
50～60	5
合计	80

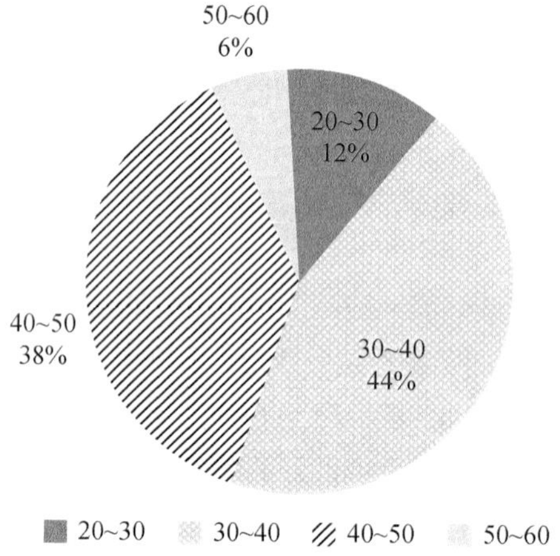

图 2-4　某企业 80 名工人日加工量分布圆形图

2. 条形图

条形图是用宽度相同的条形的长度或高度来表示数据类型的图形。条形图可以横置也可以纵置，纵置时又称为柱形图。

【例 2-4】某班 80 名学生，其中男性 30 名，其条形图可表示为图 2-5 和图 2-6。

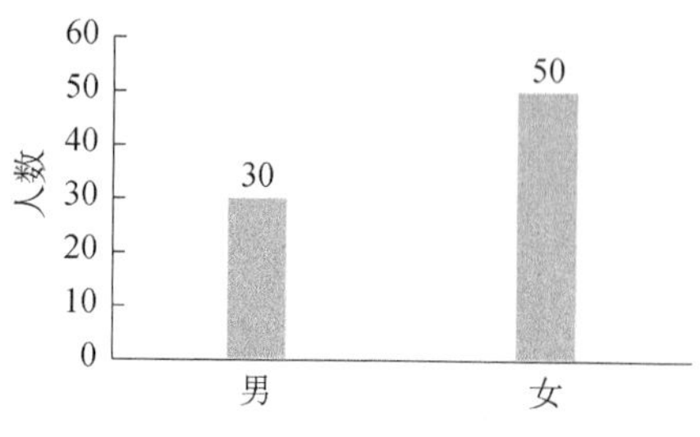

图 2-5　某班级男女分布柱形图

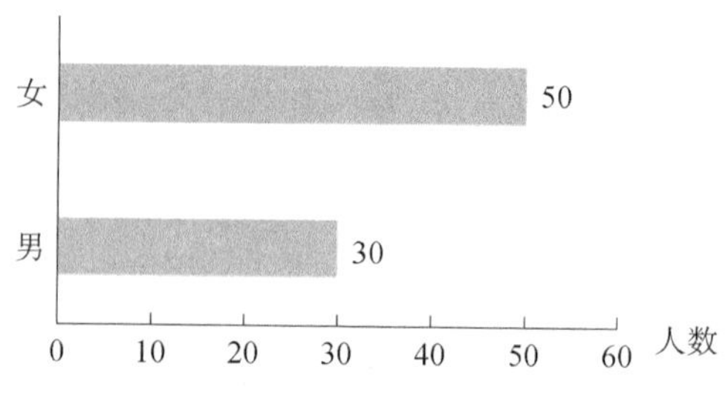

图 2-6　某班级男女分布条形图

3. 直方图

直方图是用直方形的宽度和高度来表示频数分布的图形。绘制直方图时，横轴表示各组组限，纵轴表示频数（一般标在左方）和比例（或频率，一般标在右方），没有比例的直方图只能保留左侧的频数。依据各组组距的宽度与频数的高度绘制成直方形，如图 2-7 所示。

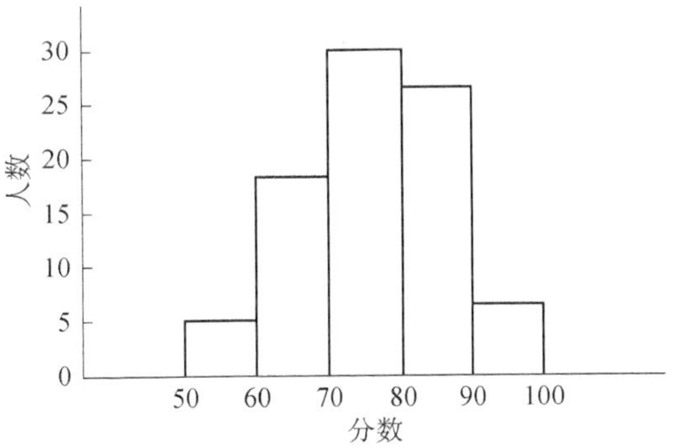

图 2-7　某高校 80 名学生统计学成绩分布直方图

4. 折线图

折线图经常用来描述时间序列数据，主要用来反映现象随时间变化的特征。绘制折线图时，一般将时间绘在横轴，观测值绘在纵轴，如图 2-8 所示。

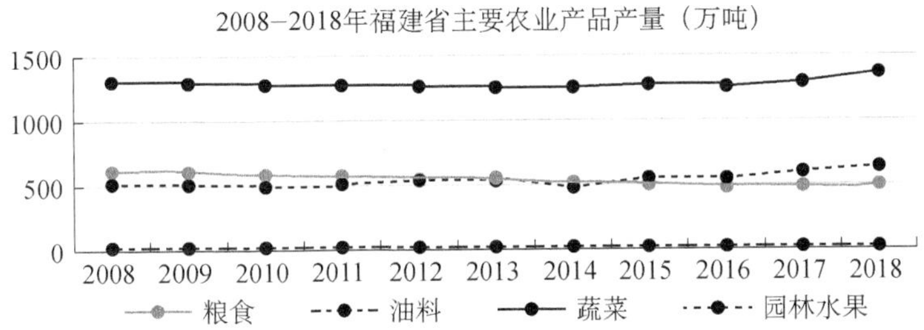

图 2-8　2008—2018 年福建省主要农业产品产量

（数据来源：2019 年福建省统计年鉴）

知识点回顾

（1）统计数据收集就是根据统计研究的目的和要求，采用科学的方法，有计划、有组织地进行登记，取得真实可靠统计资料的活动过程。

（2）按获取途径不同，统计资料可分为原始资料和统计资料，原始资料也称为第一手资料，是反映被调查对象原始状况的资料；次级资料也称为第二手资料，是已经存在的经他人整理分析过的资料。

（3）统计调查的种类：根据被研究总体的范围，统计调查可分为全面调查和非全面调查；按调查登记的时间是否连续，统计调查可分为经常性调查和一次性调查；按组织方式不同，统计调查可分为统计报表调查和专门调查。

（4）统计报表调查是依据国家相关法律法规，自上而下统一布置，按照统一的表式、调查项目，统一的报送时间报送程序，自下而上地逐级提供基本统计资料的一种调查方式。

（5）普查是根据统计的特定任务而专门组织的一次性全面调查。

（6）重点调查就是指在调查对象中，只选择重点单位搜集统计资料的一种非全面调查。

（7）典型调查是根据调查的目的与任务，在对研究总体做全面分析后，有意识地从中选择少数具有代表性的单位进行深入调查研究的一种非全面调查。

（8）抽样调查也称抽样推断，是按照随机原则从总体中抽选部分单位进行观察，并根据这部分单位的调查资料从数量方面推断总体指标的一种非全面调查。

（9）一项完整的统计调查方案应该包括以下各方面内容：确定调查目的和任务；确定调查对象和调查单位；确定调查项目和调查表；确定调查时间和调查期限；制订调查工作的组织实施计划。

（10）统计整理是根据统计研究的目的对调查资料进行科学的加工，使之条理化、系统化，成为说明总体特征的综合资料的工作过程。

（11）统计资料整理的基本程序有：制定统计整理方案；审核调查资料；对调查资料进行分组、汇总和计算；整理后的统计数据的再审核；将整理结果编制成统计表或绘制成统计图。

（12）统计分组是统计整理的关键。它是根据统计研究的目的和客观现象的内在特点，将总体按照某种标志划分为若干个不同性质的组。

（13）统计分组的原则：组内同质、组间异质原则；穷尽原则；互斥原则。

（14）统计分组的类型：按分组标志的多少可分为简单分组和复合分组；按分组标志的性质不同可分为品质分组和数量分组。

（15）统计分组的方法有：品质分组和数量分组，数量分组可以分为单项式分组和组距式分组；组距式分组可分为间断组距式分组和连续组距式分组，又可分为等距分组和不等距分组。

（16）分配数列就是将总体按一定标志分组整理，形成总体各单位在各组间的分布，又叫次数分布。分配数列由两部分组成，即按分组标志划分的各个组和与之相对应的次数或频数。各组频数与总体单位数之比是频率。频率的数值界于 0 和 1 之间，各组频率之和等于 1（或 100%）。为消除异距分组组距大小不同的影响，需计算频数密度。

（17）将经过整理汇总所得到的数据按一定的顺序以表格形式列出来就形成了统计表。统计表的构成：从形式上看由总标题、横行标题、纵栏标题和指标数值四部分组成；从内容上看，由主词栏和宾词栏两部分组成。

（18）统计图能将统计资料展示得更为生动具体，便于人们直观认识事物的特征。

课后习题

一、单项选择题

1. 经常性调查和一次性调查的划分依据是（　　）。

A. 调查的组织形式

B. 调查登记的时间是否连续

C. 调查单位包括的范围是否全面

D. 调查资料的来源

2. 调查方案设计的首要问题是（　　）。

A. 确定调查组织工作　　B. 确定调查任务和目的

C. 确定调查时间和地点　　D. 确定调查经费

3. 对全国各铁路交通枢纽的货运量、货物种类等进行调查，以了解全国铁路货运概况。这种调查属于（　　）。

A. 不连续性典型调查　　B. 连续性典型调查

C. 重点调查　　D. 抽样调查

4. 某市工业企业2020年生产经营成果年报呈报时间规定在2021年1月31日，则调查期限为（　　）。

A. 一日　　B. 一个月

C. 一年　　D. 一年零一个月

5. 调查时间的含义是（　　）。

A. 调查资料所属的时间　　B. 进行调查的时间

C. 调查工作期限　　D. 调查资料报送的时间

6. 对全市工业企业职工的生活情况进行调查，调查对象是（　　）。

A. 该市全部工业企业　　B. 该市全部工业企业的所有职工

C. 该市每一个工业企业　　D. 该市各工业企业的职工

7. 下列调查中，调查单位与填报单位一致的是（　　）。

A. 企业设备调查　　B. 人口普查

C. 农村耕地调查　　D. 工业企业现状调查

8. 在对总体现象进行分析的基础上，有意识地选择若干调查单位进行调查，这种调查方法是（　　）。

A. 抽样调查　　B. 典型调查

C. 重点调查　　D. 普查

9. 对一批商品进行质量检验，最适宜采用的调查方法是（　　）。

A. 全面调查　　B. 抽样调查

C. 典型调查　　D. 重点调查

10. 按某一标志分组的结果表现为（　　）。

A. 组内差异性，组间差异性

B. 组内同质性，组间差异性

C. 组内同质性，组间同质性

D. 组内差异性，组间同质性

11. 在全距一定的情况下，组距大小与组数多少呈（　　）。

A. 正比例关系

B. 反比例关系

C. 有时正比例关系，有时反比例关系

D. 无比例关系

12. 在分组时，凡遇到某单位的标志值刚好等于相邻两组上下限数值时，一般（　　）。

A. 将此值归入上限所在组　　B. 将此值归入下限所在组

C. 将此值归入两组均可　　D. 另立一组

13. 某连续变量分组数列，其末组为开口组，下限为500；又知其邻组的组中值为480，则末组的组中值为（　　）。

A. 520　　B. 510

C. 500　　D. 490

14. 一般情况下，按成绩分组的学生人数表现为（　　）。

A. 钟形分布　　B. U形分布

C. J形分布　　D. 统计分布

15. 次数分布的类型主要取决于（　　）。

A. 统计总体所处的条件　　B. 社会经济现象本身的性质

C. 分组标志的选择　　D. 影响次数分布的要素

二、多项选择题

1. 我国统计调查的基本方法有（　　）。

A. 统计报表　　B. 普查

C. 抽样调查　　D. 重点调查

E. 典型调查

2. 下面对抽样调查和重点调查的陈述中，正确的是（　　）。

A. 两者都是非全面调查

B. 两者选取单位都不受主观因素的影响

C. 两者选取单位都按随机原则

D. 两者选取单位都按非随机原则

E. 两者都用以推算总体数量特征

3. 普查是一种（　　）。

A. 专门组织的调查　　B. 一次性调查

C. 经常性调查　　D. 非全面调查

E. 全面调查

4. 在工业设备普查中，（　　）。

A. 工业企业是调查对象

B. 工业企业的全部设备是调查对象

C. 每台设备是填报单位

D. 每台设备是调查单位

E. 每个工业企业是填报单位

5. 制定一个周密的统计调查方案，应确定（　　）。

A. 调查目的和调查对象　　B. 调查单位和填报单位

C. 调查项目　　D. 调查资料的使用范围

E. 调查的时间和时限

6. 下列情况下调查单位和填报单位不一致的是（　　）。

A. 工业企业生产设备调查　　B. 人口普查

C. 工业企业现状调查　　D. 农产量调查

E. 城市零售商店销售情况调查

7. 对变量值进行组距式分组，则（　　）。

A. 各组分配的规律性更容易显示出来

B. 掩盖了各组分配的规律性

C. 如组数过多，分组过细，容易将不同性质的单位划分到同一组

D. 如组数过少，容易将属于同类的单位划分到不同的组

E. 组数的确定，应根据资料的经济内容与标志值的分散程度而定

8. 在组距数列中，组中值（　　）。

A. 是上限和下限之间的中点数值

B. 用来代表各组标志值的平均水平

C. 在开口式分组中无法确定

D. 就是组平均数

E. 在开口式分组中，可以参照相邻组的组距来确定

9. 在次数分配数列中（　　）。

A. 总次数一定，频数和频率成反比

B. 各组的频数之和等于100

C. 各组频率大于0，频率之和等于1

D. 频率又称为次数

E. 频率越小，则该组的标志值所起的作用越小

10. 统计表按主词是否分组及分组的程度，可分为（　　）。

A. 简单表　　　　B. 一览表

C. 简单分组表　　　　D. 单一表

E. 复合分组表

三、判断题

1. 全面调查和非全面调查是根据调查结果所得的资料是否全面来划分的。（　　）

2. 对有限总体进行调查只能采用全面调查。（　　）

3. 调查单位和填报单位在任何情况下都不可能一致。（　　）

4. 我国的人口普查每十年进行一次，因此它是一种连续性调查方法。（　　）

5. 典型调查和抽样调查的根本区别是选择调查单位的方法不同。（　　）

6. 调查时间就是进行调查工作所需要的时间。（　　）

7. 在统计调查中，调查标志的承担者是调查单位。（　　）

8. 对全国各大型钢铁生产基地的生产情况进行调查，以掌握全国钢铁生产的基本情况。这种调查属于非全面调查。（　　）

9. 重点调查中的重点单位是根据当前的工作重点来确定的。（　　）

10. 调查方案的首要问题是确定调查对象。（　　）

11. 如果调查间隔的时间相等，那么这种调查就是经常性调查。（　　）

12. 一般而言，当调查项目较多时，宜用一览表。（　　）

13. 抽样调查是非全面调查中最有科学根据的调查方法，因此它适用于完成任何调查任务。（　　）

14. 我国人口普查的总体单位和调查单位都是每一个人，而填报单位是户。（　　）

15. 按一个标志进行的分组是简单分组，按多个标志进行的分组是复合分组。（　　）

16. 进行组距分组时，当标志值刚好等于相邻两组上下限数值时，一般把此值归并在作为上限的那一组。（　　）

四、简答题

1. 完整的统计调查方案应包括哪些基本内容？

2. 调查对象、调查单位和填报单位有何区别？

3. 调查对象与调查单位的关系是什么？

4. 重点调查、典型调查与抽样调查这三种非全面调查的区别是什么？

5. 为什么说统计分组的关键在于分组标志的选择？

五、计算题

1. 某车间30个工人看管机器数量的资料如下：

4	2	4	3	4	3	4	4	5	4	3	4	2	4	4
4	2	5	4	3	2	4	3	6	3	5	3	4	2	4

要求：根据以上资料编制变量分配数列。

2. 某车间同一工种的40 名工人完成个人生产定额（%）的数据如下：

97	88	123	115	119	158	112	146	117	108
105	110	107	137	120	136	125	127	142	118
103	87	115	114	117	124	129	138	100	103
92	95	113	126	107	108	105	119	127	104

要求：

（1）根据上述资料编制频数分布数列。

（2）编制向上和向下累计频数、频率数列。

第三章　统计数据的描述性分析

学习目标

（1）了解集中趋势、离散程度、分布形状等指标的定义和特点。

（2）理解集中趋势度量和离散程度度量所代表数据的意义。

（3）掌握各指标的计算和应用场合，能通过集中趋势的描述、离散程度的度量、偏态和峰态的度量，对数据分布的形状和特征有一个较为全面的把握。

案例导入

某一电商公司老板问：小王，帮我查一下9月份网站流量的基本数据。这个基本数据都会包含哪些内容呢？首先查看9月份的流量数据。如表3-1所示，其中PV和UV分别代表页面访问量和用户访问量，即网站的访问人次和访问人数。如果你了解描述性分析，就可以将网站流量的基本数据展现在表格中。

表3-1　待描述的网站流量数据

A	B	C
data	PV	UV
2020/9/1	38814	23772
2020/9/2	47327	29949
2020/9/3	31758	25668
2020/9/4	42301	22091
2020/9/5	31832	25540
2020/9/6	47692	28165

如表3-2所示为常用的基本统计指标，以PV为例，简单解释这7个指标的含义：9月份网站的日均访问人次为41072.87次，标准差为5685.52，最少的一次访问量为30471次，该月中有四分之一天数的每天访问人次在36791.5次以下，该月中有一半天数的每天访问人次在42529次以下，该月中有四分之三天数的每天访问人次在44643.25次以下，

全月中最多的一次访问量为 49847 次。需要注意的是，表格中的下四分位数即统计学意义的 25%分位点，上四分位则为统计学意义的 75%分位点。

表 3-2　统计描述的汇总结果

基本指标	PV	UV
平均值	41072.87	25213.3
标准差	5685.52	3014.61
最小值	30471	20675
下四分位数	36791.5	22432.25
中位数	42529	25604
上四分位数	44643.25	28281.25
最大值	49847	29964
峰度	−2.07	−0.68
偏度	−0.17	0.22

上述就是一个典型的描述性分析，其实就是针对数据的统计结果做简单的描述，表达出数据的统计特征，描述数据的内在规律。

利用图表展示数据，可以对数据分布的形状和特征有一个大致的了解。但要全面把握数据分布的特征，还需要找到反映数据分布特征的各个代表值。数据分布的特征可以从三个方面进行测度和描述：一是分布的集中趋势，反映各数据向其中心值靠拢或聚集的程度；二是分布的离散程度，反映各数据远离其中心值的趋势；三是分布的形状，反映数据分布的偏态和峰态。这三个方面分别反映了数据分布特征的不同侧面。

第一节　集中趋势的描述

集中趋势是指数据分布中大量数据向某方向集中的程度，测度集中趋势也就是要寻找数据一般水平的代表值。对数据集中趋势的描述，有助于我们了解事物的本质特征、掌握事物发展变化的规律，通常我们用平均数、众数、中位数等来描述数据的集中趋势。

一、平均数

平均数，是描述一组数据集中趋势最主要的测度值，是指在一组数据中所有数据之和除以这组数据的个数，它主要适用于数值型数据，而不适用于分类数据和顺序数据，根据所掌握数据的不同，平均数有几种不同的形式，本书主要介绍以下两种。

1. 简单平均数与加权平均数

（1）根据未经分组数据计算的平均数称为简单平均数，设一组数据为 $x_1, x_2, \cdots, x_n$，数据量为 n，则简单平均数用 $\bar{x}$ 表示，计算公式为

$$\bar{x}=\frac{x_1+x_2+x_3+\cdots+x_n}{n}=\frac{\sum_{i=1}^{n}x_i}{n} \tag{3-1}$$

【例 3-1】某商场服装部 1—6 月的销售额分别为 30 万元、35 万元、38 万元、41 万元、34 万元、32 万元，则平均每月销售额为

$$\bar{x}=\frac{30+35+38+41+34+32}{6}=35\text{万元}$$

（2）根据分组数据计算的平均数称为加权平均数，在加权平均数的计算中，涉及一个反映数据值出现次数的量，用“f”表示，称为权数，加权平均数计算公式为

$$\bar{x}=\frac{x_1f_1+x_2f_2+x_3f_3+\cdots+x_nf_n}{n}=\frac{\sum_{i=1}^{n}x_if_i}{\sum_{i=1}^{n}f_i} \tag{3-2}$$

【例 3-2】某商场服装部员工 11 月 15 日的销售数据如表 3-3 所示，计算当日销售额平均数。

表 3-3　某商场服装部员工 11 月 15 日销售数据表

销售额（元/人）	职工人数（人）
2000	2
2200	4
2500	5
2800	3
3000	2
合计	16

$$\bar{x}=\frac{2000\times2+2200\times4+2500\times5+2800\times3+3000\times2}{16}=2481.25\text{元}$$

（3）根据组距式分组的数据计算平均数，要先求出各组的组中值 M_i，作为各组的标志值，然后再计算加权平均数，计算公式为

$$\bar{x}=\frac{x_1M_1+x_2M_2+x_3M_3+\cdots+x_nM_n}{n}=\frac{\sum_{i=1}^{n}x_iM_i}{\sum_{i=1}^{n}f_i} \tag{3-3}$$

【例 3-3】某商场服装部员工 11 月 30 日的销售数据如表 3-4 所示，计算当日销售额平均数。

表 3-4　某商场服装部员工 11 月 30 日销售数据表

销售额（元/人）	销售额组中值（M_i）	职工人数（人）
1000～2000	1500	2
2000～3000	2500	6
3000～4000	3500	5
4000～5000	4500	3
合计	—	16

$$\bar{x}=\frac{1500\times2+2500\times6+3500\times5+4500\times3}{16}=3062.5\text{元}$$

上述加权平均数的计算结果表明，平均数的大小，不仅取决于各个分组数值的大小，还受到各组数值出现次数的影响，即“f”起着“权衡轻重”的作用，统计学中将其称为权数。

2. 几何平均数

几何平均数一般应用于具有等比趋势数列的平均数，在社会经济现象中，许多现象变化的总比率或总速度常常是各项比率或各项速度的连乘积，可以用几何平均数计算平均比率或平均发展速度，根据掌握的数据情况，几何平均数也有简单几何平均数和加权几何平均数两种。

（1）简单几何平均数。对于给定的几个变量值，几何平均数是 n 个变量值乘积的 n 次方根，用 G 表示，计算公式为

$$G=\sqrt[n]{x_1\times x_2\times x_3\times\cdots\times x_n}=\sqrt[n]{\prod_{i=1}^{n}x_i}\tag{3-4}$$

其中，$\prod$ 为连乘符号。

【例 3-4】小王持有一种股票，连续 5 年的收益率分别为 5%、10.6%、20.5%、8.5%、12%，请计算这只股票 5 年中的平均收益率。

$$G=\sqrt[5]{5\%\times10.6\%\times20.5\%\times8.5\%\times12\%}=10.21\%$$

（2）加权几何平均数。当计算几何平均数的各个变量值的次数不相同时，应采取加权的计算思路，计算公式为

$$G=\sqrt[f_1+f_2+f_3+\cdots+f_n]{x_1^{f_1}\times x_2^{f_2}\times x_3^{f_3}\times\cdots\times x_n^{f_n}}=\sqrt[\sum_{i=1}^{n}f_i]{\prod_{i=1}^{n}x_i^{f_i}}\tag{3-5}$$

【例 3-5】小王持有某一银行的理财产品，前 4 年的年利率为 8%，中间 3 年的年利率为 10%，后 3 年的年利率为 6.5%，按复利计算，该产品的年平均利率。

$$G=\sqrt[4+3+3]{(1+8\%)^4\times(1+10\%)^3\times(1+6.5\%)^3}-1=8.14\%$$

二、中位数

中位数是一个位置代表值，不受极端值的影响，它是将数据从小到大排序后，处在中间位置上的变量值，用 M_e 表示。中位数主要用于测度顺序数据的集中趋势，也适用于测度数值型数据的集中趋势，不适用于分类数据。

（1）对于未分组的数据，只要把数据按从小到大排序，确定中位数的位置，最后确定中位数的具体数值，中位数位置的确定公式如下

$$\text{中位数位置}=\frac{n+1}{2} \tag{3-6}$$

设一组数据为 $x_1, x_2, x_3, \cdots, x_n$，按从小到大的顺序排序后为 $x_{(1)}, x_{(2)}, x_{(3)}, \cdots, x_{(n)}$，则中位数的具体数值为

$$M_e=\begin{cases} x_{(\frac{n+1}{2})}, & n\text{为奇数} \\ \frac{1}{2}(x_{(\frac{n}{2})}+x_{(\frac{n}{2}+1)}), & n\text{为偶数} \end{cases} \tag{3-7}$$

（2）对于有分组的数据，我们以组距式分组进行说明，也需要用中位数公式求解近似的中位数值。

【例 3-6】 2019 年某连锁公司下属企业的利润情况表如表 3-5 所示，请确定中位数。

表 3-5　2019 年某连锁公司下属企业的利润情况表

按利润分组（万元）	企业数（个）	企业数向上累计	企业数向下累计
1000 以下	2	2	18
1000～2000	5	7	16
2000～3000	6	13	11
3000～4000	3	16	5
4000 以上	2	18	2
合计	18	—	—

确定中位数的基本步骤如下：

第一步，确定中位数所在的组。

$$\text{中位数位置}=\frac{\sum f}{2}=\frac{18}{2}=9$$

无论是向上累计还是向下累计，所选择的累计个数数值都应该是大于等于 9 的最小值，即累计列中的 13 或 11 符合要求，它们对应的都是第三组，即中位数在 2000～3000 这一组里。

第二步，确定中位数的近似值。采用比例插入法，我们假定利润在 2000 万～3000 万元的 6 个企业是均匀分布的，采用以下两个公式估算中位数的值。

下限公式：

$$M_e = L + \frac{\frac{\sum f}{2} - S_{m-1}}{f_m} \times d \qquad (3\text{-}8)$$

上限公式：

$$M_e = U - \frac{\frac{\sum f}{2} - S_{m+1}}{f_m} \times d \qquad (3\text{-}9)$$

式中，M_e 代表中位数；L 代表中位数所在组的下限；U 代表中位数所在组的上限；S_{m-1} 代表中位数所在组以前各组累计次数；S_{m+1} 代表中位数所在组以后各组累计次数；f_m 代表中位数所在组的次数；d 代表中位数所在组的组距；$\sum f$ 代表总次数。

根据表 3-5 的数据，利用上限公式计算的中位数为

$$M_e = 3000 - \frac{\frac{18}{2} - 5}{6} \times 1000 = 2333.33\text{万元}$$

三、众数

众数是一组数据中出现次数最多的变量值，用 M_o 表示，众数主要用于测度分类数据的集中趋势，也可以作为顺序数据及数值型数据集中趋势的度量，一般情况下，只有数据量较大的情况下，众数才有意义。

众数也是一个位置代表值，不受极端数据的影响，在一组数据中，可以有多个众数，也可以没有众数。根据数据的情况，众数的计算方法也略有差异，对于数据没有分组或者单项式分组的情况，只需要通过观察找出出现次数最多的那个变量值即可，对于组距式分组的数据确定众数，需要用插补法，一般步骤是先确定众数组，然后计算众数的近似值。

【例 3-7】表 3-6 是某商场服装部员工 11 月的收入数据，请计算众数。

表 3-6　某商场服装部员工 11 月收入表

月收入（元）	职工人数（人）
3000 以下	2
3000～4000	6
4000～5000	6
5000～6000	8
6000～7000	5
7000 以上	3
合计	30

从表 3-6“职工人数（人）”这一列可知，职工人数最多的是 8 人，它对应的“月收入（元）”为 5000～6000 元，因此，5000～6000 元即为众数所在的组，它反映了月收入的一般水平。利用上限公式或下限公式计算众数的近似值。

下限公式：

$$M_o = L + \frac{\Delta_1}{\Delta_1 + \Delta_2} \times d \tag{3-10}$$

上限公式：

$$M_o = U - \frac{\Delta_2}{\Delta_1 + \Delta_2} \times d \tag{3-11}$$

式中，M_0 表示众数；L 表示众数所在组的下限；U 表示众数所在组的上限；Δ_1 表示众数所在组次数与前一组次数之差；Δ_2 表示众数所在组次数与后一组次数之差；d 表示众数所在组的组距。

根据表 3-6 的数据，我们利用式（3-10）和式（3-11），可以得到众数的近似值。

下限公式：

$$M_o = 5000 + \frac{8-6}{(8-6)+(8-5)} \times 1000 = 5400\text{元}$$

上限公式：

$$M_o = 6000 - \frac{8-5}{(8-6)+(8-5)} \times 1000 = 5400\text{元}$$

在组距数列中，各组分布的次数受组距大小的影响，所以根据组距数列确定众数时，要保证各组组距相等。

四、其他分位数

中位数是处于一组数列的中间位置的值，从中间点将全部数据等分为两部分，与中位数类似的还有四分位数、十分位数和百分位数等，它们分别是用 3 个点、9 个点和 99 个点将数据 4 等分、10 等分和 100 等分后各分位点上的值。这里只介绍四分位数的计算。

四分位数是一组数据排序后处在 25%和 75%位置上的值，四分位数是通过 3 个点将全部数据等分为 4 部分，其中每部分包含 25%的数据，因此，中间的四分位数就是中位数，处在 25%位置的数值称为下四分位数（Q_L），处在 75%位置上的数值称为上四分位数（Q_U）。

给定一组未分组数据，首先对其进行升序排序，确定四分位数所在的位置，该位置上的数值就是四分位数，四分位数位置的确定方法有多种，每种方法得到的结果有一定的差异，但差异不大，本书只介绍其中一种。

根据四分位数的定义有

$$Q_L\text{的位置} = \frac{n}{4}$$

$$Q_U\text{的位置} = \frac{3n}{4} \tag{3-12}$$

如果位置是整数，四分位数就是该位置对应的值，如果是在 0.5 的位置上，则取该位置两侧值的平均数，如果是在 0.25 或 0.75 的位置上，则四分位数等于该位置下侧值加上按比例分摊位置两侧数值的差值。

【例 3-8】 一项调查收集到 11 位学生的月支出数据分别为 1500、1600、1900、2100、1850、2080、2300、2500、2450、1980、2200，计算 11 位学生月支出的四分位数。

首先将 11 个数据按升序排序：

1500、1600、1850、1900、1980、2080、2100、2200、2300、2450、2500

根据式（3-12），计算上下四分位数的位置：

$$Q_L\text{的位置} = \frac{n}{4} = \frac{11}{4} = 2.75$$

即 Q_L 在第 2 个数值（1600）和第 3 个数值（1850）之间 0.75 的位置上，因此：

$$Q_L = 1600 + (1850 - 1600) \times 0.75 = 1787.5$$

$$Q_U\text{的位置}=\frac{3n}{4} = \frac{3 \times 11}{4} = 8.25$$

即 Q_U 在第 8 个数值（2200）和第 9 个数值（2300）之间 0.25 的位置上，因此：

$$Q_U = 2200 + (2300 - 2200) \times 0.25 = 2225$$

根据上述计算结果可以大概判断，数据经过排序后，至少 25%的数据将小于或等于 Q_L，至少 75%的数据将大于或等于 Q_L；至少 75%的数据将小于或等于 Q_U，至少 25%的数据将大于或等于 Q_U。由于 Q_L 和 Q_U 之间包含了 50%的数据，因此，对【例 3-8】来说，大约有一半的学生月支出在 1787.5 元和 2225 元之间。

在四分位数的基础上，可相应把数列对半分，求出八分位数和十六分位数等。其他分位数的计算原理是互通的，在统计实践中，经常要用到四分位数，分位数分得越细，所需要数据的个数也就越多，对于有限资料运用较高位次的分位数做统计分析，实际意义并不大。

五、平均数、中位数、众数的关系

中位数和众数属于位置平均数，平均数是全部数据的算术平均，这三者之间的关系与总体分布的特征有关，可以分为以下三种情况：

（1）当总体为左偏分布时，数据存在极小值，将拉动平均数向极小值一方靠，众数和中位数是位置代表值，不受极端值影响，三者的关系为：$\bar{x} < M_e < M_o$。

（2）当总体为对称分布时，三者的关系为：$\bar{x} = M_e = M_o$。

（3）当总体为右偏分布时，说明数据存在极大值，将拉动平均数向极大值一方靠，三者的关系为：$M_o < M_e < \bar{x}$。

上述关系如图 3-1 所示。

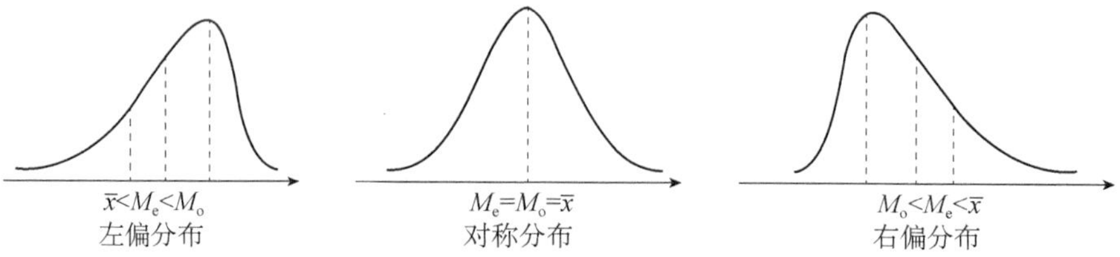

图 3-1　不同分布的平均数、中位数、众数的关系图

第二节　离散程度的度量

从数据分布特征来看，平均数、中位数、众数等反映了数据的集中趋势，代表了数据的一般水平。但从各个数据本身来看，它们之间存在着量上的差异，存在着离散程度，反映数据分布的变异和离散程度，也能反映集中趋势度量值的代表性程度。常见的离散程度度量值有极差、四分位差、异众比率、平均差、标准差和方差等。

一、极差

极差也叫全距，是一组数据中最大值与最小值之差，对于未分组数据，其公式为

$$R = x_{\max} - x_{\min} \tag{3-13}$$

对于分组数据，极差公式为

$$R = U_{\max} - L_{\min} \tag{3-14}$$

其中，$U_{\max}$ 是分组数列中最大组的上限，$L_{\min}$ 是分组数列中最小组的下限。

用极差反映总体变量值的差异情况，计算简单，意义明确，但受极端数值影响，不能反映中间各数值的变异情况，是对离散程度较为粗略的反映。

二、四分位差

四分位差是上四分位数与下四分位数之差，计算公式为

$$\text{Q.D} = Q_{\text{U}} - Q_{\text{L}} \tag{3-15}$$

根据【例 3-8】的计算结果，$Q_{\text{L}} = 1787.5$，$Q_{\text{U}} = 2225$，四分位差为

$$\text{Q.D} = 2225 - 1787.5 = 437.5$$

四分位差反映了中间 50%数据的离散程度，数值越小，说明中间的数据越集中，数值越大，则中间数据越分散。四分位差不受极端值的影响，主要用于测度顺序数据的离散程度，与四分位差相类似，还可以计算八分位差、十六分位差等，可以排除极端数值对数据分布变异情况的影响。

三、异众比率

异众比率是非众数组的频数占总频数的比例，用 V_{r} 表示，计算公式为

$$V_{\mathrm{r}}=\frac{\sum f_i-f_m}{\sum f_i}=1-\frac{f_m}{\sum f_i} \tag{3-16}$$

其中，$\sum f_i$ 为变量值的总频数；f_m 为众数组的频数。

【例 3-9】一项调查中，某时间段消费者购买不同类型汉堡的数据如表 3-7 所示，请计算异众比率。

表 3-7　不同类型汉堡购买者数据表

汉堡类型	人数（人）
麦辣鸡腿堡	6
板烧鸡腿堡	15
巨无霸	12
吉士蛋堡	7
合计	40

“板烧鸡腿堡”出现了 15 次，即为众数。

$$V_{\mathrm{r}}=\frac{\sum f_i-f_m}{\sum f_i}=\frac{40-15}{40}=62.5\%$$

这说明在调查的 40 人中，购买其他类型汉堡的人数占 62.5%，异众比率较大，因此，用“板烧鸡腿堡”来代表消费者购买汉堡类型的一般状况，其代表性较差。

异众比率主要用于测度分类数据的离散程度，异众比率越大，说明非众数组的频数占总频数的比重越大，众数的代表性越差；异众比率越小，说明非众数组的频数占总频数的比重越小，众数的代表性越好，对于顺序数据和数值型数据也可以计算异众比率。

四、平均差

平均差是变量值与其平均数利差绝对值的平均数，用 AD 表示，根据未分组数据计算得到简单平均差，其公式为

$$\mathrm{AD}=\frac{\sum_{i=1}^{n}\left|x_i-\bar{x}\right|}{n} \tag{3-17}$$

根据分组数据计算加权平均差，其公式为

$$\mathrm{AD}=\frac{\sum_{i=1}^{k}\left|M_i-\bar{x}\right|\times f_i}{\sum f_i} \tag{3-18}$$

【例 3-10】某公司 2019 年底考核中，20 名员工年终考核得分如下，两组平均分都是 80 分。

女性员工：	68	70	72	76	80	82	85	88	89	90
男性员工：	60	62	63	65	76	88	95	96	97	98

计算平均差，并评价各组平均得分的代表性。

女性员工考核得分平均差：

$$\text{AD}=\frac{\sum_{i=1}^{n}|x_i-\overline{x}|}{n}=\frac{|68-80|+|70-80|+|70-80|+\cdots+|90-80|}{10}=6.8\text{分}$$

男性员工考核得分平均差：

$$\text{AD}=\frac{\sum_{i=1}^{n}|x_i-\overline{x}|}{n}=\frac{|60-80|+|62-80|+|63-80|+\ldots\ldots|98-80|}{10}=14.8\text{分}$$

可见，男性员工考核得分的平均差明显地大于女性员工，说明女性员工平均考核得分的代表性要强于男性员工。

【例 3-11】利用表 3-8 的数据，计算销售额的平均差。

表 3-8 销售数据平均差计算表

销售额（元/人）	销售额组中值（M_i）	职工人数（人）	$\|M_i-\overline{x}\|$	$\|M_i-\overline{x}\|f_i$
1000～2000	1500	2	1562.5	3125
2000～3000	2500	6	562.5	3375
3000～4000	3500	5	437.5	2187.5
4000～5000	4500	3	1437.5	4312.5
合计	—	16	—	13000

$$\text{AD}=\frac{\sum_{i=1}^{k}|M_i-\overline{x}|\times f_i}{\sum f_i}=\frac{13000}{16}=812.5(\text{元})$$

平均差以平均数为中心，反映了每个数据与平均数的平均差异程度，能全面准确地反映一组数据的离散程度。平均差越大，数据的离散程度越大，反之越小。

五、标准差和方差

方差是各变量值与其平均数离差平方的平均数，方差的平方根为标准差，方差或标准差能较好地反映数据的离散程度，是应用最为广泛的离散程度测度值，根据未分组数据和分组数据计算标准差的公式如下。

$$\text{未分组：}\quad s=\sqrt{\frac{\sum_{i=1}^{n}(x_i-\overline{x})^2}{n-1}}\quad（样本数据除以 n-1，总体数据除以 n）\qquad (3\text{-}19)$$

$$\text{分组：}\quad s=\sqrt{\frac{\sum_{i=1}^{k}(M_i-\overline{x})^2\times f_i}{n-1}}\quad（样本数据除以 n-1，总体数据除以 n）\qquad (3\text{-}20)$$

【例 3-12】根据【例 3-11】的数据，计算标准差。

表 3-9　销售数据标准差计算表

销售额（元/人）	销售额组中值（M_i）	职工人数（人）	$(M_i-\overline{x})^2$	$(M_i-\overline{x})^2\times f_i$
1000～2000	1500	2	2441406	4882813
2000～3000	2500	6	316406.3	1898438
3000～4000	3500	5	191406.3	957031.3
4000～5000	4500	3	2066406	6199219
合计	—	16	—	13937500

根据公式（3-20），计算标准差为

$$s=\sqrt{\frac{\sum_{i=1}^{k}(M_i-\overline{x})^2\times f_i}{n}}=\sqrt{\frac{13937500}{16}}=963.9(\text{元})$$

案例中某商场服装部员工共 16 名，是总体，故上式中除以 16，方差为标准差的平方 s^2 。标准差有平均差的优点，它将各变量值的差异全部包括在内，可以准确反映数据的离散程度，同时标准差还避免了求平均差时存在的取绝对值的问题，能够适用于代数运算等数学处理，由于标准差的这些优点，在实际工作中一般都用它来测定数据的离散程度，应用十分广泛。

六、离散系数

对于平均水平不同或计量单位不同的不同组别的变量值，是不能用标准差直接比较其离散程度的。为消除变量值平均水平高低或计量单位不同对离散程度测度值的影响，需要计算离散系数，它也叫变异系数，是一组数据的标准差与其相应的平均数之比，变异系数越小的组，其平均值代表性越强，反之越小，计算公式为

$$v_s=\frac{s}{\overline{x}}\times 100\% \qquad (3\text{-}21)$$

【例 3-13】 某车间两组工人 11 月产量如表 3-10 所示，请说明两组工人平均产量的代表性哪个大？

表 3-10　某车间两组工人 11 月产量情况表

一组		二组	
产量（件）	人数（人）	产量（件）	人数（人）
64	1	70	2
70	3	73	4
76	5	76	5
82	4	79	3
88	2	82	1
合计	15	合计	15

一组工人的平均产量是 77.2 件，二组工人的平均产量是 75.4 件，两组产量的标准差分别为 6.65 和 3.32 件，根据公式（3-21），有

第一组：$v_s = \dfrac{6.65}{77.2} \times 100\% = 8.61\%$

第二组：$v_s = \dfrac{3.32}{75.4} \times 100\% = 4.40\%$

第二组工人产量的离散系数小于一组，即二组工人产量的变异程度低于一组，二组平均产量的代表性高于一组。

第三节　偏态与峰态的度量

数据的集中趋势和离散程度是数据分布的两个重要特征，但要了解数据的分布形态，则要计算偏态和峰态。

一、偏态及其测度

偏态是统计数据分布偏斜方向和程度的度量，是统计数据分布非对称程度的数字特征，测度偏态的统计量是偏态系数，用 SK 表示。

对于未分组数据计算偏态系数时，通常采用的公式为

$$\mathrm{SK} = \frac{n\sum (x_i - \bar{x})^3}{(n-1)(n-2)s^3} \tag{3-22}$$

当一组数据的分布是对称的，偏态系数为 0，若偏态系数大于 1 或小于−1，称为高度偏态分布；若偏态系数在 0.5～1 或−1～−0.5，称为中等偏态分布；偏态系数越接近 0，偏

斜程度就越低。

对于分组数据计算偏态系数，通常采用的公式为

$$\mathrm{SK}=\frac{\sum_{i=1}^{k}(M_i-\overline{x})^3 f_i}{ns^3} \tag{3-23}$$

当一组数据的分布是对称的时，$\mathrm{SK}=0$；当SK为正值时，为正偏或右偏；当SK为负值时，为负偏或左偏。

二、峰态及其测度

峰态是对数据分布平峰或尖峰程度的度量，测度峰度的统计量是峰态系数，用K表示。

对于未分组数据计算峰态系数时，通常采用的公式为

$$K=\frac{n(n+1)\sum(x_i-\overline{x})^4-3\left[\sum(x_i-\overline{x})^2\right]^2(n-1)}{(n-1)(n-2)(n-3)s^4} \tag{3-24}$$

对于分组数据计算峰态系数，通常采用的公式为

$$K=\frac{\sum_{i=1}^{k}(M_i-\overline{x})^4 f_i}{ns^4}-3 \tag{3-25}$$

当$K>0$时称为尖峰分布，此时的数据更为集中；当$K>0$时称为扁平分布，此时的数据更为分散。

这里偏态系数和峰态系数的计算量较大，通常可以通过 Excel 或 SPSS 等相关操作计算结果。

知识点回顾

（1）集中趋势的描述：通常我们用平均数、众数、中位数、分位数等来描述数据的集中趋势。

（2）平均数是描述一组数据集中趋势的最主要测度值，是指在一组数据中所有数据之和除以这组数据的个数，它主要适用于数值型数据，有简单平均数与加权平均数、简单几何平均数、加权几何平均数。

（3）中位数是一个位置代表值，不受极端值的影响，它是将数据从小到大排序后，处在中间位置上的变量值，用M_e表示，主要用于测度顺序数据的集中趋势，未分组的数据和分组数据的计算方式略有不同，对于分组数据下的中位数的计算，需要掌握上限公式和下限公式。

（4）众数是一组数据中出现次数最多的变量值，用M_o表示，众数主要用于测度分类

数据的集中趋势，未分组的数据和分组数据的计算方式略有不同，对于分组数据下的中位数的计算，需要掌握上限公式和下限公式。

（5）四分位数是一组数据排序后处在 25%和 75%位置上的值，四分位数是通过 3 个点将全部数据等分为 4 部分，其中每部分包含 25%的数据，因此，中间的四分位数就是中位数，处在 25%位置的数值称为下四分位数（Q_L），处在 75%位置上的数值称为上四分位数（Q_U），要掌握下四分位数和上四分位数的计算方法。

（6）中位数和众数属于位置平均数，平均数是全部数据的算术平均，这三者之间的关系与总体分布的特征有关，可以分为以下三种情况：当总体为左偏分布时，$\bar{x} < M_e < M_o$；当总体为对称分布时，$\bar{x} = M_e = M_o$；当总体为右偏分布时，$M_o < M_e < \bar{x}$。

（7）常见的离散程度量值有极差、分位差、平均差、方差和标准差等，它能反映数据分布的变异和离散程度，也能反映集中趋势度量值的代表性程度。

（8）极差也叫全距，是一组数据中最大值与最小值之差，用极差反映总体变量值的差异情况，计算简单，意义明确，但受极端数值影响，不能反映中间各数值的变异情况，是对离散程度较为粗略的反映。

（9）四分位差是上四分位数与下四分位数之差，反映中间 50%数据的离散程度，数值越小，中间数据越集中，数值越大，中间数据越分散，四分位差不受极端值的影响，主要用于测度顺序数据的离散程度。

（10）异众比率是非众数组的频数占总频数的比例，主要用于测度分类数据的离散程度，异众比率越大，非众数组的频数占总频数的比重越大，众数的代表性越差；异众比率越小，非众数组的频数占总频数的比重越小，众数的代表性越好。

（11）平均差是变量值与其平均数利差绝对值的平均数，平均差以平均数为中心，反映了每个数据与平均数的平均差异程度，能全面准确地反映一组数据的离散程度。平均差越大，数据的离散程度越大，反之越小。

（12）方差是各变量值与其平均数离差平方的平均数，方差的平方根为标准差，方差或标准差能较好地反映数据的离散程度，是应用最为广泛的离散程度测度值，掌握未分组数据和分组数据计算公式。

（13）对于平均水平不同或计量单位不同的不同组别的变量值，是不能用标准差直接比较其离散程度的。为消除变量值平均水平高低或计量单位不同对离散程度测度值的影响，需要计算离散系数，它也叫变异系数，是一组数据的标准差与其相应的平均数之比。变异系数越小的组，其平均值代表性越强。

（14）偏态是统计数据分布偏斜方向和程度的度量，是统计数据分布非对称程度的数字特征，测度偏态的统计量是偏态系数，用 SK 表示。当一组数据的分布是对称时，SK=0；当 SK 为正值时，为正偏或右偏；当 SK 为负值时，为负偏或左偏。

（15）峰态是对数据分布平峰或尖峰程度的度量，测度峰度的统计量是峰态系数，用 K 表示。当 $K>0$ 时称为尖峰分布，此时的数据更为集中；当 $K<0$ 时称为扁平分布，此时数据更为分散。

课后习题

一、单项选择题

1. 四分位差是（　　）。

A. 上四分位数减下四分位数的结果

B. 下四分位数减上四分位数的结果

C. 下四分位数加上四分位数

D. 下四分位数与上四分位数的中间值

2. 对于右偏分布，平均数、中位数和众数之间的关系是（　　）。

A. 平均数＞中位数＞众数

B. 中位数＞平均数＞众数

C. 众数＞中位数＞平均数

D. 众数＞平均数＞中位数

3. 在比较两组数据的离散程度时，不能直接比较它们的标准差，因为两组数据的（　　）。

A. 标准差不同　　B. 方差不同

C. 数据个数不同　　D. 计量单位不同

4. 偏态系数测度了数据分布的非对称性程度，如果一组数据的分布是对称的，则偏态系数（　　）。

A. 等于 0　　B. 等于 0

C. 大于 0　　D. 大于 0

5. 假定一个样本由 5 个数据组成：3，7，8，9，13，则该样本的方差为（　　）。

A. 8　　B. 13

C. 9.7　　D. 10.4

二、计算题

1. 一家汽车零售店的 10 名销售人员 5 月份销售的汽车数量如下（单位：辆）：

2　4　7　10　10　10　12　12　14　15

（1）计算汽车销售量的众数、中位数和平均数。

（2）计算销售量的四分位数。

（3）计算销售量的标准差。

（4）说明汽车销售量分布的特征。

2. 在某地区抽取 120 家企业，按利润额进行分组，结果如表 3-11 所示。

表 3-11 某地区 120 家企业按利润额分组表

按利润额分组（万元）	企业数（个）
200～300	19
300～400	3
400～500	42
500～600	18
600 以上	11
合计	120

（1）计算 120 家企业利润额的平均数和标准差。

（2）计算分布的偏态系数和峰态系数。

3. 随机抽查某企业 100 名职工，其月工资资料如表 3-12 所示。

表 3-12 某企业 100 名职工月工资表

月工资额（百元）	职工人数
6	4
8	10
10	80
12	3
14	3
合计	100

要求：根据表中资料计算职工工资的平均数、标准差和离散系数。

4. 某班 25 名学生的统计学考试成绩如下：

89 95 98 95 73 86 78 67 69 82

84 89 93 91 75 86 88 82 53 80

81 70 87 60

求：

（1）计算该班统计学成绩的均值中位数和四分位数。

（2）计算该班统计学成绩的标准差。

5. 对 10 名成年人和 10 名幼儿的身高（cm）进行抽样调查，结果如表 3-13 所示。

表 3-13 身高抽样调查表

成年组	166	169	172	177	180	170	172	174	168	173
幼儿组	68	69	68	70	71	73	72	73	74	75

（1）要比较成年组和幼儿组的身高差异，你会采用什么样的指标测度值？为什么？

（2）比较分析哪组的身高差异大？

6. 某百货公司 6 月份各天的销售额数据如表 3-14 所示（单位：万元）。

表 3-14　某百货公司 6 月份各天的销售额数据

257	276	297	252	238	310	240	236	265	278
271	292	261	281	301	274	267	280	291	258
272	284	268	303	273	263	322	249	269	295

（1）计算该百货公司日销售额的均值、中位数。

（2）按定义公式计算四分位数。

（3）计算日销售额的标准差。

第四章　参数估计

学习目标

（1）了解估计量与估计值、点估计和区间估计的定义，评价估计量的标准。

（2）掌握一个总体参数的总体均值的区间估计、总体比例的区间估计、总体方差的区间估计。

（3）掌握两个总体参数的均值、比例和方差的区间估计方法。

（4）掌握样本量的确定。

案例导入

某市往年的 12 岁男孩平均身高为 140cm，现从该市的 12 岁男孩中随机抽取 120 名作为研究对象，得到平均身高为 143.1cm，标准差为 6.3cm。某学生认为，该市 12 岁男孩平均身高的点估计值为 143.1cm，计算得到该点估计值的 95%置信区间为 141.9～144.2cm，因为往年 12 岁男孩平均身高为 140cm，没有落在所计算的 95%置信区间以内，所以可以认为现有男孩平均身高与往年身高有差异。学习完本章知识点后，请对这名同学的说法进行判断。

第一节　参数估计的基本原理

参数估计是在抽样及抽样分布的基础上，用样本统计量的值去估计未知的总体参数，是统计推断的重要内容之一，本章将介绍一个总体参数和两个总体参数的估计方法，以及样本量如何确定。

一、参数估计概述

（一）估计量与估计值

在实际的统计调查中，我们大多采取抽样的方法去获取数据，这就需要利用样本的信息去推断总体相关的信息，比如用样本均值 $\bar{x}$ 估计总体均值 μ，用样本比例 p 估计总体比例 π，用样本方差 s^2 估计总体方差 σ^2，等等，我们将用于估计总体参数的统计量 $\bar{x}$、

p、s^2 等称为估计量，用符号 $\hat{\theta}$ 表示，根据一个样本计算出来的估计量的数值称为估计值，我们将总体的均值 μ、总体比例 π、总体方差 σ^2 等称为参数，用 θ 表示。

（二）点估计和区间估计

参数估计的方法有点估计和区间估计，点估计是用样本统计量 $\hat{\theta}$ 的某个取值直接作为总体参数 θ 的估计值，但是一个具体的点估计值无法给出估计的可靠性的度量，因此就不能完全依赖于一个点估计值，而是围绕点估计值构造总体参数的一个区间，即区间估计，是在点估计的基础上，给出总体参数估计的一个区间范围，该区间通常由样本统计量加减估计误差得到。

在区间估计中，由样本统计量所构造的总体参数的估计区间称为置信区间，一般地，如果将构造置信区间的步骤重复多次，置信区间中包含总体参数真值的次数所占的比例称为置信水平，也叫置信度或置信系数。

置信区间的置信上限与置信下限的距离，我们称为置信宽度。当样本量给定时，置信区间的宽度随着置信系数的增大而增大。只有区间较宽时，才会使这一区间有更大的可能性包含参数的真值；当置信水平固定时，置信区间的宽度随样本量的增大而减小，即较大的样本所提供的有关总体的信息要比较小的样本多。

（三）评价估计量的标准

在统计实践中，用于统计参数的估计量很多，什么样的估计量才算是好的估计量呢？统计学家给出了一些标准，主要有如下几个。

1. 无偏性

无偏性是指估计量抽样分布的数学期望等于被估计的总体参数，设总体参数为 θ，所选择的估计量为 $\hat{\theta}$，如果 $E(\hat{\theta})=\theta$，则称 $\hat{\theta}$ 为 θ 的无偏估计量。

2. 有效性

有效性是指对同一总体参数的两个无偏估计量，有更小标准差的估计量更有效。假定有两个用于估计总体参数的无偏估计量，分别用 $\hat{\theta}_1$ 和 $\hat{\theta}_2$ 表示，如果 $\hat{\theta}_1$ 的方差小于 $\hat{\theta}_2$ 的方差，即 $D(\hat{\theta}_1)<D(\hat{\theta}_2)$，就称 $\hat{\theta}_1$ 是比 $\hat{\theta}_2$ 更有效的一个估计量。在无偏估计的条件下，估计量的方差越小，估计效果就越好。

3. 一致性

随着样本单位 n 的不断增大，样本统计量的值与被估计总体参数的值之间的误差越来越小，即一个大样本给出的估计量要比一个小样本给出的估计量更接近总体的参数。一致性要求可以从大数定律的角度来理解，用公式表示 $\lim\limits_{n\to\infty}P\left\{\left|\overline{x}-\overline{X}<\varepsilon\right|\right\}=1$，其中 ε 为任意小的一个数。公式表明，样本统计量与总体参数之间差的绝对值小于一个任意小的数，当 n 趋于无穷大时，其发生的概率是肯定存在的，或者说这一事实肯定会发生的。

第二节　一个总体参数的区间估计

研究一个总体时，我们所关心的参数主要有总体的均值 μ 、总体比例 π 、总体方差 σ^2 等，本节将介绍如何利用样本的统计量来构造一个总体参数的置信区间。

一、总体均值的区间估计

（一）正态总体、方差已知

当总体服从正态分布，方差 σ^2 已知时，总体均值 μ 在 $1-\alpha$ 置信水平下的置信区间为

$$\left[\bar{x}-z_{\alpha/2}\frac{\sigma}{\sqrt{n}},\ \bar{x}+z_{\alpha/2}\frac{\sigma}{\sqrt{n}}\right] \tag{4-1}$$

其中，$\bar{x}-z_{\alpha/2}\frac{\sigma}{\sqrt{n}}$ 称为置信下限，$\bar{x}+z_{\alpha/2}\frac{\sigma}{\sqrt{n}}$ 为置信上限，α 是事先给定的概率值，也称风险值，是总体均值不包括在置信区间内的概率；$1-\alpha$ 称为置信水平；$z_{\alpha/2}$ 是标准正态分布右侧面积为 $\alpha/2$ 时的 z 值，可通过标准正态分布分位数表查询；$z_{\alpha/2}\frac{\sigma}{\sqrt{n}}$ 是估计总体均值时的估计误差，即总体均值的置信区间由点估计值和估计误差组成。

【例 4-1】某大学为了了解学生每天上网时间，在全校 7500 名学生中随机抽取 36 人调查他们每天上网的时间，得到表 4-1 所示的数据。

表 4-1　36 名学生每天上网时间　　单位：小时

3.3	3.1	6.2	5.8	2.3	4.1	5.4	4.5	3.2
4.4	2	5.4	2.6	6.4	1.8	3.5	5.7	2.3
2.1	1.9	1.2	5.1	4.3	4.2	3.6	0.8	1.5
4.7	1.4	1.2	2.9	3.5	2.4	0.5	3.6	2.5

已知上网时间服从正态分布，且总体标准差为 1.59 小时，试估计该校大学生平均上网时间的置信区间，置信水平为 95%。

解：

已知 $\sigma=1.59$ ，$n=36$ ，置信水平 95%，查标准正态分布表，可知 $z_{\alpha/2}=1.96$ 。

根据样本数据计算的样本均值为

$$\bar{x}=\frac{\sum x_i}{n}=\frac{119.4}{36}=3.32$$

根据公式（4-1）得

$$\left[3.32-1.96\times\frac{1.59}{\sqrt{36}},3.32+1.96\times\frac{1.59}{\sqrt{36}}\right]=[2.80,3.84]$$

综上可得，全校 7500 名学生平均上网时间 95%的置信区间为[2.80,3.84]。

（二）非正态总体、大样本

如果总体服从正态分布但方差 σ^2 未知，或总体并不是正态分布的，只要是在大样本（$n \geqslant 30$）的情况下，公式（4-1）中的 σ 就可以用样本标准差 s 来代替，总体均值 μ 在 $1-\alpha$ 置信水平下的置信区间为

$$\left[\bar{x} - z_{\alpha/2}\frac{s}{\sqrt{n}}, \bar{x} + z_{\alpha/2}\frac{s}{\sqrt{n}}\right] \tag{4-2}$$

【例 4-2】某健身中心收到由 49 位健身爱好者组成的随机样本，得到每位爱好者的年龄如表 4-2 所示，试求解健身爱好者年龄 90%的置信区间。

表 4-2　49 名健身爱好者年龄数据表　　单位：周岁

30	35	39	28	26	42	31
28	25	46	43	31	20	25
28	33	41	28	36	40	39
30	35	33	27	29	45	30
27	33	36	41	42	34	37
34	39	44	48	25	32	24
31	36	37	47	27	30	38

解：

已知：$n=36$，置信水平 90%，查标准正态分布表得：$z_{\alpha/2}$=1.645。由于总体方差未知，在【例 4-2】的数据为大样本的情况下，可用样本方差来代替总体方差。根据表 4-2 计算的均值和标准差如下

$$\bar{x} = \frac{\sum_{i=1}^{n} x_i}{n} = 33.6$$

$$s = \sqrt{\frac{\sum_{i=1}^{n}(x_i - \bar{x})^2}{n-1}} = 6.79$$

根据公式（4-2）得

$$\left[33.6 - 1.645 \times \frac{6.79}{\sqrt{49}}, 33.6 + 1.645 \times \frac{6.79}{\sqrt{49}}\right] = [32, 35.2]$$

综上可得，健身爱好者平均年龄 90%的置信区间为[32, 35.2]周岁。

（三）正态总体、方差未知、小样本

如果总体服从正态分布，但方差未知且样本量小（$n \leqslant 30$），需要采用 t 分布来建立总

体均值μ的置信区间，公式如下

$$\left[\bar{x}-t_{\alpha/2}\frac{s}{\sqrt{n}},\bar{x}+t_{\alpha/2}\frac{s}{\sqrt{n}}\right] \tag{4-3}$$

【例 4-3】一家研究机构想估计在网络公司工作的员工每周加班的平均时间，为此随机抽取了 18 名员工，得到他们每周加班的时间数据如表 4-3 所示，假定员工每周加班的时间服从正态分布，估计网络公司员工平均每周加班时间的 90%的置信区间。

表 4-3 18 名员工每周加班的时间表 单位：小时

6	21	17	20	7	0	8	16	29
3	8	12	11	9	21	25	15	16

解：

已知：$n=18$，置信水平 90%，$\alpha=0.05$，查 t 分布表得 $t_{\alpha/2}(n-1)=1.7396$，由于总体服从正态分布，方差未知，小样本，需要用公式（4-3）来建立置信区间。根据表 4-3 计算的均值和标准差如下

$$\bar{x}=\frac{\sum_{i=1}^{n}x_i}{n}=13.56$$

$$s=\sqrt{\frac{\sum_{i=1}^{n}(x_i-\bar{x})^2}{n-1}}=7.8$$

根据公式（4-3）得

$$\left[13.56-1.7396\times\frac{7.8}{\sqrt{18}},13.56+1.7396\times\frac{7.8}{\sqrt{18}}\right]=[10.36,16.76]$$

综上可得，网络公司员工平均每周加班时间的 90%的置信区间为$[10.36,16.76]$。

到此，我们介绍了一个总体参数下总体均值的区间估计，将上述内容进行一个简单的归纳总结，如表 4-4 所示。

表 4-4 不同情况下总体均值区间估计公式

总体分布	样本量	σ 已知	σ 未知
正态分布	大样本（$n\geqslant30$）	$\bar{x}\pm z_{\alpha/2}\frac{\sigma}{\sqrt{n}}$	$\bar{x}\pm z_{\alpha/2}\frac{s}{\sqrt{n}}$
	小样本（$n<30$）	$\bar{x}\pm z_{\alpha/2}\frac{\sigma}{\sqrt{n}}$	$\bar{x}\pm t_{\alpha/2}\frac{s}{\sqrt{n}}$
非正态分布	大样本（$n\geqslant30$）	$\bar{x}\pm z_{\alpha/2}\frac{\sigma}{\sqrt{n}}$	$\bar{x}\pm z_{\alpha/2}\frac{s}{\sqrt{n}}$

二、总体比例的区间估计

本书只讨论大样本情况下总体比例的估计问题，对于总体比例的估计，确定样本量是否足够大的一般经验是：区间 $p \pm 2\sqrt{p(1-p)/2}$ 中不包含 0 或 1，或者要求 $np \geqslant 5$ 和 $n(1-p) \geqslant 5$。由样本比例 p 的抽样分布可知，当样本量足够大时，比例 p 的抽样分布可用正态分布近似，总体比例 π 的置信区间可以表示为

$$\left[p - z_{\alpha/2}\sqrt{\frac{p(1-p)}{n}}, p + z_{\alpha/2}\sqrt{\frac{p(1-p)}{n}}\right] \tag{4-4}$$

其中，p 是样本比例。

【例 4-4】某城市在一项家电市场调查中，随机抽取了 200 个居民户，调查他们是否拥有某一品牌的电视机，其中拥有该品牌电视机的家庭占 23%，求总体比例的置信区间，置信水平为 95%。

解：

已知 $n = 200$，$z_{\alpha/2} = 1.96$，$p = 23\%$，根据公式（4-4），得

$$\left[23\% - 1.96 \times \sqrt{\frac{23\% \times (1-23\%)}{200}}, 23\% + 1.96 \times \sqrt{\frac{23\% \times (1-23\%)}{200}}\right] = [20.02\%, 25.98\%]$$

综上可得，该城市拥有某一品牌电视机的家庭比例的 95%的置信区间为 [20.02%，25.98%]。

三、总体方差的区间估计

这里只讨论正态总体方差的估计问题。根据样本方差的抽样分布可知，样本方差服从自由度为 $n-1$ 的 χ^2 分布，因此，总体方差 σ^2 在 $1-\alpha$ 置信水平下的置信区间为

$$\left[\frac{(n-1)s^2}{\chi^2_{\alpha/2}}, \frac{(n-1)s^2}{\chi^2_{1-\alpha/2}}\right] \tag{4-5}$$

【例 4-5】利用【例 4-1】中表 4-1 的数据，以 95%的置信水平建立该校大学生上网时间标准差的置信区间。

解：

根据样本数据计算的样本方差为

$$s = \sqrt{\frac{\sum_{i=1}^{n}(x_i - \bar{x})^2}{n-1}} = \frac{90.65}{36-1} = 2.59$$

根据显著性水平 $\alpha = 0.05$ 和自由度 $n-1 = 35$，查 χ^2 分布表得

$$\chi^2_{\alpha/2}(n-1)=\chi^2_{0.025}(36-1)=51.966$$

$$\chi^2_{1\text{-}\alpha/2}(n-1)=\chi^2_{0.975}(36-1)=19.8063$$

因此，总体方差σ^2的95%的置信区间为

$$\left[\frac{(n-1)s^2}{\chi^2_{\alpha/2}},\frac{(n-1)s^2}{\chi^2_{1-\alpha/2}}\right]=\left[\frac{(36-1)\times 2.59}{51.966},\frac{(36-1)\times 2.59}{19.8063}\right]=[1.74,4.58]$$

相应地，总体标准差的置信区间为$[1.32,2.14]$，该校大学生上网时间标准差的置信区间为$[1.32,2.14]$小时。

第三节　两个总体参数的区间估计

在统计实践中，还会遇到两个总体参数的区间估计，一般所关心的参数是两个总体的均值之差、两个总体的比例之差、两个总体的方差比等。

一、两个总体均值之差的区间估计

（一）两个总体的方差σ_1^2，σ_2^2已知

无论两个总体是否服从正态分布，若两个总体的方差已知，在大样本的情况下，两总体均值之差$\mu_1-\mu_2$在$1-\alpha$置信水平下的置信区间为

$$\left[(\overline{x_1}-\overline{x_2})-z_{\alpha/2}\sqrt{\frac{\sigma_1^2}{n_1}+\frac{\sigma_2^2}{n_2}},\quad (\overline{x_1}-\overline{x_2})+z_{\alpha/2}\sqrt{\frac{\sigma_1^2}{n_1}+\frac{\sigma_2^2}{n_2}}\right] \tag{4-6}$$

【例 4-6】某连锁超市经理想知道 11 月份两家分店的顾客平均每人购物金额之差，她从两个超市各抽取了一个由 49 名顾客组成的随机样本，A 超市平均值为 230 元/人，B 超市平均值为 198 元/人，已知两个总体方差分别为 150 和 210，且两个超市顾客的购物金额均服从正态分布，试求在 95%置信水平下的$\mu_1-\mu_2$的置信区间。

解：

已知$n=49$，$z_{\alpha/2}=1.96$，根据公式（4-6），得

$$\left[(230-198)-1.96\times\sqrt{\frac{150}{49}+\frac{210}{49}},(230-198)+1.96\times\sqrt{\frac{150}{49}+\frac{210}{49}}\right]=[26.69,37.31]$$

综上可得，95%置信水平下，两家超市顾客平均购物金额之差的置信区间为$[26.69,37.31]$。

（二）两个总体的方差σ_1^2，σ_2^2未知

两个总体的方差σ_1^2，σ_2^2未知有以下三种情况：

（1）两个总体均服从正态分布，且 $\sigma_1^2=\sigma_2^2$，需要用两个样本的方差 s_1^2，s_2^2 来估计，这时需要将两个样本的数据组合在一起，以给出总体方差合并估计量 s_p^2，计算公式为

$$s_p^2=\frac{(n_1-1)s_1^2+(n_2-1)s_2^2}{n_1+n_2-2} \tag{4-7}$$

因此，两总体均值之差 $\mu_1-\mu_2$ 在 $1-\alpha$ 置信水平下的置信区间为

$$(\overline{x_1}-\overline{x_2})\pm t_{\alpha/2}(n_1+n_2-2)\sqrt{s_p^2(\frac{1}{n_1}+\frac{1}{n_2})} \tag{4-8}$$

【例 4-7】 仍沿用【例 4-6】的背景，两家超市一家靠近住宅区，一家在商业区附近，同一商品在两家超市的销售不同。该经理认为可能与两个地区顾客人群的差异有关。现进行随机抽样，搜集到顾客年龄的相关数据如下。

住宅区：样本顾客数 25，平均年龄 39，标准差 5。

商业区：样本顾客数 20，平均年龄 35，标准差 8。

假定两个超市顾客的年龄服从正态分布，方差相等。请在 95%的置信水平下，估计两超市顾客平均年龄差异的置信区间。

解：

由题意，两总体服从正态分布，方差未知但相等，先计算合并估计量

$$s_p^2=\frac{(25-1)\times 5^2+(20-1)\times 8^2}{25+20-2}=42.23$$

当 $\alpha=0.05$，查表得：$t_{\alpha/2}(n_1+n_2-2)=t_{0.05/2}(25+20-2)=2.0167$，用公式（4-8）来建立置信区间如下

$$(39-35)\pm 2.0167\times\sqrt{42.23\times(\frac{1}{25}+\frac{1}{20})}$$

得到置信区间为 $[0.068,7.93]$。即，在 95%的置信水平下，住宅区与商业区顾客平均年龄的差值在 0.068～7.93 岁之间。

（2）两个总体服从正态分布，且 $\sigma_1^2\neq\sigma_2^2$，这种情况下，样本统计量 $\overline{x_1}-\overline{x_2}$ 的方差估计为 $(\frac{s_1^2}{n_1}+\frac{s_2^2}{n_2})$，其抽样分布近似服从自由度为 f 的 t 分布，f 的计算公式为

$$f=\frac{(\frac{s_1^2}{n_1}+\frac{s_2^2}{n_2})^2}{\frac{(s_1^2/n_1)^2}{n_1}+\frac{(s_2^2/n_2)^2}{n^2}} \tag{4-9}$$

（3）两总体不服从正态分布，且总体方差 σ_1^2 和 σ_2^2 未知，该情形一般只考虑大样本的均值差区间估计。若 n_1 和 n_2 很大，可运用中心极限定理，并将 s_1 和 s_2 分别作为 σ_1 和 σ_2 的估计值，构造 $\mu_1-\mu_2$ 在 $1-\alpha$ 置信水平下的近似置信区间为

$$(\overline{x_1} - \overline{x_2}) \pm z_{\alpha/2}\sqrt{(\frac{s_1^2}{n_1} + \frac{s_2^2}{n_2})} \tag{4-10}$$

二、两个总体比例之差的区间估计

假设分别从两个总体中随机抽取容量为 n_1 和 n_2 的样本，并计算两个样本的比例 p_1 和 p_2，在 $1-\alpha$ 置信水平下，总体比例之差的置信区间为

$$(p_1 - p_2) \pm z_{\alpha/2}\sqrt{\frac{p_1(1-p_1)}{n_1} + \frac{p_2(1-p_2)}{n_2}} \tag{4-11}$$

我们在对总体比例进行估计时，一般用样本比例进行代替。

【例 4-8】某公司对其所投放的公交车广告在两个城市的效果进行比较，从两个城市中分别随机调查了 800 个成年人，其中看过该广告的比例分别为 26%和 20%，请建立两个城市成年人中看过该广告的比例之差的 90%的置信区间。

解：

样本均为大样本，用公式（4-11）建立置信区间如下

$$(26\% - 20\%) \pm 1.645 \times \sqrt{\frac{26\% \times (1-26\%)}{800} + \frac{20\% \times (1-20\%)}{800}}$$

得到置信区间为[2.55%，9.45%]。$[2.55\%, 9.45\%]$ 为这两个城市成年人中看过该广告的比例之差的 90%的置信区间。

三、两个总体方差比的区间估计

在实际工作中，经常会遇到比较两个总体的方差问题，由于两个样本方差比的抽样分布服从 $F(n_1-1, n_2-1)$ 分布，可以用 F 分布来构造两个总体方差比 σ_1^2/σ_2^2 在 $1-\alpha$ 置信水平下的置信区间为

$$\frac{s_1^2/s_2^2}{F_{\alpha/2}} \leqslant \frac{\sigma_1^2}{\sigma_2^2} \leqslant \frac{s_1^2/s_2^2}{F_{1-\alpha/2}} \tag{4-12}$$

式中，$F_{\alpha/2}$ 和 $F_{1-\alpha/2}$ 是分子自由度为 (n_1-1) 和分母自由度为 (n_2-1) 的 F 分布的右侧面积为 $\alpha/2$ 和 $1-\alpha/2$ 的分位数。两者的关系如下

$$F_{1-\alpha/2}(n_1 - n_2) = \frac{1}{F_{\alpha/2}(n_2, n_1)} \tag{4-13}$$

【例 4-9】某公司为研究男女员工收入上的差异，各随机抽取 25 名男性和女性员工，得到以下数据。

男性员工：$\overline{x_1} = 5900$元，$s_1^2 = 1300$元；

女性员工：$\overline{x_2} = 5650$元，$s_1^2 = 1160$元。

请建立男性和女性员工收入方差比的 90%的置信区间。

解：

当 $\alpha=0.05$ 时，查 F 分布表得

$$F_{\alpha/2}(25-1,25-1)=1.98$$

根据公式（4-13）可得

$$F_{1-\alpha/2}(25-1,25-1)=\frac{1}{F_{\alpha/2}(25-1,25-1)}=\frac{1}{1.98}=0.505$$

根据公式（4-12）可得

$$\frac{1300/1160}{1.98}\leqslant\frac{\sigma_1^2}{\sigma_2^2}\leqslant\frac{1300/1160}{0.505}$$

即 $[0.57,2.22]$，男性和女性员工收入方差比的 90%的置信区间为 $[0.57,2.22]$。

第四节　样本量的确定

在进行参数估计时，总是希望提高估计的可靠程度，但在一定的样本量下，要提高估计的可靠程度，就应该扩大置信区间，而过宽的置信区间在实际估计中几乎没有太大意义，因此，在进行参数估计之前，应该确定一个适当的样本量，如何确定一个适当的样本量，也是抽样估计中需要考虑的问题。

一、估计总体均值时样本量的确定

在第二节中已经讲到总体均值的置信区间是由样本均值和估计误差两部分组成的，令 E 为所希望达到的估计误差，即

$$E=z_{\alpha/2}\frac{\sigma}{\sqrt{n}} \tag{4-14}$$

由此可以推导出确定样本量的公式如下

$$n=\frac{(z_{\alpha/2})^2\sigma^2}{E^2} \tag{4-15}$$

【例 4-10】 一位银行的管理人员想估计每位顾客在该银行的月平均存款额。他假设所有顾客月存款额的标准差为 1000 元，要求的估计误差在 200 元以内，置信水平为 99%，应取多大的样本？

解：

已知 $\sigma=1000$，$E=200$，$z_{\alpha/2}=2.576$。根据公式（4-15），得：

$$n=\frac{(z_{\alpha/2})^2\sigma^2}{E^2}=\frac{2.576^2\times1000^2}{200^2}=165.89\approx166\text{人}$$

应该抽取 166 人作为样本。根据公式（4-15）计算出来的样本量可能有小数，通常将小数点后面的数值一律进位成整数，如 165.89 取 166，165.09 也取 166。

另外，从公式（4-15）中可以看出，样本量与置信水平成正比，在其他条件不变的情况下，置信水平越大，所需的样本量也越大，样本量与总体方差成正比，总体的差异越大，所要求的样本量也越大，样本量与估价误差的平方成反比。

二、估计总体比例时样本量的确定

与估价总体均值时样本量的确定方法类似，由公式（4-14）可知，估价误差

$$E = z_{\alpha/2}\sqrt{\frac{\pi(1-\pi)}{n}} \tag{4-16}$$

由此可以推导样本量的计算公式

$$n = \frac{(z_{\alpha/2})^2\pi(1-\pi)}{E^2} \tag{4-17}$$

式中估价误差 E 必须是事先确定的，多数情况下，一般 E 的取值小于 0.1，实际中，如果 π 的值未知，可以用样本比例 p 代替。

【例 4-11】 某居民小区共有居民 500 户，小区管理者准备采用一项新的供水设施，想了解居民是否赞成，如果小区管理者预计赞成的比例能达到 80%，估计误差不超过 10%，应该抽取多少户进行调查 $(\alpha = 0.05)$？

解：

已知 $\pi = 80\%$，$E = 10\%$，$z_{\alpha/2} = 1.96$，根据公式（4-17），得

$$n = \frac{(z_{\alpha/2})^2\pi(1-\pi)}{E^2} = \frac{1.96^2 \times 80\% \times 20\%}{10\%^2} \approx 62\text{户}$$

即，应该抽取 62 户作为样本。

知识点回顾

（1）用于估计总体参数的统计量 $\bar{x}$、p、s^2 等称为估计量，用符号 $\hat{\theta}$ 表示，根据一个样本计算出来的估计量的数值称为估计值，我们将总体的均值 μ、总体比例 π、总体方差 σ^2 等称为参数，用 θ 表示。

（2）参数估计的方法有点估计和区间估计，点估计是用样本统计量 $\hat{\theta}$ 的某个取值直接作为总体参数 θ 的估计值，区间估计是围绕点估计值构造总体参数的一个区间，是在点估计的基础上，给出总体参数估计的一个区间范围，该区间通常由样本统计量加减估计误差得到。

（3）评价估计量的标准有无偏性、有效性、一致性。

（4）总体均值的区间估计有以下几种情况：第一，正态总体、方差已知，置信区间为

$\left[\bar{x}-z_{\alpha/2}\frac{\sigma}{\sqrt{n}},\bar{x}+z_{\alpha/2}\frac{\sigma}{\sqrt{n}}\right]$；第二，非正态总体、大样本，将上述公式中的$\sigma$用$s$代替；第三，正态总体、方差未知、小样本，置信区间为$\left[\bar{x}-t_{\alpha/2}\frac{s}{\sqrt{n}},\bar{x}+t_{\alpha/2}\frac{s}{\sqrt{n}}\right]$。

（5）总体比例的区间估计，本书只讨论大样本情况下总体比例的估计问题，置信区间为$\left[p-z_{\alpha/2}\sqrt{\frac{p(1-p)}{n}},p+z_{\alpha/2}\sqrt{\frac{p(1-p)}{n}}\right]$。

（6）总体方差的区间估计，本书只讨论正态总体方差的估计问题，置信区间为$\left[\frac{(n-1)s^2}{\chi^2_{\alpha/2}},\frac{(n-1)s^2}{\chi^2_{1-\alpha/2}}\right]$。

课后习题

一、单项选择题

1. 指出下面的说法中哪一个是正确的（　　）。
   A. 在置信水平一定的条件下，要提高估计的可靠性就应缩小样本量
   B. 在置信水平一定的条件下，要提高估计的可靠性就应增大样本量
   C. 在样本量一定的条件下，要提高估计的可靠性，就降低置信水平
   D. 在样本量一定的条件下，要提高估计的准确性，就提高置信水平
2. 在置信水平不变的条件下，要缩小置信区间，则（　　）。
   A. 需要减少样本量　　B. 需要保持样本量不变
   C. 需要增加样本量　　D. 需要改变统计量的抽样标准差
3. 在其他条件相同的情况下，95%的置信区间比 90%的置信区间（　　）。
   A. 要宽　　B. 要窄
   C. 相同　　D. 可能宽可能窄
4. 在其他条件不变的情况下，估计时所需要的样本量与（　　）。
   A. 总体方差成正比　　B. 总体方差成反比
   C. 置信水平成反比　　D. 估计误差成正比
5. 若估计误差$E=5$，$\sigma=40$，要估计总体均值μ的 95%的置信区间所需的样本量为（　　）。
   A. 984　　B. 62
   C. 684　　D. 884

二、计算题

1. 利用下面的信息，构建总体均值的置信区间。

（1）$\bar{x}=25$，$\sigma=3.5$，$n=60$，置信水平为 95%。

（2）$\bar{x}=119$，$s=23.89$，$n=75$，置信水平为 99%。

（3）$\bar{x}=3.419$，$s=0.9$，$n=32$，置信水平为 90%。

2. 利用下面的信息，构建总体比例 π 的置信区间。

（1）$n=44$，$p=0.51$，置信水平为 99%。

（2）$n=300$，$p=0.82$，置信水平为 95%。

（3）$n=1150$，$p=0.48$，置信水平为 90%。

3. 利用下面的信息，构建总体标准差 σ 的 90%置信区间。

（1）$\bar{x}=21$，$s=2$，$n=50$。

（2）$\bar{x}=1.3$，$s=0.02$，$n=15$。

（3）$\bar{x}=167$，$s=31$，$n=22$。

4. 为抽查某企业生产的袋装食品重量是否合格，从某天生产的一批食品中按重复随机抽样随机抽取 50 包进行检查，测得每包重量如表 4-5 所示。

表 4-5　某企业 50 包袋装食品重量抽查表

每包重量（g）	包数（包）
96～98	2
98～100	3
100～102	34
102～104	7
104～106	4
合计	50

已知每袋标准重量为 100g，每包重量服从正态分布，要求：

（1）建立该食品平均重量 90%的置信区间。

（2）如果规定食品重量低于 100g 为不合格产品，确定该批食品合格率 95%的置信区间。

5. 某工厂为了解工人日加工生产情况，随机抽选部分工人进行调查，工人日加工零件数服从正态分布，所得资料如表 4-6 所示。

表 4-6　工人日加工零件数

日加工零件数（件）	甲组工人人数（人）
60 以下	5
60～70	35
70～80	30
80～90	15
90 以上	15
合计	100

要求：

（1）建立该厂工人平均日加工零件数的99%的置信区间。

（2）以95%的置信水平建立工人日加工零件数标准差的区间估计。

6. 某种产品的不合格率为2%，如果置信区间为95%，估计误差不超过4%，则应抽取多少样本？

7. 从火柴厂随机抽出100盒火柴进行检验，每盒火柴平均支数的平均数为99支，标准差为3支。试以99.73%的概率推断全部火柴平均每盒支数的区间范围，若允许误差减少一半，概率保证不变，则应抽取多少盒火柴进行检查？($t=3$)

8. 一家调查公司进行一项调查，其目的是了解某市电信营业厅大客户对该电信的服务的满意情况。调查人员随机访问了30名去该电信营业厅办理业务的大客户，发现受访的大客户中有9名认为营业厅现在的服务质量比两年前好。试在95%的置信水平下对大客户中认为营业厅现在的服务质量比两年前好的比例进行区间估计。

9. 一位银行的管理人员想估计每位顾客在该银行的月平均存款额。他假设所有顾客月存款额的标准差为1000元，要求的估计误差在200元以内，置信水平为99%。应选取多大的样本？

第五章　假设检验

学习目标

（1）理解假设检验的概念和基本思想。

（2）理解假设检验的两类错误。

（3）掌握假设检验的方法。

（4）明确假设检验与区间估计的关系。

（5）重点掌握总体均值和总体比例的假设检验。

案例导入

20 世纪 20 年代后期的某一天，在英国剑桥校园里，费歇尔和他的朋友们正在品下午茶。这时有位女士提出，把茶加进奶里，或是把奶加进茶里，两种做法会使茶的味道品尝起来有所不同。在场的大部分人不能区别茶的味道，不相信她的说法。然而费歇尔对这个问题很感兴趣，他说："让我们来检验这一命题吧！"他设计了一个试验，把已调制好的茶放到那位女士面前，有些是先加茶后加奶，有些是先加奶后加茶。排放的顺序是随机的，看看这位女士能否正确地品尝出不同的茶。在这个问题中，费歇尔把该女士的断言视为假设问题，通过随机观测结果，检验该女士是否有能力对茶的味道进行区分，进而判断该女士的说法是否正确。这个故事来自于美国学者萨尔斯伯格的《女士品茶》，是一个非常经典的假设检验问题。

参数估计和假设检验是统计推断的两个组成部分，它们都利用样本对总体进行某种推断，但推断的角度不同。参数估计讨论的是用样本统计量估计总体参数的方法，总体参数 μ 在估计前是未知的。假设检验先对 μ 的值提出一个假设，然后利用样本信息去检验这个假设是否成立。因此，假设检验是根据样本信息对假设成立与否做出判断的一套程序。

【例 5-1】某品牌的薯片厂商生产的袋装薯片标注其每袋的重量是 100g。为了检验该厂商生产的袋装薯片质量是否达标，现从市场上随机抽取 100 个样本，测得其平均重量为 99.2g，样本标准差 s=0.836g。单从样本数据看，袋装薯片平均重量比规定的重量少，似乎没达到要求。但实际情况是否真的如此呢？袋装薯片平均重量与规定重量之间的差异是必然存在的还是偶然因素产生的？这就需要我们通过假设检验来判断。

第一节 假设检验概述

一、假设检验的基本思想

假设检验也称显著性检验，是指对未知的总体某一数量特征提出某种假设，再根据样本的实际资料来验证该假设是否成立的一种统计分析方法。假设检验的基本思想是先对所研究的命题提出一种假设，并假定这一假设成立，然后由此导出其必然结果。如果证明这种结果出现的可能性很小，那么有理由用“反证法”认为原假设是错误的，从而拒绝接受这个假设。否则，没有理由拒绝原假设。

假设检验中的“反证法”的理论依据就是在实践中运用很广泛的“小概率原理”，即小概率事件在一次实验中发生的可能性很小，通常认为，实践中小概率事件在一次实验中不可能发生。通过抽样，以样本资料为依据进行假设检验，样本统计量的取得就相当于一次实验。若样本统计量的数值相对其分布而言属于小概率事件，就有理由怀疑之前对该事件假设的正确性，从而拒绝原假设。因此，在进行假设检验时，事先给定一个作为判断标准的允许的小概率非常重要，这个小概率标准称为显著性水平，用 α 表示。

显著性水平并不是一个固定不变的值，它的大小随着研究问题的性质及结论的准确性要求的不同而变动，主要是依据拒绝域所可能承担的风险来决定的。通常显著性水平多采用 0.01、0.05、0.1 三个数值。

二、假设检验的步骤

一个完整的假设检验过程包括以下几个步骤：

（1）提出假设。进行假设检验，先要对总体参数或分布形式提出假设。提出的假设有两个：一个称为原假设或零假设，一般用 H_0 表示，通常是设定总体参数等于某值，或服从某个分布函数等；另一个称为备择假设或对立假设，一般用 H_1 表示，是与原假设互相排斥的假设，原假设和备择假设不可能同时成立。假设检验问题实质上就是要判断 H_0 是否正确，若拒绝原假设 H_0，则意味着接受备择假设 H_1。

【例 5-1】中，根据题意，要检验该厂商生产的袋装薯片平均重量与标准重量是否存在显著差异，则原假设 $H_0: \mu = 100g$；备择假设 $H_1: \mu \neq 100g$。

（2）构造检验统计量，并根据样本数据计算统计量的数值。所谓检验统计量，就是根据所抽取的样本计算的用于检验原假设是否成立的随机变量。检验统计量中应当含有所要检验的总体参数，以便在“总体参数等于某数值”的假定下研究样本统计量的观测结果。检验统计量还应该在“H_0 成立”的前提下有已知的分布，从而便于计算出现某种特定的观测结果的概率。

解：假定袋装薯片的重量服从正态分布，所以其简单随机样本的均值 $\overline{X}$ 也服从正态分布。我们可以把 $\overline{X}$ 标准化，使之成为标准正态变量

$$Z=\frac{\overline{X}-E(\overline{X})}{\sqrt{V(\overline{X})}}\sim N(0,1) \qquad (5\text{-}1)$$

由于 $E(\overline{X})=\mu$，$V(\overline{X})=\frac{\sigma^2}{n}$，若原假设 H_0 成立，即 $\mu=100g$，式（5-1）可变成

$$Z=\frac{\overline{X}-100}{\sigma/\sqrt{n}}\sim N(0,1) \qquad (5\text{-}2)$$

由于总体标准差 σ 未知，用样本标准差 s 作为 σ 的估计，在大样本（此处 $n=100$）情况下，$Z=\frac{\overline{X}-100}{S/\sqrt{n}}$ 依然服从标准正态分布。根据样本数据计算

$$Z=\frac{99.2-100}{0.836/\sqrt{100}}=-9.57$$

（3）规定显著性水平，建立检验规则。根据给定的显著性水平（它是概率密度函数的尾部面积）查表得到相应的检验统计量的数值，称作临界值。根据临界值所划定的尾部之内，为检验统计量取值的小概率区域，称为拒绝域，或拒绝区域；根据临界值所划定的尾部之外，称为接受域，或接受区域。这种做出检验结论的方法，我们称为临界值规则。

【例 5-1】中，假定 $\alpha=0.05$，查表得到临界值 $z_{\alpha/2}=z_{0.025}=1.96$，则接受域为 $[-1.96,1.96]$，拒绝域为 $(-\infty,-1.96)\cup(1.96,+\infty)$。

另一种假设检验的检验规则是 p 值规则。所谓 p 值，实际上检验统计量超过（大于或小于）具体样本观测值的概率。如果 p 值小于所给定的显著性水平 α，说明小概率事件发生，则认为原假设不成立，拒绝原假设；如果 p 值大于 α，就不能拒绝原假设。p 值比较难直接计算，统计软件能直接给出，得到了广泛应用。

（4）做出决策。检验统计量的观测值与临界值做比较，若观测值落入拒绝域，便拒绝原假设；若观测值落入接受域，则认为拒绝原假设的证据不足。

【例 5-1】中，在给定的 $\alpha=0.05$ 下，由于 $z=-9.57<-1.96$，即检验统计量的观测值落入拒绝域，故拒绝 $\mu=100g$ 的原假设。上面的检验结果意味着，由样本数据得到的观测值的差异提醒我们：该厂商生产的装袋薯片重量没有达到要求。

三、双侧检验、单侧检验和两类错误

假设检验中的拒绝域要根据假设的形式、分布曲线的特点及显著性水平来确定。根据假设检验中的拒绝域的不同，可以把检验分为双侧检验与单侧检验。

（一）双侧检验

当假设形式为 $H_0:\mu=\mu_0$，$H_1:\mu\neq\mu_0$ 时，样本统计量的否定区间，是指统计量概率分布曲线的两侧概率较小的变量区间，且两侧拒绝域的概率各为 $\alpha/2$，即两侧拒绝域的概率之和为显著性水平 α。将拒绝域在曲线下分为两侧的假设检验称为双侧检验，或称为双边检验、双尾检验。【例 5-1】的情形即为双侧检验。

（二）单侧检验

当假设形式为 $H_0: \mu \geqslant \mu_0$， $H_1: \mu < \mu_0$ 时，拒绝域在统计量概率分布的左侧，且概率为 α，称该检验为左侧检验。当假设形式为 $H_0: \mu \leqslant \mu_0$， $H_1: \mu > \mu_0$ 时，拒绝域在统计量概率分布的右侧，且概率为 α，称该检验为右侧检验。左侧检验和右侧检验统称为单侧检验，或称为单边检验、单尾检验。

由此可见，双侧检验是在使用各概率分布表中以曲线下两侧的 $\alpha/2$ 为拒绝域概率的检验方法，单侧检验则是以单侧的 α 为拒绝域概率的检验方法。图 5-1 的阴影部分分别显示了双侧检验、左侧检验、右侧检验的拒绝域。

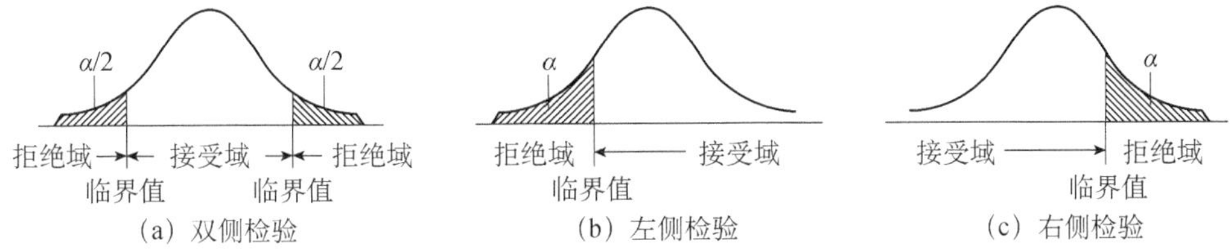

图 5-1　双侧检验与单侧检验

（三）两类错误

如前所述，假设检验是根据统计量落入的区域做出判断的。由于抽样具有波动性，由此做出的判断不可能完全正确，可能出现以下两类错误。

（1）第一类错误，也称为弃真错误，指错误地拒绝了真实的原假设。在原假设为真的情况下，由样本计算出来的检验统计量恰巧落入了拒绝域，拒绝了原假设，由此做出了错误的判断。犯第一类错误的概率为显著性水平 α。

（2）第二类错误，也称为取伪错误，指错误地接受了错误的原假设。在原假设为假的情况下，统计量落入了接受域，未拒绝原假设，由此亦做出错误判断。犯第二类错误的概率用 β 表示。

无论是第一类错误还是第二类错误，都是检验结论是真的表现，都应尽可能地避免。然而，在样本容量 n 不变的条件下，犯两类错误的概率常常呈现反向变化，要使 α 和 β 都同时减小，除非增加样本容量。为此，统计学家奈曼与皮尔逊提出了一个原则，即在控制犯第一类错误的概率 α 的情况下，使犯第二类错误的概率 β 尽量小。在实际问题中，我们往往把要否定的陈述作为原假设，而把拟采纳的陈述本身作为备择假设，只对犯第一类错误的概率 α 加以控制，而不考虑第二类错误的概率 β。

第二节　一个总体参数的检验

一、总体均值的检验

总体均值检验的形式有三种情形：

（1）$H_0:\mu=\mu_0$，$H_1:\mu\neq\mu_0$，双侧检验。

（2）$H_0:\mu\geqslant\mu_0$，$H_1:\mu<\mu_0$，左侧检验。

（3）$H_0:\mu\leqslant\mu_0$，$H_1:\mu>\mu_0$，右侧检验。

（一）总体服从正态分布，总体方差已知

来自总体的样本为$(X_1,X_2,\cdots,X_n)$，对于假设$H_0:\mu=\mu_0$，在H_0成立的前提下，有检验统计量

$$Z=\frac{\overline{X}-\mu_0}{\sigma/\sqrt{n}}\sim N(0,1) \tag{5-3}$$

【例 5-2】某机床厂加工一种零件，根据历史数据可知，该厂职工加工零件所需的操作实践渐进服从正态分布，其总体均值为 16 分钟，标准差为 3.2 分钟。现采用新机床进行加工，随机抽取 10 名职工进行操作，结果平均所需时间为 13.5 分钟。试问，在$\alpha=0.05$的前提下，采用新机床前后职工的平均操作时间有无明显差异？

解：

由题意可知，这是双侧检验问题，可建立假设如下

$$H_0:\mu=16$$
$$H_1:\mu\neq16$$

计算检验统计量的观测值$Z=\dfrac{\overline{X}-\mu_0}{\sigma/\sqrt{n}}=\dfrac{13.5-16}{3.2/\sqrt{10}}=-2.47$。

$\alpha=0.05$，查标准正态分布表可知$Z_{0.025}=1.96$。

由于$|Z|=2.47>Z_{0.025}$，落入拒绝域，所以拒绝原假设。这说明采用新机床前后，职工的平均操作时间有明显差异。

【例 5-3】在【例 5-2】中，试问在$\alpha=0.05$的前提下，采用新机床后职工的平均操作时间是否显著缩短？

解：

由题意可知，这是左侧检验问题，可建立假设如下

$$H_0:\mu\geqslant16$$
$$H_1:\mu<16$$

检验统计量Z值仍为-2.47。$\alpha=0.05$，查标准正态分布表可知$Z_{0.05}=1.645$。

由于$Z=-2.47<-1.645$，落入拒绝域，因此要拒绝原假设。这说明采用新机床后职工的平均操作时间显著缩短。

【例 5-4】某地区小麦的某产量服从正态分布，平均亩产量为 400kg，标准差为 30kg。现用一种新化肥进行试验，25 个地块的取样结果为平均亩产 420kg，试问当$\alpha=0.05$时，这种新化肥是否使小麦增产？

解：

根据题意可知，这是右侧检验问题，可建立假设如下

$$H_0: \mu \leqslant 400$$
$$H_1: \mu > 400$$

计算检验统计量 $Z = \dfrac{\overline{X} - \mu_0}{\sigma / \sqrt{n}} = \dfrac{420 - 400}{30 / \sqrt{25}} = 3.33$。

在 $\alpha = 0.05$ 时，查标准正态分布表可知 $Z_{0.05} = 1.645$。由于 $Z > Z_{0.05}$，落入拒绝域，因此拒绝原假设。这说明新化肥使小麦增产。

（二）总体分布未知，总体方差已知，大样本

来自总体的样本为$(X_1, X_2, \cdots, X_n)$，对于假设 $H_0: \mu = \mu_0$，在 H_0 成立的前提下，如果样本量足够大($n \geqslant 30$)，近似地有检验统计量

$$Z = \frac{\overline{X} - \mu_0}{\sigma / \sqrt{n}} \sim N(0,1) \tag{5-4}$$

【例 5-5】某城市 2015 年人口普查资料显示平均家庭人口数为 3.8 人。2019 年从该市随机抽取 400 户进行调查，结果为平均每户 3.7 人，标准差为 1.01 人，试问，在 0.01 的显著性水平下，该市平均家庭人口数是否有所下降？

解：

由题意可知，这是左侧检验的问题，可建立假设如下

$$H_0: \mu \geqslant 3.8$$
$$H_1: \mu < 3.7$$

计算检验统计量 $Z = \dfrac{\overline{X} - \mu_0}{S / \sqrt{n}} = \dfrac{3.7 - 3.8}{1.01 / \sqrt{400}} = -1.98$。

在 $\alpha = 0.01$ 时，查标准正态分布表可知 $Z_{0.01} = 2.33$。由于 $Z > -Z_{0.01}$，落入接受域，因此不拒绝原假设。没有充分证据认为平均家庭人口数有了明显下降。

（三）总体分布未知，总体方差未知，大样本

来自总体的样本为$(X_1, X_2, \cdots, X_n)$，对于假设 $H_0: \mu = \mu_0$，在 H_0 成立的前提下，如果样本量足够大($n \geqslant 30$)，近似地有检验统计量

$$Z = \frac{\overline{X} - \mu_0}{S / \sqrt{n}} \sim N(0,1) \tag{5-5}$$

【例 5-6】某传媒公司对某地区的 200 个家庭进行了收视率调查，发现每个家庭每天看电视时间的均值为 4 小时，标准差为 2.5 小时。5 年前每个家庭看电视的平均时间为 4.5 小时。在 0.05 的显著性水平下，能否认为现在收看电视的时间比以前有了明显减少？

解：

由题意可知，这是左侧检验的问题，可建立假设如下

$$H_0: \mu \geqslant 4.5$$

$$H_1: \mu < 4.5$$

计算检验统计量 $Z = \dfrac{\overline{X} - \mu_0}{S/\sqrt{n}} = \dfrac{4-4.5}{2.5/\sqrt{200}} = -2.83$。

在 $\alpha = 0.05$ 时，查标准正态分布表可知 $Z_{0.05} = 1.96$。由于 $Z < -Z_{0.05}$，落入拒绝域，因此拒绝原假设。检验结果表明：现在每个家庭收看电视的时间比 5 年前显著减少。

（四）总体服务正态分布，总体方差未知，小样本

来自总体的样本为 $(X_1, X_2, \cdots, X_n)$，对于假设 $H_0: \mu = \mu_0$，在 H_0 成立的前提下，有检验统计量

$$t = \frac{\overline{X} - \mu_0}{S/\sqrt{n}} \sim t(n-1) \tag{5-6}$$

若自由度 $n-1 \geqslant 30$，该 t 统计量近似服从标准正态分布，可直接用 Z 统计量

$$Z = \frac{\overline{X} - \mu_0}{S/\sqrt{n}} \sim N(0,1) \tag{5-7}$$

【例 5-7】某厂采用自动包装机分装产品，假定每包产品的重量服从正态分布，每包标准重量为 1000g，某日随机抽查 9 包，测得样本平均重量为 984g，样本标准差是 24g。试问在 $\alpha = 0.05$ 的显著性水平下，能否认为这天自动包装机工作正常？

解：

由题意可知，这是双侧检验的问题，可建立假设如下

$$H_0: \mu = 1000$$
$$H_1: \mu \neq 1000$$

计算检验统计量 $t = \dfrac{\overline{X} - \mu_0}{S/\sqrt{n}} = \dfrac{984\text{-}1000}{24/\sqrt{9}} = -2.00$。

在 $\alpha = 0.05$ 时，查 t 分布表可知 $t_{0.025}(8) = 2.306$。由于 $|t| < t_{0.025}(8)$，落入接受域，因此不拒绝原假设，样本数据没有充分说明这天的自动包装机工作不正常。

【例 5-8】在【例 5-7】中，试问，在相同的显著性水平下，该自动包装机包装的产品重量是否偏轻？

解：

由题意可知，这是左侧检验的问题，可建立假设如下

$$H_0: \mu \geqslant 1000$$
$$H_1: \mu < 1000$$

检验统计量 t 值仍为 -2.00，在 $\alpha = 0.05$ 时，查 t 分布表可知 $t_{0.05}(8) = 1.860$。由于 $|t| > t_{0.05}(8)$，落入拒绝域，因此拒绝原假设，说明该自动包装机包装的产品重量显著偏轻。

二、总体比例的检验

来自总体的样本为$(X_1,X_2,\cdots,X_n)$。其中，各个$X_i(i=1,2,\cdots,n)$只取1（“事件发生”）和0（“事件不发生”）两个值。样本中“事件发生”的次数为n_1，“事件发生”的概率为p（$p=n_1/n$）。当n达到一定程度时，样本比例p近似服从正态分布$N(\pi,\dfrac{\pi(1-\pi)}{n})$，其中$\pi$为总体比例。总体比例的检验与总体均值检验的程序是相同的，区别只在于参数和检验统计量不同，这里只考虑大样本情形下的总体比例检验。

对于假设$H_0:\pi=\pi_0$，在H_0成立的情况下，有

$$Z=\frac{p-\pi_0}{\sqrt{\dfrac{\pi_0(1-\pi_0)}{n}}}\sim N(0,1) \tag{5-8}$$

总体成数的假设形式也有三种情形：

（1）$H_0:\rho=\rho_0$，$H_1:\rho\neq\rho_0$，双侧检验。

（2）$H_0:\rho\geqslant\rho_0$，$H_1:\rho<\rho_0$，左侧检验。

（3）$H_0:\rho\leqslant\rho_0$，$H_1:\rho>\rho_0$，右侧检验。

【例 5-9】许多人在周末睡懒觉以弥补工作日的睡眠不足。某保健协会报告说，上班族中至少有61%的人在周末每天的睡眠多于7h。在350人构成的一个随机样本中，发现230人在周末每天睡觉多于7h。以0.05的显著性水平，能证实保健协会的研究结论吗？

解：

由题意可知，这是右侧检验的问题，可建立假设如下

$$H_0:\pi\leqslant 61\%$$
$$H_1:\pi>61\%$$

根据抽样结果计算得$p=230/350=0.657$，检验统计量为

$$Z=\frac{0.657-0.61}{\sqrt{\dfrac{0.61\times(1-0.61)}{350}}}=1.81$$

在α=0.05下，临界值$Z_{0.05}=1.645$。由于$Z>Z_{0.05}$，落入拒绝域，因此拒绝原假设，样本证据表明上班族周末每天睡眠时间多于7h的比例显著高于61%。

三、总体方差的检验

在生产、生活和科学过程中，人们不仅需要对总体的平均水平或比例做出判断，在许多情况下还需要对总体的差异程度做出判断。比如，在质量控制的过程中，仅仅保证产品质量的均值维持在特定的水平上并不意味着生产过程一定正常，如果方差过大，就意味着生产过程不够稳定。再比如，在股票投资中，我们不但要关注股票的投资收益率的高低，还要关注其收益的方差，因为方差越大就意味着收益波动越大，风险越大。因此，对总体方差的检验也是假设检验的一项重要内容。

与总体均值和总体比例检验常用的抽样分布不同，总体方差的检验使用的是 χ^2 分布。此外，总体方差的检验，不论样本容量是大是小，都要求总体服从正态分布，这是由检验统计量的抽样分布决定的。

当总体均值已知时，可以证明

$$\frac{\sum_{i=1}^{n}(X_i-\mu)^2}{\sigma^2} \sim \chi^2(n) \tag{5-9}$$

当总体均值未知时，可以证明

$$\frac{(n-1)\ S^2}{\sigma^2} \sim \chi^2(n\text{-}1) \tag{5-10}$$

式中，$S^2=\frac{1}{n-1}\sum_{i=1}^{n}(X_i-\overline{X})^2$ 为样本修正方差。

正态总体方差的假设检验有以下三种：

（1）$H_0:\sigma=\sigma_0$，$H_1:\sigma\neq\sigma_0$，双侧检验。

（2）$H_0:\sigma\geqslant\sigma_0$，$H_1:\sigma<\sigma_0$，左侧检验。

（3）$H_0:\sigma\leqslant\sigma_0$，$H_1:\sigma>\sigma_0$，右侧检验。

【例 5-10】某炼铁厂的铁水含碳量在正常情况下服从正态分布，现就操作工艺进行了某些改进，从中抽取 5 炉铁水进行调查，测得其含碳量（计量单位：%）分别为 4.412、4.052、4.428、4.683、4.357，据此是否可以认为新工艺炼出来的铁水含碳量方差仍为 0.108^2？（α=0.05）

解：

根据题意，假设

$$H_0:\sigma^2=0.108^2$$
$$H_1:\sigma^2\neq 0.108^2$$

根据样本数据计算得 $\overline{X}=4.3864, S^2=0.0518$。检验统计量为

$$\chi^2=\frac{(5-1)\times 0.0518}{0.108^2}=17.764$$

在 α=0.05 下，可以查 χ^2 分布临界值表确定临界值，由于 χ^2 分布是非对称分布，其临界值有两个，即 $\chi^2_{1-\alpha/2}=\chi^2_{0.975}=0.484$ 及 $\chi^2_{\alpha/2}=\chi^2_{0.025}=11.143$。由于 $\chi^2=17.764>11.143$，所以拒绝原假设，可以认为方差发生了改变。

四、假设检验与区间估计的关系

假设检验与区间估计都是推断统计学的重要内容，两者各有其特点，但也有紧密的联系。

（一）假设检验与区间估计的联系

首先，两者依据相同，都是依据样本信息对总体参数进行判断。假设检验是根据样本信息来判断原假设是否成立，区间估计是根据样本信息推断总体参数的区间范围。

其次，两者理论基础相同，都是以抽样分布为理论基础，都是建立在一定概率基础上的推断，推断结果都有一定的置信度和风险。对同一实际问题的参数进行推断，可以使用同一样本、同一统计量、同一分布，因而两者可以相互转化，即区间估计可转化为假设检验问题，假设检验也可以转化为区间估计问题。

（二）假设检验与区间估计的区别

首先，两者内容不同。区间估计通常求得的是以样本估计值为中心的双侧置信区间，而假设检验不仅有双侧检验，也常常采用单侧检验。

其次，两者立足点不同。假设检验立足于小概率，通常是给定很小的显著性水平 α 去检验对总体参数的先验假设是否成立；而区间估计立足于大概率，通常是以较大的置信度 $(1-\alpha)$ 去估计总体参数的置信区间。

在假设检验中，人们更重视拒绝区域，这是因为我们只是根据一个样本来进行推断。用一个实例去证明某个命题是正确的，这在逻辑上是不充分的，但用一个反例去推翻一个命题，理由是充分的。所以，假设检验运用的是概率意义上的反证法，一旦检验结论是拒绝原假设，就会有较大的把握程度；而当不能否定原假设时，只能将它作为真的保留下来，但事实上它有可能不成立，所以，接受它有可能是个错误。

第三节　两个总体参数的检验

对两个总体的参数进行检验，除了要考虑总体分布、方差已知或未知等问题之外，还要考虑式样的样本类型。所谓样本类型，除了我们很熟悉的大样本和小样本的区分外，还有独立样本和配对样本的区分。使用独立样本时，要求两样本彼此独立；使用配对样本时，要求两样本形成配对关系。使用配对样本的好处是可以最大限度地排除我们感兴趣的因素之外的影响。

例如，某车间有两种加工方法供工人完成任务，现想确认哪种方法更有效，故选择两组样本进行比较：①独立样本方案。从工人中抽取样本容量为 n_1 的简单随机样本，每个工人使用加工方法 1；再从剩余工人中抽取样本容量为 n_2 的简单随机样本，每个工人使用加工方法 2，同时记录两组工人完成任务的时间。②配对样本方案。从工人中随机抽取一个容量为 n 的样本，每个工人先使用方法 1 进行加工，再使用方法 2 进行加工，分别记录两种方法下工人完成任务的时间，即每个工人提供两个数据。

一、总体均值的检验

与一个总体参数检验相似，两个总体均值检验按备择假设的不同，存在三种情形：

（1）$H_0: \mu_1 = \mu_2$，$H_1: \mu_1 \neq \mu_2$，双侧检验。

（2）$H_0: \mu_1 \geqslant \mu_2$，$H_1: \mu_1 < \mu_2$，左侧检验。

（3）$H_0: \mu_1 \leqslant \mu_2$，$H_1: \mu_1 > \mu_2$，右侧检验。

对两个总体均值的检验首先要区分独立样本和配对样本，其次要区分大样本和小样本，使用小样本时还要考虑量总体的方差是否已知及是否相等的问题。但不论情况如何变化，两个总体假设检验的思想和步骤与一个总体假设检验都是一样的，只是检验统计量和检验统计量分布更加复杂一些。

（一）独立样本的均值检验

（1）两个总体服从正态分布（或大样本）且方差已知。根据抽样分布理论和数学期望、方差的性质，两样本均值之差的数学期望和方差分别为：$E(\overline{X}_1 - \overline{X}_2) = \mu_1 - \mu_2$；$\mathrm{Var}(\overline{X}_1 - \overline{X}_2) = \dfrac{\sigma_1^2}{n_1} + \dfrac{\sigma_2^2}{n_2}$。与一个总体的检验相类似，我们将样本检验统计量 $Z = \dfrac{(\overline{X}_1 - \overline{X}_2) - (\mu_1 - \mu_2)}{\sqrt{\dfrac{\sigma_1^2}{n_1} + \dfrac{\sigma_2^2}{n_2}}}$ 服从标准正态分布。

如果原假设 $H_0: \mu_1 = \mu_2$ 成立，检验统计量为

$$Z = \frac{\overline{X}_1 - \overline{X}_2}{\sqrt{\dfrac{\sigma_1^2}{n_1} + \dfrac{\sigma_2^2}{n_2}}} \tag{5-11}$$

在显著性水平 α 下，对于双侧检验，当 $|Z| > Z_{\alpha/2}$ 时，拒绝原假设，认为 μ_1 与 μ_2 存在显著差异；对于左侧检验，当 $Z < -Z_\alpha$ 时，拒绝原假设，认为 μ_1 显著低于 μ_2；对于右侧检验，当 $Z > Z_\alpha$ 时，拒绝原假设，认为 μ_1 显著高于 μ_2。

【例 5-11】 有两种方法可用于制造某种以抗拉强度为重要特征的产品。根据以往的资料得知，第一种方法生产出的产品抗拉强度的标准差为 8kg，第二种方法的标准差为 10kg。从采用两种方法生产的产品中各抽一个随机样本，样本量分别为 n_1=32，n_1=32，测得 $\bar{x}_1$=50 kg，$\bar{x}_2$=44 kg。问采用这两种方法生产出来的产品平均抗拉强度是否有显著差别（α=0.05）？

解：

由于检验两种方法生产出的产品在抗拉强度上是否存在显著差别并不涉及方向，所以是双侧检验。建立假设并进行检验

$$H_0: \mu_1 - \mu_2 = 0$$
$$H_1: \mu_1 - \mu_2 \neq 0$$

根据式（5-11），有

$$Z=\frac{\overline{X}_1-\overline{X}_2}{\sqrt{\frac{\sigma_1^2}{n_1}+\frac{\sigma_2^2}{n_2}}}=\frac{50-44}{\sqrt{\frac{64}{32}+\frac{100}{40}}}=2.83$$

根据显著性水平 0.05，查表可知临界值 $Z_{\alpha/2}$=1.96 。

因为 $Z>Z_{\alpha/2}$，所以拒绝原假设，即采用两种方法生产出来的产品的平均抗拉强度有显著差别。

特别说明，当两个总体方差未知且为大样本时，仅需要将样本方差 s_1^2 和 s_2^2 分别代替 σ_1^2 和 σ_2^2，其他完全一致。

（2）两个总体服从正态分布，但方差未知且为小样本。在 σ_1^2 和 σ_2^2 都未知且样本量较小的情况下，进行两个总体均值之差的检验需要使用 t 统计量，这里有两种情况：一种是虽然两个总体方差未知，但知道 $\sigma_1^2=\sigma_2^2$。这个条件成立往往是从已有的大量经验中得到的，或者事先进行了关于两个方差相等的检验，并得到了肯定的结论。这时有

$$\mathrm{Var}(\overline{X}_1-\overline{X}_2)=s_p\sqrt{\frac{1}{n_1}+\frac{1}{n_2}} \qquad (5\text{-}12)$$

式中，

$$s_p^2=\frac{(n_1-1)s_1^2+(n_2-1)s_2^2}{n_1+n_2-2} \qquad (5\text{-}13)$$

于是，检验统计量 t 的计算公式为

$$t=\frac{(\bar{x}_1-\bar{x}_2)-(\mu_1-\mu_2)}{s_p\sqrt{\frac{1}{n_1}+\frac{1}{n_2}}} \qquad (5\text{-}14)$$

服从自由度为 n_1+n_2-2 的 t 分布。

另一种情况是 σ_1^2 和 σ_2^2 未知，且没有理由判定 σ_1^2 和 σ_2^2 相等，即 $\sigma_1^2\neq\sigma_2^2$。此时，

$$\mathrm{Var}(\overline{X}_1-\overline{X}_2)=\sqrt{\frac{s_1^2}{n_1}+\frac{s_2^2}{n_2}} \qquad (5\text{-}15)$$

但此时抽样分布不服从自由度为 n_1+n_2-2 的 t 分布，而是近似服从自由度为 f 的 t 分布，f 的计算公式为

$$f=\frac{\left(\frac{s_1^2}{n_1}+\frac{s_2^2}{n_2}\right)^2}{\frac{\left(\frac{s_1^2}{n_1}\right)^2}{n_1-1}+\frac{\left(\frac{s_2^2}{n_2}\right)^2}{n_2-1}} \qquad (5\text{-}16)$$

此时检验统计量 t 的计算公式为

$$t=\frac{(\bar{x}_1-\bar{x}_2)-(\mu_1-\mu_2)}{\sqrt{\frac{s_1^2}{n_1}+\frac{s_2^2}{n_2}}} \tag{5-17}$$

服从自由度为 f 的 t 分布。

【例 5-12】 尽管存在争议，但大多数科学家认为，食用含有高纤维的谷类食物有助于降低癌症发生的可能性。然而有一个科学家提出，如果人们在早餐中食用高纤维的谷类食物，那么平均而言，与早餐没有食用谷物的人群相比，食用谷物者在午餐中摄取的热量（大卡）将会减少（Toronto Star，1991）。如果这个观点成立，谷物食品的生产商又将获得一个很好的机会，他们会宣传说："多吃谷物吧，早上也吃，这样有助于减肥。"为了验证这个假设，随机抽取了 35 人，询问他们早餐和午餐的通常食谱，根据他们的食谱将其分为两类，一类为经常谷类食用者（总体 1），一类为非经常谷类食用者（总体 2）。然后测度每人午餐的大卡摄取量。经过一段时间的实验，得到的结果如表 5-1 所示。

表 5-1　35 人的大卡摄入量

总体 1	568	681	636	607	555
	496	540	539	529	562
	589	646	596	617	584
总体 2	650	569	622	630	596
	637	628	706	617	624
	563	580	711	480	688
	723	651	569	709	632

试以 α=0.05 的显著性水平进行检验。

解：

根据题意，经计算得到 $\bar{x}_1=583$，$\bar{x}_2=629.25$，$s_1^2=2431.429$，$s_2^2=3675.461$，$f=32.34$，取 $f=32$。在 α=0.05 下查表可知 $t_{0.05}\ (32)=1.694$。

提出假设

$$H_0: \mu_1-\mu_2 \geqslant 0$$
$$H_1: \mu_1-\mu_2 < 0$$

根据式（5-17），有

$$t=\frac{(\bar{x}_1-\bar{x}_2)-(\mu_1-\mu_2)}{\sqrt{\frac{s_1^2}{n_1}+\frac{s_2^2}{n_2}}}=\frac{(583-629.25)-0}{\sqrt{\frac{2431.429}{15}+\frac{3675.461}{20}}}=-2.48689$$

由于 $t<-1.694$，故拒绝原假设。

（二）配对样本的均值检验

在上述对两个总体参数进行显著性检验的讨论中，我们都假定样本是独立的。然而在可能的情况下采用存在相依关系的匹配样本分析，可以进一步提高效率。配对样本的均值检验可以转化成一个总体的参数检验问题。

【例 5-13】一个以减肥为主要目标的健美俱乐部声称，参加它的训练班至少可以使肥胖者平均体重减轻 8.5kg 以上。为了验证该声称是否可信，调查人员随机抽取了 10 名参加者，得到他们的体重记录如表 5-2 所示。

表 5-2　训练前后体重记录

训练前	94.5	101	110	103.5	97	88.5	96.5	101	104	116.5
训练后	85	89.5	101.5	96	86	80.5	87	93.5	93	102

在 α=0.05 的显著性水平下，调查结果是否支持该俱乐部的声称？

解：

提出假设

$$H_0 : \mu_1 - \mu_2 \leqslant 8.5$$
$$H_1 : \mu_1 - \mu_2 > 8.5$$

根据资料可以构造出一个差值（减重）样本，如表 5-3 所示。

表 5-3　差值样本

训练前	训练后	差值 x
94.5	85	9.5
101	89.5	11.5
110	101.5	8.5
103.5	96	7.5
97	86	11
88.5	80.5	8
96.5	87	9.5
101	93.5	7.5
104	93	11
116.5	102	14.5
合计	—	98.5

分别计算差值样本的均值和标准差。

$$\bar{x}=\frac{\sum x}{n}=\frac{98.5}{10}=9.85$$

$$x=\sqrt{\frac{\sum(x_i-\bar{x})^2}{n-1}}=2.199$$

根据式（5-6），有

$$t=\frac{\bar{x}-\mu_0}{s/\sqrt{n}}=\frac{9.85-8.5}{2.199/\sqrt{10}}=1.94$$

由显著性水平 α=0.05，查表知 $t_{0.05}(9)=1.833$。

由于 $t>t_{0.05}(9)$，拒绝原假设，认为该俱乐部的声称是可信的。

二、总体比例的检验

设两个总体服从二项分布，这两个总体中具有某种特征的单位数的比例分别为 π_1 和 π_2 但 π_1 和 π_2 未知，可以用样本比例 p_1 和 p_2 代替。根据检验的不同，分为以下两种情况。

（一）检验两个总体比例相等的假设

该假设的表达式为

$$H_0:\pi_1-\pi_2=0 \text{ 或 } H_0:\pi_1=\pi_2$$

在原假设成立的条件下，最佳的方差是 $p(1-p)$，其中 p 是将两个样本合并后得到的比例估计量，即

$$p=\frac{x_1+x_2}{n_1+n_2}=\frac{p_1n_1+p_2n_2}{n_1+n_2} \tag{5-18}$$

式中，x_1 表示样本 n_1 中具有某种特征的单位数；x_2 表示样本 n_2 中具有某种特征的单位数。

在大样本条件下，统计量z的表达式为

$$z=\frac{p_1-p_2}{\sqrt{p(1-p)(\frac{1}{n_1}+\frac{1}{n_2})}} \tag{5-19}$$

【例 5-14】人们普遍认为麦当劳的主要消费群体是青少年，但对市场进一步细分却发现有不同的看法。一种观点认为小学生更喜欢麦当劳，另一种观点认为中学生对麦当劳的喜爱程度不亚于小学生。某市场调查公司对此在某地区进行了一项调查，随机抽取了 100 名小学生和 100 名中学生，调查的问题是：如果有麦当劳和其他中式快餐（如兰州拉面），你会首选哪种作为经常性午餐？调查结果如下：小学生（样本 1）100 人中有 76 人把麦当劳作为首选的经常性午餐，中学生（样本 2）100 人中有 69 人做出同样的选择。调查结果支持哪种观点？

解：

作为第三方的调查公司，其角色是中立的，所以建立的假设为

$$H_0:\pi_1-\pi_2=0 \text{ 或 } H_0:\pi_1=\pi_2$$
$$H_1:\pi_1-\pi_1\neq 0 \text{ 或 } H_0:\pi_1\neq\pi_2$$

由式（5-18）可得

$$p=\frac{x_1+x_2}{n_1+n_2}=\frac{76+69}{100+100}=0.725$$

由式（5-19）可得

$$z=\frac{p_1-p_2}{\sqrt{p(1-p)(\frac{1}{n_1}+\frac{1}{n_2})}}=\frac{0.76-0.69}{\sqrt{0.725\times(1-0.725)(\frac{1}{100}+\frac{1}{100})}}=1.11$$

在显著性水平 0.05 下，查表可知 $z_{0.025}=1.96$ 。

根据 $z=1.11<z_{0.025}$ ，不拒绝原假设，调查结果支持原假设，即在该地区小学生和中学生对麦当劳的偏爱程度没有显著差异。

（二）检验两个总体比例之差不为零的假设

检验两个总体比例之差为其他具体数值的假设，即 $H_0:\pi_1-\pi_2=d_0(d_0\neq 0)$ ，在这种情况下，两个样本比例之差 p_1-p_2 近似服从 $N(\pi_1-\pi_2,\frac{p_1(1+p_1)}{n_1}+\frac{p_2(1+p_2)}{n_2})$ ，因而可以选择z作为检验统计量

$$z=\frac{(p_1-p_2)-(\pi_1-\pi_2)}{\sqrt{\frac{p_1(1-p_1)}{n_1}+\frac{p_2(1-p_2)}{n_2}}}=\frac{(p_1-p_2)-d_0}{\sqrt{\frac{p_1(1-p_1)}{n_1}+\frac{p_2(1-p_2)}{n_2}}} \quad (5\text{-}20)$$

【例 5-15】有一项研究报告说青少年经常上网聊天，男生的比例至少超过女生 10 个百分点，即 $\pi_1-\pi_2\geqslant 10\%$ （π_1 为男生比例，π_2 为女生比例）。现对 150 个男生和 150 个女生进行上网聊天的频度调查，其中经常聊天的男生有 68 人，经常聊天的女生有 54 人。调查结果是否支持研究报告的结论（$\alpha=0.05$）？

解：

$$H_0:\pi_1-\pi_2\geqslant 10\%$$
$$H_1:\pi_1-\pi_1<10\%$$

由题意可知，n_1=n_2=150 ， p_1=$\frac{68}{150}$=0.45 ， p_2=$\frac{54}{150}$=0.36 ， d_0=10%

由式（5-20）可得

$$z=\frac{(p_1-p_2)-d_0}{\sqrt{\frac{p_1(1-p_1)}{n_1}+\frac{p_2(1-p_2)}{n_2}}}=\frac{0.45-0.36-0.1}{\sqrt{\frac{0.45\times(1-0.45)}{150}+\frac{0.36\times(1-0.36)}{150}}}=-0.177$$

在显著性水平 0.05 下，查表可知 $z_{0.05}=1.645$ 。

由 $z=-0.177>z_{0.05}$ 可知，不拒绝原假设，调查结果支持原假设。

上述内容只介绍了两个总体比例进行双侧检验的情况，对于左侧检验和右侧检验，采

用的检验统计量及其分布性质与双侧检验相同，只是决策时使用的临界值及其对应的拒绝域不同，可参照两个总体均值的检验方法。

三、总体方差的检验

如果要检验两个总体方差是否相等，可以通过考察两个方差之比是否等于 1 来进行。实践中会遇到关注两个总体方差是否相等的问题，如比较两个生产过程的稳定性，比较两种投资方案的风险等。前面讨论两个总体均值之差的检验时，假定两个总体方差相等或不相等。事实上，在许多情况下总体方差是否相等事先往往并不知道，因此在进行两个总体均值之差的检验之前，可以先进行两个总体方差是否相等的检验，由此获得所需要的信息。

两个总体均值检验按备择假设的不同，存在三种情形：

（1）双侧检验 $H_0:\sigma_1^2=\sigma_2^2$， $H_1:\sigma_1^2\neq\sigma_2^2$。

（2）左侧检验 $H_0:\sigma_1^2\geqslant\sigma_2^2$， $H_1:\sigma_1^2<\sigma_2^2$。

（3）右侧检验 $H_0:\sigma_1^2\leqslant\sigma_2^2$， $H_1:\sigma_1^2>\sigma_2^2$。

为了比较两个未知的总体方差 σ_1^2 和 σ_2^2，我们用两个样本方差的比来比较。如果 s_1^2/s_2^2 接近于 1，说明两个总体方差 σ_1^2 和 σ_2^2 很接近；如果比值远离 1，说明 σ_1^2 和 σ_2^2 之间有较大差异。差异是否显著需跟临界值进行比较。在两个正态分布总体条件下，两个方差之比服从 F 分布，即

$$F=\frac{s_1^2/\sigma_1^2}{s_2^2/\sigma_2^2}\sim F(n_1-1,\ n_2-1) \tag{5-21}$$

在 H_0 成立的情况下，F 统计量即为

$$F=\frac{s_1^2}{s_2^2}\sim F(n_1-1,\ n_2-1) \tag{5-22}$$

在显著性水平 α 下，对于双侧检验，当 $F>F_{\alpha/2}(n_1-1,\ n_2-1)$ 或 $F<F_{1-\alpha/2}(n_1-1,\ n_2-1)$ 时，拒绝原假设，认为 σ_1^2 和 σ_2^2 存在显著差异；对于左侧检验，当 $F<F_{1-\alpha}(n_1-1,\ n_2-1)$ 时，拒绝原假设，认为 σ_1^2 显著小于 σ_2^2；对于右侧检验，当 $F>F_{\alpha}(n_1-1,\ n_2-1)$ 时，拒绝原假设，认为 σ_1^2 显著大于 σ_2^2。

【例 5-16】 在【例 5-13】中，得到两个样本的方差分别为 $s_1^2=2431.429$， $s_2^2=3675.461$。现以 0.05 的显著性水平检验两个总体的方差是否相等。

解：

根据题意提出假设

$$H_0:\sigma_1^2=\sigma_2^2,\quad H_1:\sigma_1^2\neq\sigma_2^2。$$

计算检验统计量

$$F=\frac{s_1^2}{s_2^2}=\frac{2431.429}{3675.461}=0.662$$

由显著性水平 $\alpha=0.05$ 查表得

$$F_{\alpha/2}(n_1-1,\ n_2-1)=F_{0.025}(14,\ 19)=2.62$$

$$F_{1-\alpha/2}(n_1-1,\ n_2-1)=F_{1-0.025}(14,\ 19)=\frac{1}{F_{0.025}(19,\ 14)}=\frac{1}{2.84}=0.352$$

由于 $0.352<F<2.62$，所以不拒绝原假设，可以认为这两个总体的方差没有显著性差异。

知识点回顾

（1）假设检验也称显著性检验，是指对未知的总体某一数量特征提出某种假设，再根据样本的实际资料来验证该假设是否成立的一种统计分析方法。

（2）假设检验中的假设命题形式有三种，即待检验参数等于、大于或小于某一确定值。根据假设命题形式不同，其检验类型可分为两种，即双侧检验和单侧检验。

（3）假设检验的步骤：第一，提出假设；第二，构造检验统计量，并根据样本数据计算统计量的数值；第三，规定显著性水平，建立检验规则；第四，做出决策。

（4）假设检验的决策可以根据临界值进行，也可以根据 p 值进行。

（5）一个总体均值检验根据统计量的不同分为 z 检验法和 t 检验法。

（6）一个总体成数检验方法与总体平均数的检验方法基本相同，总体成数检验只要求掌握大样本情况。

（7）一个总体方差检验，在一个正态分布总体下，可采用 χ^2 检验法。

（8）对两个总体的参数进行检验，除了要考虑总体分布、方差已知或未知等问题之外，还要考虑样本类型，即独立样本和配对样本。在独立样本中，方差已知和方差未知两种情况对应的均值离差的方差不相同。两个总体的配对样本参数检验可转化给一个总体的参数检验。

（9）对两个总体的比例检验时需要先判断方差是否相等。

（10）两个总体的方差检验采用 F 统计量进行检验。

课后习题

一、单项选择题

1. 某厂生产的纤维的纤度服从正态分布，纤维的纤度的标准均值为 1.4。某天测得 25 根纤维的纤度的均值为 1.39，检验与原来设计的标准均值相比是否有所变化，要求的显著性水平为 α=0.05，则下列正确的假设形式是（　　）。

A. $H_0:\mu=1.4$，$H_1:\mu\neq1.4$　　B. $H_0:\mu\leqslant1.4$，$H_1:\mu>1.4$

C. $H_0:\mu<1.4$，$H_1:\mu\geqslant1.4$　　D. $H_0:\mu\geqslant1.4$，$H_1:\mu<1.4$

2. 一项新的减肥计划声称：在计划实施的第一周内，参加者的体重平均至少可以减轻 8 磅。随机抽取 40 位参加该项计划的样本，结果显示：样本的体重平均减少 7 磅。标准差为 3.2 磅，则其原假设和备择假设是（　　）。

A. $H_0: \mu \geqslant 8$，$H_1: \mu < 8$　　B. $H_0: \mu \leqslant 8$，$H_1: \mu > 8$

C. $H_0: \mu \geqslant 7$，$H_1: \mu < 7$　　D. $H_0: \mu \leqslant 7$，$H_1: \mu > 7$

3. 在假设检验中，不拒绝原假设意味着（　　）。

A. 原假设肯定是正确的　　B. 原假设肯定是错误的

C. 没有证据证明原假设是正确的　　D. 没有证据证明原假设是错误的

4. 在假设检验中，原假设和备择假设（　　）。

A. 都有可能成立　　B. 原假设一定成立，备择假设不一定成立

C. 都有可能不成立　　D. 只有一个成立，而且必有一个成立

5. 当备择假设为 $H_1: \mu < \mu_0$，此时假设检验为（　　）。

A. 双侧检验　　B. 右侧检验

C. 左侧检验　　D. 显著性检验

6. 下面有关小概率原理说法中正确的是（　　）。

A. 小概率事件就是不可能事件

B. 它是指当一个事件的概率不大于充分小的界限 $a(0 < a < 1)$ 时，可认为该事件为不可能事件

C. 基于“小概率原理”完全可以对某一事件发生与否做出正确判断

D. 总体推断中可以不予考虑的事件

7. 若一项假设假定显著性水平 $\alpha = 0.05$，下面表述中正确的是（　　）。

A. 接受 H_0 时的可靠性为 95%　　B. 接受 H_1 时的可靠性为 95%

C. H_1 为真时被拒绝的概率为 5%　　D. H_0 为假时被接受的概率为 5%

8. 利用总体方差已知的大样本对总体均值进行检验，应该采用（　　）。

A. t 检验　　B. z 检验

C. χ^2 检验　　D. 以上都不对

9.在一次假设检验中，起初的假设形式为双侧检验，若将其改为单侧检验，则（　　）。

A. 检验结果没有发生变化

B. 检验结果由接受原假设变为拒绝原假设

C. 检验结果由拒绝原假设变为接受原假设

D. 以上情况都有可能发生

10. 下列场合中，（　　）适合用 t 检验统计量。

A. 样本为小样本，且总体方差已知

B. 样本为大样本，且总体方差已知

C. 样本为小样本，且总体方差未知

D. 样本为大样本，且总体方差未知

11. 检验两个总体的方差比时所使用的分布为（　　）。

A. 正态分布　　B. t 分布

C. χ^2 分布　　D. F 分布

12. 从均值为 μ_1 和 μ_2 的两个总体中随机抽取两个大样本（$n>30$），在 $\alpha=0.01$ 的显著性水平下，要检验假设 $H_0:\mu_1-\mu_2=0$，$H_1:\mu_1-\mu_2\neq 0$，则拒绝域为（　　）。

A. $|Z|>2.58$　　B. $Z>2.58$

C. $Z<-2.58$　　D. $|Z|>1.645$

13. 在一项涉及 1602 名儿童的流感疫苗实验中，接受疫苗的 1070 人中只有 14 人患了流感，而接受安慰剂的 532 名儿童中有 98 人患了流感。在 $\alpha=0.05$ 的显著性水平下，检验“疫苗减少了儿童患流感的可能性”，即检验假设 $H_0:\pi_1-\pi_2\geqslant 0$，$H_1:\pi_1-\pi_2<0$，得到的结论是（　　）。

A. 拒绝 H_0　　B. 不拒绝 H_0

C. 可以拒绝也可以不拒绝 H_0　　D. 可能拒绝也可能不拒绝 H_0

14. 在一项犯罪研究中，收集到 2000 年的犯罪证据。在那些被判纵火罪的罪犯中，有 50 人是酗酒者，43 人不喝酒；在那些被判诈骗的罪犯中，有 63 人是酗酒者，144 人不喝酒。在 $\alpha=0.01$ 的显著性水平下，检验“纵火犯中酗酒者的比例高于诈骗犯中的酗酒者的比例”，建立的原假设和备择假设是（　　）。

A. $H_0:\pi_1-\pi_2\geqslant 0$，$H_1:\pi_1-\pi_2<0$

B. $H_0:\pi_1-\pi_2\leqslant 0$，$H_1:\pi_1-\pi_2>0$

C. $H_0:\pi_1-\pi_2=0$，$H_1:\pi_1-\pi_2\neq 0$

D. $H_0:\pi_1-\pi_2<0$，$H_1:\pi_1-\pi_2\geqslant 0$

15. 一个研究的假设是：湿路上汽车刹车距离的方差显著大于干路上汽车刹车距离的方差。在调查中，以同样速度行驶的 16 辆汽车分别在湿路上和干路上检测刹车距离。在湿路上刹车距离的标准差为 32m，在干路上的标准差是 16m。在 $\alpha=0.05$ 的显著性水平下，检验假设 $H_0:\sigma_1^2/\sigma_2^2\leqslant 1$，$H_1:\sigma_1^2/\sigma_2^2>1$，得到的结论是（　　）。

A. 拒绝 H_0　　B. 不拒绝 H_0

C. 可以拒绝也可以不拒绝 H_0　　D. 可能拒绝也可能不拒绝 H_0

二、多选题

1. 下列关于假设检验的陈述中正确的是（　　）。

A. 假设检验实质上是对原假设进行检验

B. 假设检验实质上是对备选假设进行检验

C. 当拒绝原假设时，只能认为肯定它的理由尚不充分，而不是认为它绝对错误

D. 当接受原假设时，只能认为否定它的理由尚不充分，而不是认为它绝对正确

2. 在统计检验假设中，通常要对原假设做出判断，就有可能会犯错误。这些错误分别是（　　）。

A. 第一类错误（α 类）　　B. 第二类错误（β 类）

C. 系统错误　　D. 代表性错误

三、判断题

1. 原假设与备择假设一定是对立的。（ ）

2. α 错误又称为显著性水平、第一类错误，即原假设 H_0 为假时，被我们接受所犯这类错误的概率。（ ）

3. 假设检验中要使 α 和 β 同时减少的唯一办法是减少样本容量。（ ）

4. 显著性水平越小，犯 β 错误的可能性越小。（ ）

5. 对总体比例的检验一般采用 z 检验法。

6. 在拒绝原假设的前提下，若增大 α 的水平，则有可能变为接受原假设。（ ）

7. 在右侧检验中，如果 $p < \alpha$，则拒绝 H_0。（ ）

四、计算题

1. 某牌号彩电规定无故障时间为10000h，厂家采取改进措施后，现在从新批量彩电中抽取100台，测得平均无故障时间为10150h，标准差为500h，能否据此判断该彩电无故障时间有显著增加（$\alpha = 0.01$）？

2. 自某种铜溶液测得9个铜含量的百分比的均值为8.3，标准差为0.025。设样本来自正态总体，μ、σ^2 均未知。试依据这一样本取显著性水平检验假设：

$H_0: \mu \geqslant 8.42$，$H_1: \mu < 8.42$

3. 某天工作时，需检验自动包装机工作是否正常，根据以往经验，其包装的重量服从正态分布 $N(100, 1.5^2)$，先抽测了9包，其重量（单位：kg）为：99.3、98.7、100.5、101.2、98.3、99.7、99.5、102.0、100.5。问：这天包装机工作是否正常？

4. 对两个大型企业青年工人参加技术培训的情况进行调查，调查结果如下：甲厂：调查60人，18人参加技术培训。乙厂调查40人，14人参加技术培训。能否根据以上调查结果认为乙厂工人参加技术培训的人数比例高于甲厂？（α=0.05）

5. 某食品厂用自动装罐机装罐头食品，每罐标准重量为500g，每隔一定时间需要检查机器工作情况。现抽得10罐，测得其重量为（单位：g）：195、510、505、498、503、492、792、612、407、506。假定重量服从正态分布，试问，以95%的显著性检验机器工作是否正常?

6. 从某批食品中随机抽取12袋，测定其蛋白质的含量（%），测定结果如下：

24，26，27，23，20，28，23，24，27，25，26，23

假定该食品每袋蛋白质的含量 X 服从正态分布 $N(\mu, \sigma^2)$，包装袋上表明蛋白质的含量为26%。

（1）问：该批食品是否存在质量问题（α=0.05）？

（2）你的判断结果可能会发生哪一类错误？说明该错误的实际含义。

7.一家食品加工公司的质量管理部门规定某种包装食品净重不得少于20kg。经验表明，重量近似服从标准差为1.5kg的正态分布。假定从一个由50包食品构成的随机样本中得到平均重量为19.5kg。问：有无充分证据说明这些包装食品的平均重量减少了？

8. A、B 两厂生产同样的材料。已知其抗压强度服从正态分布，且 $\sigma_A^2 = 63^2$，$\sigma_B^2 = 57^2$。从 A 厂生产的材料中随机抽取 81 个样品，测得 $\bar{x}_A = 1070$ kg/cm；从 B 厂生产的材料中随机抽取 64 个样品，测得 $\bar{x}_B = 1020$ kg/cm。根据以上调查结果，能否认为 A、B 两厂生产的材料的平均抗压强度相同（α =0.05）？

9. 装配一个部件可以采用不同的方法，所关心的问题是哪一个方法的效率更高。劳动效率可以用平均装配时间来反映。现从不同的装配方法中各抽取 12 件产品，记录各自的装配时间（单位：分钟）如下：

甲方法：31　34　29　32　35　38　34　30　29　32　31　26

乙方法：26　24　28　29　30　29　32　26　31　29　32　28

两总体服从正态总体，且方差相同，问：这两种方法的装配时间有无显著差别（α = 0.05）？

10. 调查了 339 名 50 岁以上的人，在 205 名吸烟者中有 43 人患慢性气管炎，在 134 名不吸烟者中有 13 人患慢性气管炎。调查数据能否支持“吸烟者容易患慢性气管炎”这种观点（α =0.05）？

11. 为了控制贷款规模，某商业银行有个内部要求，平均每项贷款的数额不能超过 60 万元。随着经济的发展，贷款规模有增大的趋势。银行经理想了解在同样的项目条件下，贷款的平均规模是否明显地超过 60 万元，故一个 n ＝144 的随机样本被抽出，测得 $\bar{x} = 68.1$ 万元，s ＝45。在 α =0.05 的显著性水平下采用 p 值进行检验。

12. 有一种理论认为，服用阿司匹林有助于减少心脏病的发生。为了进行验证，研究人员把自愿参与实验的 22000 人随机平均分成两组，一组人员每星期服用三次阿司匹林（样本 1），另一组人员在相同的时间服用安慰剂（样本 2）。持续 3 年之后进行检测，样本 1 中有 104 人患心脏病，样本 2 中有 189 人患心脏病。以 α =0.05 的显著性水平检验服用阿司匹林是否可以降低心脏病发生率？

13. 某工厂制造螺栓，规定螺栓口径为 7.0cm，方差为 0.03cm。今从一批螺栓中抽取 80 个测量其口径，得平均值为 6.97cm，方差为 0.0375cm。假定螺栓口径服从正态分布，问：这批螺栓是否达到规定的要求（α =0.05）？

14. 有人说在大学中男生的学习成绩比女生的学习成绩好。现从一所学校中随机抽取 25 名男生和 16 名女生，对他们进行相同题目的测试。测试结果表明，男生的平均成绩为 82 分，方差为 56 分；女生的平均成绩为 78 分，方差为 49 分。假设显著性水平 α =0.02，从上述数据中能得到什么结论？

第六章 相关分析与回归分析

学习目标

（1）熟悉相关关系的概念、特点和种类。
（2）掌握简单相关系数的计算、检验与判断。
（3）掌握简单线性回归方程的建立方法。
（4）理解简单线性回归方程的统计检验。
（5）掌握利用简单线性回归方程进行预测的方法。

案例导入

当今社会，电视已成为人们生活中的伴侣，每当你看电视，特别是看到精彩内容的时候，往往被一则厂商的广告打扰。这些广告是“免费的午餐”吗？据说，有的厂商花费大量的资金在电视上做广告。1995 年，孔府宴酒为了夺得中央电视台广告标王的宝座，花了 3079 万元的广告费；2004 年，蒙牛乳业竟花了相当于孔府宴酒广告费约 10 倍的价钱（3.1 亿元）成为中央电视台的广告标王；2012 年，广告费继续攀升，茅台酒以 4.43 亿元获得中央电视台广告标王的宝座。这是为什么？

事物的普遍联系决定了现象之间的相互影响和制约，人们往往利用现象之间的相互影响和相互制约关系来分析事物和决策未来。例如，在社会经济活动中，企业常常用广告来扩大商品的社会影响，通过增加广告播放的次数和频率，加强对消费者的刺激，通过通信、网络加快物流、扩大市场规模，进而促进商品销售量的提高；工厂根据商品的市场销售情况来组织产品的生产、设计和研制；农民根据市场对农产品的需求，决定自己的种植品种和种植面积；居民家庭根据收入状况决定自己的消费品种、消费数量和消费档次。相关分析和回归分析就是为了揭示现象之间的联系形态、联系程度和位置关系，帮助人们正确分析问题、科学预测事物，以较少的消耗获得较大的效益。

第一节 相关分析

一、变量间的关系

现实世界中的各种现象之间相互联系、相互制约、相互依存，某些现象发生变化时，另一现象也随之发生变化，如圆的面积与半径的关系，某种商品的消费量与居民收入之间的关系，商品销售额与广告费支出之间的关系，粮食亩产量与施肥量、降水量、温度之间的关系等。研究这些现象之间的依存关系，找出它们之间的变化规律，对经搜集、整理过的统计数据进行数据分析，为客观、科学的统计提供依据。

现象间的依存关系大致可以分成两种类型：一类是函数关系，另一类是相关关系。

（一）函数关系

函数关系是指现象之间是一种严格的确定性的依存关系，表现为某一现象发生变化另一现象也随之发生变化，而且有确定的值与之相对应。例如，银行的 1 年期存款利率为年息 2.24%，存入的本金用 x 表示，到期本息用 y 表示，则一年后到期本息 $y=x+2.24\%x$（不考虑利息税）。在这里年利率不变，对于某一本金 x，有唯一的到期本息 y 与之对应，即到期本息完全由本金所确定，两者之间为线性函数关系。

（二）相关关系

相关关系是指客观现象之间确实存在的但数量上不是严格对应的依存关系。在这种关系中，对于某一现象的每一数值，可以有另一现象的若干数值与之相对应。例如，身高与体重之间存在一定的依存关系，但是体重除了与身高有关，还受年龄、性别、区域、种族等因素的影响。身高与体重并无严格的对应关系，同一身高的人，体重大多数情况下是不相等的。但即便如此，这两个变量之间仍旧存在一定的规律性，在一般条件下，身高越高，体重越重。两者之间表现出一定的相关性，属于相关关系。

社会经济现象中，相关关系是普遍存在的，这些实例不胜枚举。例如，成本与利润的关系，成本的高低与利润的多少有密切关系，但某一确定的成本与相对应的利润却是不确定的。这是因为影响利润的因素除了成本外，还有价格、供求状况、消费嗜好及其他偶然因素的影响。又如，生育率与人均 GDP 的关系也属于相关关系，人均 GDP 高的国家，生育率往往较低，但两者没有唯一确定的关系，这是因为除了经济因素，生育水平还受教育水平、城市化水平及不易测量的民族风俗、宗教和其他随机因素的共同影响。再如，储蓄存款额与居民货币收入之间的关系也是相关关系。一般说来，居民货币收入提高，储蓄存款也会相应提高。但是影响储蓄存款的不单是居民货币收入一个因素，储蓄的种类、利率、服务质量、机构设置及生活习惯等，都会引起储蓄存款的变化，因此，收入相同的居民，存款并不一致。但是，在一般情况下，随着居民货币收入的增加，储蓄存款会呈上升的趋势。因此，储蓄存款和居民货币收入之间不是简单的函数关系，而是一种相关关系。

由以上几例可以看出，具有相关关系的某些现象间可表现为因果关系，即某一或若干现象的变化是引起另一现象变化的原因，它是可以控制、给定的值，称其为自变量（或解释变量）；另一个现象的变化是自变量变化的结果，它是不确定的值，将其称为因变量（或被解释变量）。如资金投入与产值之间，前者为自变量，后者为因变量。但具有相关关系的现象并不都表现为因果关系，如生产费用和生产量、商品的供求与价格等。这是由于相关关系比因果关系包括的范围更广泛。

（三）相关关系与函数关系的区别和联系

从相关关系与函数关系的概念可知，函数关系是变量值之间一种确定性的对应关系，而相关关系则是一种非确定性的依存关系，这是两者的根本区别。

变量之间的函数关系和相关关系在一定条件下是可以互相转化的。本来具有函数关系的变量，在存在观测误差时，其函数关系往往以相关的形式表现出来。而具有相关关系的变量之间的联系，如果我们对其有了深刻的规律性认识，并且能够把影响因变量变动的因素全部纳入方程，这时的相关关系也可能转化为函数关系。另外，相关关系也具有某种变动规律性，所以，相关关系经常可以用一定的函数形式去近似地描述。客观现象的函数关系可以用数学分析的方法来研究，而研究客观现象的相关关系则必须借助于统计学中的相关分析与回归分析方法。

二、相关关系的描述与度量

（一）相关关系的类型

变量之间的相关关系是很复杂的，它们各以不同的方式和程度相互作用，表现出不同的类型和形态。

1. 按相关的程度分为完全相关、不相关与不完全相关

当一个变量的数量完全由另一个变量的数量变化所确定时，两者之间即为完全相关。例如，在价格不变的条件下，销售额与销售量之间的正比例函数关系即为完全相关，此时相关关系便称为函数关系，因此也可以说函数关系是相关关系的一个特例。

当变量之间彼此互不影响，其数量变化各自独立时，则变量之间为不相关，也称为零相关。例如，股票价格的高低与气温的高低一般情况下是不相关的。

当两个变量的关系介于完全相关和不相关之间，称为不完全相关，如妇女的结婚年龄与受教育程度之间的关系。大多数相关关系属于不完全相关，由于完全相关和不相关的数量关系是确定的或相互独立的，因此统计学中相关分析的主要研究对象是不完全相关关系。

2. 按照相关变化的方向不同分为正相关与负相关

当一个变量的值增加（或减少）时，另一个变量的值也随之增加（或减少），称为正相关。如工业总产值增加，企业税利总额也随之增加；家庭消费支出随收入增加而增加等。

当一个变量的值增加（或减少）时，另一变量的值反而随之减少（或增加），称为负相关。如劳动生产率提高，产品成本降低；产品成本降低，企业利润增加等。

3. 按照相关的形式不同分为线性相关与非线性相关

当一个变量变动时，另一变量随之发生大致均等的变动，从图形上看，其观察点的分布近似地表现为一条直线，称为线性相关。例如，人均消费水平与人均收入水平通常呈线性关系。

一个变量变动时，另一变量也随之发生变动，但这种变动不是均等的。从图形上看，其观察点的分布近似地表现为一条曲线，如抛物线、指数曲线等，称为非线性相关，也称曲线相关。例如，工人加班加点在一定数量界限内，产量增加，但一旦超过一定限度，产量反而可能下降，这就是一种非线性关系。

4. 按照相关关系涉及变量的多少分为单相关、复相关和偏相关

两个变量之间的相关关系，称为单相关。例如，广告费支出与产品销售量之间的相关关系为单相关。三个或三个以上变量之间的相关关系，称为复相关，如商品销售额与居民收入、商品价格之间的相关关系。在某一现象与多种现象相关的场合中，假定其他变量不变，专门考察其中两个变量的相关关系称为偏相关。例如，在假定人们收入水平不变的条件下，某种商品的需求与其价格水平的关系就是一种偏相关。

以上相关关系的常见种类如图 6-1 所示。

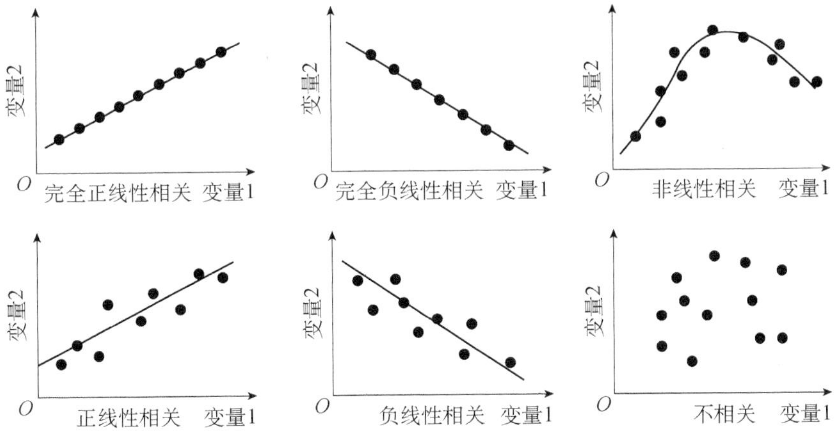

图 6-1 相关关系的常见种类

（二）相关分析

相关分析是指研究变量之间关系的紧密程度，并用相关表、相关图、相关系数来表示。其目的是揭示现象之间是否存在相关关系，确定相关关系的表现形式及确定现象变量间相关关系的密切程度和方向。

1. 相关表

相关表是一种统计表。它是直接根据现象之间的原始资料，将一变量的若干变量值按从小到大的顺序排列，并将另一变量的值与之对应排列形成的统计表。

【例 6-1】某企业 10 家分公司销售额与利润额如表 6-1 所示，试利用对照表分析销售额与利润额的关系。

表 6-1 某企业 10 家分公司销售额与利润额对照表 单位：万元

销售额	160	80	161	101	80	128	120	105	145	145
利润	9.3	4.8	8.9	6.5	4.2	6.2	7.4	6.0	7.6	6.1

解：

根据原始数据可以编制相关表，将表 6-1 所示的数据中的利润按照升序排列，即得相关表，如表 6-2 所示。

表 6-2 销售额与利润额相关表

单位：万元

销售额	80	80	101	105	120	128	145	145	160	161
利润	4.2	4.8	6.5	6	7.4	6.2	6.1	7.6	9.3	8.9

从表 6-2 中可以直观地发现，随着各分公司销售额的增加，其利润也相应增加，两者表现出了较强的正相关关系。

2. 相关图

相关图又称散点图，它是用直角坐标系的 x 轴代表一个变量， y 轴代表另一个变量，将两个变量之间相对应的变量值用坐标点的形式描绘出来，用以表明两个变量相关状况的图形。

根据表 6-1 的资料可绘制相关图，如图 6-2 所示。从图 6-2 中可以直观地看出，销售额和利润之间存在较强的正相关关系。

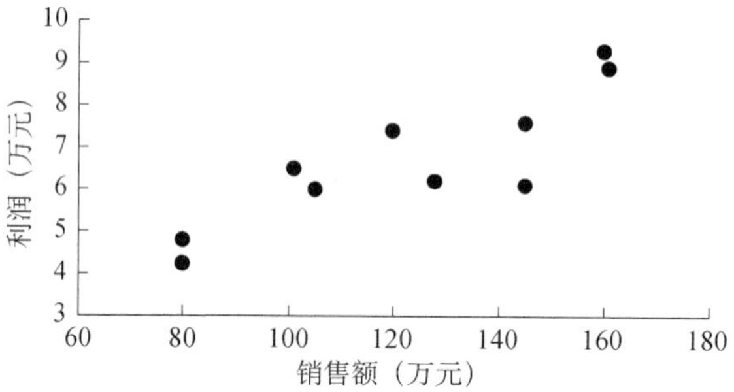

图 6-2 销售额与利润的相关图

3. 相关系数

相关表和相关图可反映两个变量之间的相互关系及其相关方向，但无法确切地表明两个变量之间相关的程度。著名统计学家卡尔·皮尔逊设计了统计指标–相关系数。相关系数是用以反映变量之间相关关系密切程度的统计指标。依据相关现象之间的不同特征，其统计指标的名称有所不同。如将反映两变量间线性相关关系的统计指标称为线性相关系数；将反映两变量间曲线相关关系的统计指标称为非线性相关系数、非线性判定系数；将反映多元线性相关关系的统计指标称为复相关系数。这里只介绍线性相关系数。若相关系数是根据总体全部数据计算的，称为总体相关系数，记为 ρ 。若是根据样本数据计算的，则称为样本相关系数，记为 r 。

对于所研究的总体，反映两个联系变量相关程度的总体相关系数的定义公式为

$$\rho=\frac{\mathrm{Cov}(X,Y)}{\sqrt{\mathrm{Var}(X)}\sqrt{\mathrm{Var}(Y)}} \tag{6-1}$$

式中， $\mathrm{Cov}(X,Y)$ 是变量 X 和 Y 的协方差， $\mathrm{Var}(X)$ 和 $\mathrm{Var}(Y)$ 分别是 X 和 Y 的方差。

对于特定的总体而言，变量 X 和 Y 的值是既定的，因此，反映总体两变量之间线性相关程度——总体相关系数是一个确定的值。但由于在实际工作中我们不可能对总体变量 X 和 Y 的全部数值进行观察，所以总体相关系数通常是未知的。这就需要从总体中随机抽取一定数量的样本，通过 X 和 Y 样本观测值 x 和 y 去计算样本相关系数。其基本计算公式为

$$r=\frac{\mathrm{Cov}(x,y)}{\sqrt{\mathrm{Var}(x)}\sqrt{\mathrm{Var}(y)}}=\frac{\sum(x-\bar{x})(y-\bar{y})}{\sqrt{\sum(x-\bar{x})^2}\sqrt{\sum(y-\bar{y})^2}} \quad (6\text{-}2)$$

或者化简为

$$r=\frac{n\sum xy-\sum x\sum y}{\sqrt{n\sum x^2-(\sum x)^2}\sqrt{n\sum y^2-(\sum y)^2}} \quad (6\text{-}3)$$

样本相关系数是根据从总体中抽取的随机样本的观测值计算出来的，是对总体相关系数的估计值，它是个随机变量。

相关系数的取值及意义如下：

（1）相关系数的值介于−1 与 1 之间，即 $-1\leqslant r\leqslant 1$，$|r|$ 越接近于 1，两变量间的线性关系越密切；$|r|$ 越接近于 0，表示两变量间的线性相关越弱。

（2）当 $r>0$ 时，表示两变量为正相关；$r<0$ 时，表示两变量为负相关。

（3）当 $|r|=1$ 时，表示两变量为完全线性相关，即为函数关系，$r=1$ 时为完全正相关，$r=-1$ 时为完全负相关。

（4）当 $r=0$ 时，表示两变量间无线性相关关系，但并不排除存在非线性相关关系。

为了判断时有个标准，有人提出了判断两变量线性相关密切程度的等级标准为：$0\leqslant|r|<0.3$ 称为弱相关或无相关；$0.3\leqslant|r|<0.5$ 称为低度相关；$0.5\leqslant|r|<0.8$ 称为显著相关；$0.8\leqslant|r|<1$ 称为高度相关。

【例 6-2】根据表 6-1 的资料，计算两者的相关系数。

表 6-3　相关系数计算表

序号	销售额 x（万元）	利润 y（万元）	x^2	y^2	xy
1	160	9.3	25600	86.49	1488
2	80	4.8	6400	23.04	384
3	161	8.9	25921	79.21	1432.9
4	101	6.5	10201	42.25	656.5
5	80	4.2	6400	17.64	336
6	128	6.2	16384	38.44	793.6
7	120	7.4	14400	54.76	888
8	105	6	11025	36	630
9	145	7.6	21025	57.76	1102
10	145	6.1	21025	37.21	884.5
合计	1225	67	158381	472.8	8595.5

解：

$$r=\frac{n\sum xy-\sum x\sum y}{\sqrt{n\sum x^2-(\sum x)^2}\sqrt{n\sum y^2-(\sum y)^2}}=\frac{10\times 8595.5\text{-}1225\times 67}{\sqrt{10\times 158381\text{-}1225^2}\sqrt{10\times 472.8\text{-}67^2}}\approx 0.87$$

相关系数为 0.87，说明销售额与利润之间有高度的正相关关系。

第二节 一元线性回归分析

一、回归分析概述

相关分析的目的是研究客观现象之间相关方向和相关密切程度，主要分析手段是相关系数。当给出自变量某一数值时，不能根据相关系数来估计和预测因变量可能发生的数值。例如，生产性固定资产每增加 100 万元，工业总产值一般会增加多少；工资性现金支出每增加 100 万元，储蓄存款收入一般会增加多少。这种现象间数量上的推算与预测须使用回归分析的方法。

最早提出“回归”这个概念的是英国生物学家葛尔顿。葛尔顿在研究父母亲的身高和子女身高的关系时发现了一个规律。子辈的身高受父辈影响，以 X 记父辈身高，Y 记子辈身高。虽然子辈身高一般受父辈影响，但同样身高的父亲，其子辈身高并不一致，因此，X 和 Y 之间存在一种相关关系。一般而言，父辈身高者，其子辈身高也高，以此推论，祖祖辈辈遗传下来，身高必然向两极分化，而事实上并非如此，显然有一种力量将身高拉向中心，即子辈的身高有向中心回归的特点。“回归”一词即源于此。虽然这种向中心回归的现象只是特定领域里的结论，并不具有普遍性，但从它所描述的关于 X 为自变量，Y 为不确定的因变量这种变量间的关系看，和我们现在的回归含义是相同的。不过，现代回归分析虽然沿用了“回归”一词，但内容已有很大变化，它是一种应用于许多领域的广泛的分析研究方法，在经济理论研究和实证研究中也发挥着重要的作用。

回归分析就是通过一个变量或一些变量的变化解释另一变量的变化。其主要内容和步骤是：首先根据理论和对问题的分析判断，将变量分为自变量和因变量；其次，设法找出合适的数学方程式（即回归模型）描述变量间的关系；由于涉及的变量具有不确定性，接着还要对回归模型进行统计检验；统计检验通过后，最后利用回归模型，根据自变量去估计、预测因变量。

回归有不同种类，按照自变量的个数分，有一元回归和多元回归。只有一个自变量的叫一元回归，有两个或两个以上自变量的叫多元回归。按照回归线的形态分，有线性（直线）回归和非线性（曲线）回归。实际分析时应根据客观现象的性质、特点、研究目的和任务选取回归分析的方法。本节仅讨论一元线性回归，即简单线性回归。

二、一元线性回归模型

（一）回归模型

当两个变量存在高度密切的线性相关关系，且具有因果关系时，就能进行一元线性回归分析。一元线性回归分析的前提条件是两个变量之间确实存在因果关系，而且其相关的密切程度必须是显著的。如果变量之间不存在因果关系，回归分析就毫无意义。在具有因果关系的前提下，相关程度高回归预测的准确性才会高。X 与 Y 进行回归分析通常要设定一定的数学模型。在回归分析中，最简单的模型是只有一个因变量和一个自变量的线性回归模型。该类模型假定变量 Y 主要受变量 X 的影响，它们之间存在着近似的线性函数关系，即

$$Y_i = \beta_0 + \beta_1 X_i + \varepsilon_i \tag{6-4}$$

式（6-4）将问题中变量 Y 与 X 之间的关系用两个部分描述。一部分是由于 X 的变化引起 Y 线性变化的部分，即 $\beta_0 + \beta_1 X_i$；另一部分是由其他一切随机因素引起的，记为 ε_i。可见，式（6-4）表达了变量 X 与 Y 之间的密切相关关系，但密切程度又没有到由 X 唯一确定 Y 的这种特殊关系。式（6-4）被称为变量 Y 对 X 的一元线性回归模型，式中的 Y 称为被解释变量（或因变量），X 称为解释变量（或自变量），β_0和β_1 是未知参数，称它们为总体回归系数，ε_i 表示其他随机因素的影响误差，称为随机扰动或误差项。

在式（6-4）中一般假定 ε_i 是不可观测的随机误差，它是一个随机变量。为使问题简化，应用普通最小二乘法估计参数 β_0和β_1，需要对 ε_i 做以下几个主要假定：

（1）误差项 ε_i 是一个期望值为 0 的随机变量，即 $E(\varepsilon_i) = 0$。对于一个给定的 X_i 值，Y_i 的期望值为 $E(Y_i) = \beta_0 + \beta_1 X_i$。

（2）对于所有的 X 值，ε_i 的方差都相同，都为 σ^2。

（3）误差项 ε_i 是一个服从正态分布的随机变量，且相互独立，即 $\varepsilon_i \sim N(0, \sigma^2)$。

（二）回归方程

根据回归模型中的假定，ε_i 的期望值等于 0，因此 Y_i 的期望值 $E(Y_i) = \beta_0 + \beta_1 X_i$，也就是说，$Y_i$ 的期望值是 X_i 的线性函数。描述因变量 Y_i 的期望值如何依赖自变量 X_i 的方程称为回归方程。一元线性回归方程的形式为

$$E(Y_i) = \beta_0 + \beta_1 X_i \tag{6-5}$$

式（6-5）描述的是 Y_i 的平均值如何依赖于 X_i 的方程。方程的图示是一条直线，因此也称为直线回归方程。β_0 是回归直线在 Y 轴上的截距，是当 X_i=0 时 Y_i 的期望值；β_1 是直线的斜率，称为回归系数，表示当 X_i 每变动一个单位时 Y_i 的平均变动值。

（三）估计的回归方程

由于总体回归系数 β_0和β_1 是未知的，所以必须利用样本数据去估计它们。用样本统计量 $\hat{\beta}_0$ 和 $\hat{\beta}_1$ 代替回归方程中的位置参数 β_0和β_1，便得到了估计的回归方程。它是通过 n 个样本观察值 (x_i, y_i) 对 β_0和β_1 进行估计的结果。

对于一元线性回归，估计的回归方程形式为

$$\hat{y}_i = \hat{\beta}_0 + \hat{\beta}_1 x_i \tag{6-6}$$

式（6-6）中，$\hat{y}_i$ 是与 x_i 相对应的 y_i 的条件期望值，即 $\hat{y}_i$ 是 y_i 的估计值；$\hat{\beta}_0$ 是估计的回归直线在 y 轴上的截距，即 x_i=0 时对应的 $\hat{y}_i$ 的值，在实际问题中无实际意义；$\hat{\beta}_1$ 是直线的斜率，表示 x 每变动一个单位时 y 的平均变动值。

因变量 Y 的实际样本观察值 y，并不完全等于样本条件期望值 $\hat{y}_i$，两者之间存在偏差，我们称为残差，用 e_i 表示，则值

$$e_i = y_i - \hat{y}_i \text{或者} y_i = \hat{\beta}_0 + \hat{\beta}_1 x_i + e_i \tag{6-7}$$

三、一元线性模型的估计

（一）回归系数的估计

为了由样本数据得到回归参数 β_0和β_1 的最佳估计值 $\hat{\beta}_0$ 和 $\hat{\beta}_1$，我们自然会想到样本观测值 y_i 距离各期望值（估计值）$\hat{y}_i$ 最近的一条直线（样本回归线），用它来代表 x 与 y 之间的关系，相比其他任何直线与实际数据的误差都小。也就是说，对每一个样本观察值 (x_i, y_i)，我们希望样本回归直线与所有样本数据点都比较靠近，即观察值 y_i 与其期望值 $\hat{y}_i$ 的残差 e_i 越小越好。为防止差值正负抵消，可以取残差平方和 $\sum e_i^2$ 作为衡量 $\hat{y}_i$ 与 y_i 偏离程度的标准。根据这一思想确定估计回归方程中未知参数 β_0和β_1 的方法称为最小二乘法，简称 OLS。

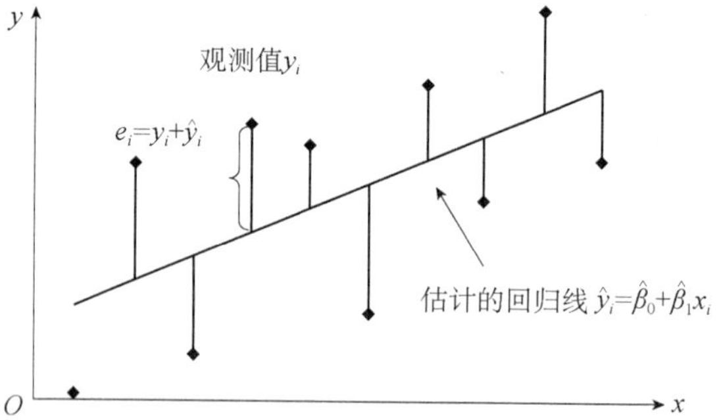

图 6-3　最小二乘法示意图

由最小二乘法，确定目标为使得 $Q=\sum e_i^2 = \sum (y_i - \hat{y}_i)^2 = \sum (y_i - \hat{\beta}_0 - \hat{\beta}_1 x_i)^2$ 达到最小。根据微积分中求极小值的原理，可知 Q 存在极小值；同时，Q 达到极小值时，Q 对 $\hat{\beta}_0$ 和 $\hat{\beta}_1$ 的偏导数必须等于 0，得

$$\begin{cases} \dfrac{\partial Q}{\partial \hat{\beta}_0} = -2\sum(y_i - \hat{\beta}_0 - \hat{\beta}_1 x_i) = 0 \\ \dfrac{\partial Q}{\partial \hat{\beta}_1} = -2\sum(y_i - \hat{\beta}_0 - \hat{\beta}_1 x_i) = 0 \end{cases} \tag{6-8}$$

解方程组，得

$$\begin{cases} \hat{\beta}_1 = \dfrac{n\sum xy - \sum x \sum y}{n\sum x^2 - (\sum x)^2} \\ \hat{\beta}_0 = \bar{y} - \hat{\beta}_1 \bar{x} \end{cases} \tag{6-9}$$

数学上可以证明，最小二乘估计量是总体回归系数的线性无偏估计量。还可以进一步证明，在所有的线性无偏估计量中，回归系数的最小二乘估计量的方差最小；同时随着样本容量的增大，其方差会不断缩小。也就是说，回归系数的最小二乘估计量是最优线性无偏估计量和一致估计量。

标准线性回归模型中，回归系数的最小二乘估计量所具有的上述性质首先是由数学家高斯和马尔可夫提出并证明的，因此被称为高斯–马尔可夫定理。通俗地讲，这一定理表明，在标准的假定条件下，最小二乘估计量是一种最佳的估计方式。但是应当明确，这并不意味着根据这一方式计算的每一个具体的估计值都比根据其他方式计算的具体估计值更接近真值，而只是表明如果反复多次进行估计值计算或是扩大样本的容量进行估计值计算，按最佳估计方式计算的估计值接近真值的可能性（概率）最大。

【例 6-3】根据表 6-1 中的数据，求利润对销售额的估计方程。

解：根据式（6-9）得

$$\begin{cases} \hat{\beta}_1 = \dfrac{n\sum xy - \sum x \sum y}{n\sum x^2 - (\sum x)^2} = \dfrac{10\times 8595.5 - 1225\times 67}{10\times 158381 - 1225^2} \approx 0.0466 \\ \hat{\beta}_0 = \bar{y} - \hat{\beta}_1 \bar{x} = \dfrac{67}{10} - 0.0466\times\dfrac{1225}{10} = 0.9951 \end{cases}$$

所以回归方程为

$$\hat{y}_i = 0.9951 + 0.0466x_i$$

根据回归方程，销售额每增加 1 万元，利润平均增加 0.0466 万元。对截距 $\hat{\beta}_0$ 常常不能赋予真实意义，如果要解释，它是指当销售额为 0 时利润为 0.9951 万元。

获得样本回归方程 $\hat{y}_i = \hat{\beta}_0 + \hat{\beta}_1 x_i$ 后，我们不能直接就用它去做分析和预测，因为 $\hat{y}_i = \hat{\beta}_0 + \hat{\beta}_1 x_i$ 是否真实描述了 y 与 x 之间的统计规律，而非偶然结果，还需通过统计检验。一元线性回归的检验包括拟合优度检验和方程的显著性检验，它是利用统计学中的抽样理论来检验回归方程的可靠性的。

（二）总体方差的估计

除了 β_0 和 β_1，一元线性回归模型还包括另一个未知参数，那就是总体随机误差项的方差σ^2。σ^2可以反映理论模型误差的大小，是检验模型时必须利用的一个重要参数。由于随机误差项本身是不能直接观测的，因此，需要用最小二乘残差代替随机误差项来估计σ^2。数学上可以证明，σ^2的无偏估计S^2可由下式给出

$$S^2=\frac{\sum e_i^2}{n-2}=\frac{\text{SSE}}{n-2} \tag{6-10}$$

式（6-10）中，分子是残差平方和，分母是自由度。n是样本观测值的个数，2是一元线性回归方程中回归系数的个数，2也可以理解为一元线性回归模型的约束条件个数。

S^2的正平方根又叫作回归估计的标准误差。S越小，表明实际观测点与所拟合的样本回归线的离差程度越小，即回归线具有较强的代表性。反之，S越大，表明实际观测点与所拟合的样本回归线的离差程度越大，即回归线的代表性较差。

【例 6-4】根据【例 6-3】的有关结果，计算该回归模型估计的标准误差，并解释其意义。

解：利用 Excel 输出的回归分析结果可知，SSE=5.8025。

$$S=\sqrt{\frac{\text{SSE}}{n-2}}=\sqrt{\frac{5.8025}{10-2}}=0.8517$$

标准误差$S=0.8517$，表明根据销售量来估计利润时，平均的估计误差为0.8517万元。

四、拟合优度检验

拟合优度是指样本观测值聚集在样本回归线周围的紧密程度。所确定的估计回归方程与样本数据拟合得越紧密，自变量对因变量的解释能力就越强，则模型效果越好。判断回归模型拟合程度好坏最常用的指标是判定系数。

判定系数R^2是建立在对总离差平方和进行分解的基础之上的。我们把y的n个观察值之间的差异，用观察值y_i与其平均值$\bar{y}$的偏差平方和来表示，称为总离差平方和，记作SST。

$$\text{SST}=\sum(y_i-\bar{y})^2 \tag{6-11}$$

对SST进行分解

$$\begin{aligned}\text{SST}&=\sum(y_i-\bar{y})^2=\sum(y_i-\hat{y}_i+\hat{y}_i-\bar{y})^2\\&=\sum(y_i-\hat{y}_i)^2+2\sum(y_i-\hat{y}_i)(\hat{y}_i-\bar{y})+\sum(\hat{y}_i-\bar{y})^2\end{aligned}$$

其中，$\sum(y_i-\hat{y}_i)(\hat{y}_i-\bar{y})=0$，则有

$$\sum(y_i-\bar{y})^2=\sum(y_i-\hat{y}_i)^2+\sum(\hat{y}_i-\bar{y})^2$$

即

$$\text{SST}=\text{SSR}+\text{SSE} \tag{6-12}$$

式中，SSR表示由回归直线可以解释的那一部分离差平方和，称为回归平方和；SSE表示用回归直线无法解释的离差平方和，称为残差平方和。

对（6-12）式两边同除以SST得

$$1=\frac{SSR}{SST}+\frac{SSE}{SST} \tag{6-13}$$

显然，在总的离差平方和中回归平方和所占的比重越大，则回归效果越好，说明回归直线与样本观察值拟合得好；如果残差平方和所占的比重大，则回归直线与样本观察值拟合得不理想。所以，回归平方和与总离差平方和之比可以作为综合度量回归直线对样本观测值拟合优度的指标，我们把这一比例定义为判定系数，又称可决系数，即

$$R^2=\frac{SSR}{SST}=1-\frac{SSE}{SST} \tag{6-14}$$

判定系数是对回归模型拟合程度的综合度量。判定系数越大，模型拟合程度越高；判定系数越小，则模型对样本的拟合程度越差。

判定系数 R^2 具有以下特性：

（1）判定系数 R^2 具有非负性。由判定系数的定义式可知，R^2 的分子分母均是不可能为负值的平方和，因此其比值必大于 0。

（2）判定系数的取值范围为 $0 \leqslant R^2 \leqslant 1$。由 R^2 的计算公式可以看出：当所有的实际观测值都位于回归直线上时，$SSE=0$，这时 $R^2=1$，说明总离差可以完全由所估计的样本回归直线来解释；当实际观测值并不全部位于回归直线上时，但又大致分布在其附近时，$SSE>0$，这时 $R^2<1$；当回归直线没有解释任何离差，模型中解释变量 X 与因变量 Y 完全无关时，Y 的总离差可全部归于残差平方和，即 $SSE=SST$，这时 $R^2=0$。

（3）判定系数是样本观测值的函数，它也是一个统计量。

（4）在一元线性回归模型中，判定系数是单相关系数的平方。

【例 6-5】据【例 6-3】所估计的回归方程，计算其判定系数，并解释其意义。

解：利用 Excel 输出的回归分析结果可知，总平方和 $SST=23.9$；回归平方和 $SSR=18.0975$；残差平方和 $SSE=5.8025$。根据式（6-14）得

$$R^2=\frac{SSR}{SST}=\frac{18.0975}{23.9}=0.7572$$

判定系数的实际意义是：在利润取值的变差中，有 75.72%可以由销售额来解释，或者说，在利润取值的变动中，有 75.72%是由销售额所决定的。两者之间有较强的线性关系。

若想提高模型的解释能力，可考虑将其他关键变量引入模型。

五、显著性检验

回归分析中的显著性检验包括两方面的内容：一是对各回归系数的显著性检验；二是对整个回归方程的显著性检验。

（一）回归系数的显著性检验

所谓回归系数的显著性检验，就是根据样本估计的结果对总体回归系数的有关假设进行检验。β_0和β_1的检验方法是相同的，但β_1的检验更为重要，因为它表明自变量对因变量影响的程度。下面我们以β_1的检验为例，介绍回归系数显著性检验的基本步骤。

1. t检验

（1）提出假设。对回归系数进行显著性检验，所提出的假设的一般形式为

$$H_0\text{：}\beta_1=\beta_1^*\text{，}H_1\text{：}\beta_1\neq\beta_1^*$$

式中，H_0表示原假设；H_1表示备择假设；β_1^*是假设的总体回归系数的真值。在许多回归分析的计算机程序里，常常令$\beta_1^*=0$，这是因为β_1^*是否为0，可以表明X对Y是否有显著的影响。

（2）确定显著水平α。显著水平的大小应根据犯哪一类错误可能带来损失的大小确定，一般情况下可取0.05。

（3）计算回归系数的t值。

$$t_{\hat{\beta}_1}=\frac{\hat{\beta}_1-\beta_1}{s_{\hat{\beta}_1}}\xrightarrow{H_0\text{：}\beta_1=0\text{成立}}t_{\hat{\beta}_1}=\frac{\hat{\beta}_1}{s_{\hat{\beta}_1}} \tag{6-15}$$

式（6-15）中，$s_{\hat{\beta}_1}$是回归系数$\hat{\beta}_1$估计的标准误差，其计算公式为

$$s_{\hat{\beta}_1}=\frac{s}{\sqrt{\sum x^2-(\sum x)^2/n}} \tag{6-16}$$

式中，S为总体标准差σ的估计值。

（4）确定临界值。t检验的临界值是$t_{\alpha/2}(n-2)$，由显著水平α和自由度$(n-2)$决定。

（5）做出判断。如果$t_{\hat{\beta}_1}$的绝对值大于临界值的绝对值，就拒绝原假设，接受备择假设；反之，如果$t_{\hat{\beta}_1}$的绝对值小于临界值的绝对值，则接受原假设。

2. p检验

回归系数的显著性检验还可以采用p检验。其前三步与t检验相同，但t值计算出来之后，并不与t分布的临界值进行对比，而是直接计算自由度为$n-2$的（统计量大于或小于根据样本观测值计算的）$t_{\hat{\beta}_1}$的概率，即p值。然后将其与给定的显著水平α对比，如果p小于α，则拒绝原假设；反之，则接受原假设。利用Excel进行回归分析时，计算机将直接给出回归系数估计的p值。

【例6-6】对【例6-3】所估计的回归方程的回归系数$\hat{\beta}_1=0.0466$进行显著性检验$(\alpha=0.05)$。

解： 根据 $s_{\hat{\beta}_1}=\dfrac{s}{\sqrt{\sum x^2-(\sum x)^2/n}}$=0.0093，利用 Excel 输出的回归分析结果也可得知。

首先，提出假设 H_0：β_1=0，H_1：$\beta_1 \neq 0$。

其次，计算 t 统计量

$$t_{\hat{\beta}_1}=\frac{\hat{\beta}_1}{s_{\hat{\beta}_1}}=\frac{0.0466}{0.0093}=5.0108$$

然后，查 t 分布表可知，临界值 $t_{0.05/2}(8)=2.306$。

最后，根据 $|t|>t_{0.05/2}(8)$，拒绝原假设，在 α=0.05 下认为总体回归系数 β_1 显著不为 0，即销售量对利润的影响是显著的。

（二）回归方程的显著性检验

对线性回归模型进行显著性检验，除了 t 检验，还有 F 检验，是对回归方程的显著性进行检验，检验两个变量之间的“线性”关系是否显著。

第一步，提出假设

H_0：方程不显著

H_1：方程显著

第二步，构造 F 统计量

$$F=\frac{\text{SSR}/1}{\text{SSE}/(n-2)} \tag{6-17}$$

第三步，根据给定的显著性水平 α=0.05，在 F 分布表中查找临界值 $F_\alpha(1,n-2)$。

第四步，做出决策。若 $F>F_\alpha(1,n-2)$，则拒绝原假设，认为回归方程显著；若 $F<F_\alpha(1,n-2)$，则不拒绝原假设，认为回归方程不显著。

【例 6-7】 检验【例 6-3】所估计的回归方程 $\hat{y}_i=0.9951+0.466x_i$ 的线性显著性 $(\alpha=0.05)$。

解：

第一步，提出假设

H_0：方程不显著

H_1：方程显著

第二步，计算 F 统计量

$$F=\frac{\text{SSR}/1}{\text{SSE}/(n-2)}=\frac{18.0975/1}{5.8025/8}=24.9513$$

第三步，根据显著性水平 α=0.05，得出 $F_{0.05}(1,8)$=5.32。

第四步，由于 $F>F_{0.05}(1,8)$，拒绝原假设，表明回归方程整体显著，即销售额与利润之间的线性关系是显著的。

需要指出的是，在一元线性回归中，F检验和t检验是等价的，一种检验通过，另一种必然通过。也就是说，如果H_0：$\beta_1=0$被t检验拒绝，它也将被F检验拒绝。在多元回归分析中，这两种检验的意义是不相同的。F检验用来检验总体回归关系的显著性，而t检验用来检验各个回归系数的显著性。

六、一元线性回归模型的预测

对一元线性回归模型检验其显著性之后，就可以利用该模型进行预测。所谓预测，就是当自变量x_i取一个值x_0时，估计y_i的取值。一般有点预测和区间预测两种，而点预测的结果往往与实际结果有偏差，所以，我们通常用区间预测来估计因变量值的可能范围。

（一）点预测

利用估计的回归方程，对于x_i的一个特定值x_f，求出y_i的一个预测值$\hat{y}_f$就是点预测。一元线性回归点预测的基本公式为

$$\hat{y}_f=\hat{\beta}_0+\hat{\beta}_1 x_f \tag{6-18}$$

式中，x_f是给定的x的具体数值，$\hat{y}_f$是x_f给定时y的预测值，$\hat{\beta}_0$和$\hat{\beta}_1$是已估计出的样本回归系数。回归预测是一种有条件的预测，在进行回归预测时，必须先给出x_f的具体数值。当给出的x_f属于样本内的数值时，利用该式去计算$\hat{y}_f$，称为内插检验或事后预测。而当给出的x_f在样本之外时，利用该式去计算$\hat{y}_f$称为外推预测或事前预测。通常所说的预测是指事前预测。

（二）区间预测

上述的点预测不能给出预测把握程度的任何概念。因为由样本数据估计回归方程是具有随机性的，不能指望它恰巧等于总体中的真值，所以只能在把握程度上给出真值的存在区间。

设x_f给定时Y的真值为y_f，则

$$y_f=\beta_0+\beta_1 x_f+\varepsilon_i \tag{6-19}$$

由式（6-18）和式（6-19）两式得

$$\begin{aligned} e_f=y_f-\hat{y}_f&=(\beta_0+\beta_1 x_i+\varepsilon_i)-(\hat{\beta}_0+\hat{\beta}_1 x_f) \\ &=(\beta_0-\hat{\beta}_0)+(\beta_1-\hat{\beta}_1)x_f+\varepsilon_i \end{aligned} \tag{6-20}$$

在一元线性回归模型的基本假定满足的情况下，e_f服从于正态分布，即

$$e_f \sim N[0,\mathrm{Var}(e_f)] \tag{6-21}$$

其中，$\mathrm{Var}(e_f)=\sigma^2\left[1+\frac{1}{n}+\frac{(x_f-\bar{x})^2}{\sum(x_i-\bar{x})^2}\right]$。

由于 $\mathrm{Var}(e_f)$ 中 σ^2 是未知的，通常用其无偏估计 S^2 来代替。若用 S_{e_f} 来表示预测标准误差的估计值，则

$$S_{e_f}=S\sqrt{1+\frac{1}{n}+\frac{(x_f-\bar{x})^2}{\sum(x_i-\bar{x})^2}} \tag{6-22}$$

数学上可以证明：$(y_f-\hat{y}_f)/S_{e_f}$ 服从自由度为 $n-2$ 的 t 分布。按照确定置信区间的方法，可以得出 y_f 的 $(1-\alpha)$ 的置信区间为

$$y_f \pm t_{\alpha/2}(n-2)\cdot S_{e_f} \tag{6-23}$$

式中，$t_{\alpha/2}(n-2)$ 是置信度为 $(1-\alpha)$、自由度为 $n-2$ 的 t 分布的临界值。

对于每一个给定的 X 值，计算相应的 Y 的置信区间，并将连接的曲线描绘在平面图上，便可得到图 6-4。

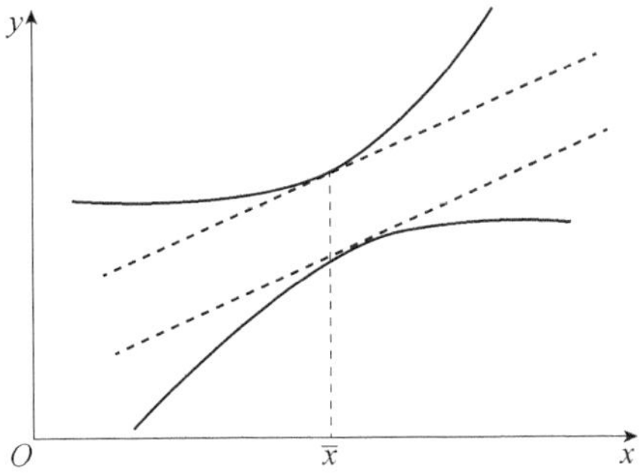

图 6-4　回归预测的置信区间

根据置信区间和 S_{e_f} 的计算公式及图 6-3 可以得到以下结论：

（1）置信区间的上下限对称地落在样本回归直线两边，呈中间小两头大的喇叭形。当 $x_f=\bar{x}$ 时的置信区间最窄，而当 x_f 远离 $\bar{x}$ 时，其置信区间逐渐增大。这就是说，在用回归模型进行预测时，x_f 的取值不宜离开 $\bar{x}$ 过远，否则预测精度将会降低，有可能使预测失效。

（2）在样本容量 n 保持不变时，$t_{\alpha/2}(n-2)$ 的值随置信度 $(1-\alpha)$ 的提高而增加，因此，要求预测值的概率增大，在其他条件不变时，也就意味着预测精度降低。

（3）当其他条件不变时，$t_{\alpha/2}(n-2)$ 和 S_{e_f} 的值均为样本容量 n 的减函数，即随着 n 的增加，这两者将逐渐减小。这说明随着样本容量的增加，预测精度将会提高；而样本容量过小，预测的精度就较差。

（4）当 n 足够大时，S_{e_f} 会趋近于 S，$t_{\alpha/2}(n-2)$ 会趋近于 $z_{\alpha/2}$，$z_{\alpha/2}$ 是置信度为 $(1-\alpha)$ 的

标准正态分布的临界值。这时，可以用S和$z_{\alpha/2}$取代S_{e_f}和$t_{\alpha/2}(n-2)$来确定预测区间，即样本容量充分大时，y_f的$(1-\alpha)$的置信区间为

$$y_f \pm z_{\alpha/2} \cdot S \tag{6-24}$$

按上式确定的预测区间的上、下限在平面图上呈两条直线（参见图6-4中与样本回归线平行的两条虚线）。

【例6-8】继【例6-3】得到回归方程为$\hat{y}_i=0.9951+0.0466x_i$，假定某子公司销售额为150万元，预测该子公司的利润，并计算利润的置信度为95%的区间预测。

解：将有关数据带入拟合好的样本回归方程，可得

$$\begin{aligned}\hat{y}_f &=0.9951+0.0466x_f\\ &=0.9951+0.0466\times150\\ &=7.9851(\text{万元})\end{aligned}$$

根据前面例题的结果，有

$$S=0.8517,\ \bar{X}=122.5,\ \sum(x_i-\bar{x})^2=8318.5$$

则

$$S_{e_f}=S\sqrt{1+\frac{1}{n}+\frac{(x_f-\bar{x})^2}{\sum(x_i-\bar{x})^2}}=0.8517\times\sqrt{1+\frac{1}{10}+\frac{(150-122.5)^2}{8318.5}}=0.9295$$

查t分布表可知，临界值$t_{0.05/2}(8)=2.306$。

$$y_f \pm t_{\alpha/2}(n-2)\cdot S_{e_f}=7.9851\pm2.306\times0.9295=7.9851\pm2.1434$$

因此，当销售量为150万元，利润的置信度为95%的区间预测为[5.8417,10.1285]。

知识点回顾

（1）现象间的依存关系大致可以分成两种类型：一类是函数关系，另一类是相关关系。

（2）相关关系按相关的程度分为完全相关、不相关与不完全相关；按照相关变化的方向不同分为正相关与负相关；按照相关的形式不同分为线性相关与非线性相关；按照相关关系涉及变量的多少分为单相关、复相关和偏相关。

（3）相关分析是研究变量之间关系的紧密程度，并用相关表、相关图、相关系数来表示。

（4）相关系数的取值范围为$-1\leqslant r\leqslant1$，越接近1，相关关系越强；越接近0，相关关系越弱。当$r>0$时，表示正相关；$r<0$时，表示负相关。当$|r|=1$时，表示完全线性相

关；$r=1$为完全正相关，$r=-1$为完全负相关；$r=0$时，表示无线性相关关系，但并不排除存在非线性相关关系。两变量线性相关密切程度的等级标准为：$0 \leqslant |r| \leqslant 0.3$，称为弱相关或无相关；$0.3 \leqslant |r| \leqslant 0.5$，称为低度相关；$0.5 \leqslant |r| \leqslant 0.8$，称为显著相关；$0.8 \leqslant |r| \leqslant 1$，称为高度相关。

（5）一元线性回归分析的前提条件是两个变量之间确实存在因果关系，而且其相关的密切程度必须是显著的。如果变量之间不存在因果关系，回归分析就毫无意义。

（6）一元线性回归方程的形式为$E(Y_i)=\beta_0+\beta_1 X_i$，样本回归方程的形式为$\hat{y}_i=\hat{\beta}_0+\hat{\beta}_1 x_i$。

（7）一元线性模型采用最小二乘法进行参数估计。最小二乘法的基本思想为使得样本观测值y_i与各期望值（估计值）$\hat{y}_i$之间的距离平方和最小。回归系数的最小二乘估计量是最优线性无偏估计量。

（8）判断回归模型拟合程度好坏最常用的指标是判定系数R^2。判定系数越接近1，模型拟合程度越高；判定系数越接近0，则模型对样本的拟合程度越差。

（9）回归分析中的显著性检验包括两方面的内容：一是对各回归系数的显著性检验；二是对整个回归方程的显著性检验。

（10）回归系数的显著性检验，就是根据样本估计的结果对总体回归系数的有关假设进行检验。检验方法包括t检验和p检验。

（11）对回归方程的显著性检验，即为检验两个变量之间的“线性”关系是否显著，检验方法为F检验。

（12）一元线性回归模型的预测一般有点预测和区间预测两种，点预测的结果往往与实际结果有偏差，所以，我们通常用区间预测来估计因变量值的可能范围。

课后习题

一、单项选择题

1. 具有相关关系的两个变量的特点是（　　）。
   A. 一个变量的取值不能由另一个变量唯一确定
   B. 一个变量的取值由另一个变量唯一确定
   C. 一个变量的取值增大时，另一个变量的取值也肯定增大
   D. 一个变量的取值增大时，另一个变量的取值肯定变小
2. 下面的各问题中，哪个不是相关分析要解决的问题（　　）。
   A. 判断变量之间是否存在关系
   B. 判断一个变量数值的变化对另一个变量的影响
   C. 描述变量之间的关系强度
   D. 判断样本所反映的变量之间的关系能否代表总体变量之间的关系

3. 下面的假定中，哪个属于相关分析中的假定（　　）。

A. 两个变量之间是非线性关系

B. 两个变量都是随机变量

C. 自变量是随机变量，因变量不是随机变量

D. 一个变量的数值增大，另一个变量的数值也应增大

4. 如果变量之间的关系近似地表现为一条直线，则称两个变量之间为（　　）。

A. 正线性相关关系　　B. 负线性相关关系

C. 线性相关关系　　D. 非线性相关关系

5. 如果一个变量的取值完全依赖另一个变量，各观测点落在一条直线上，则称两个变量之间为（　　）。

A. 完全相关关系　　B. 正线性相关关系

C. 非线性相关关系　　D. 负线性相关关系

6. 下面关于相关系数的陈述中哪一个是错误的（　　）。

A. 数值越大说明两个变量之间的关系就越强

B. 仅仅是两个变量之间线性关系的一个度量，不能用于描述非线性关系

C. 只是两个变量之间线性关系的一个度量，不一定意味着两个变量之间有因果关系

D. 绝对值不会大于 1

7. 变量 x 与 y 之间的负相关是指（　　）。

A. x 值增大时 y 值也随之增大

B. x 值减小时 y 值也随之减小

C. x 值增大时 y 值随之减小，或 x 值减小时 y 值随之增大

D. y 的取值几乎不受 x 取值的影响

8. 如果相关系数 $r=0$，则表明两个变量之间（　　）。

A. 相关程度很低　　B. 不存在任何关系

C. 不存在线性相关关系　　D. 存在非线性相关关系

9. 设产品产量与产品单位成本之间的线性相关系数为−0.87，这说明两者之间（　　）。

A. 高度相关　　B. 中度相关

C. 低度相关　　D. 极弱相关

10. 对不同年份的产品成本拟合的直线方程为 $y=280-1.75x$，回归系数−1.75 表示（　　）。

A. 时间每增加 1 个单位，产品成本平均增加 1.75 个单位

B. 时间每增加 1 个单位，产品成本平均下降 1.75 个单位

C. 产品成本每变动 1 个单位，平均需要 1.75 年时间

D. 时间每减少 1 个单位，产品成本平均增加 1.75 个单位

11. 已知回归平方和 $SSR=4854$，残差平方和 $SSE=146$，则判定系数 $R^2=$（　　）。

A. 97.08%　　B .2.92%

C. 3.01%　　D. 33.25%

12. 一个由 100 名年龄在 30～60 岁的男子组成的样本，测得其身高与体重的相关系数 $r = 0.45$，则下列陈述中正确的是（　　）。

A. 较高的男子趋于较重

B. 身高与体重存在低度正相关关系

C. 体重较重的男子趋于较矮

D. 45%的较高的男子趋于较重

13. 在因变量的总离差平方和中，如果回归平方和所占比重大，则两变量之间（　　）。

A. 相关程度高　　B. 相关程度低

C. 完全相关　　D. 完全不相关

14. 对于有线性相关关系的两变量建立的直线回归方程中，回归系数（　　）。

A. 可能为 0　　B. 可能小于 0

C. 只能是正数　　D. 只能是负数

15. 回归平方和 SSR 反映了 y 的总变差中（　　）。

A. 由于 x 与 y 之间的线性关系引起的 y 的变化部分

B. 除了 x 对 y 的线性影响之外的其他因素对 y 变差的影响

C. 由于 x 与 y 之间的非线性关系引起的 y 的变化部分

D. 由于 x 与 y 之间的函数关系引起的 y 的变化部分

16. 变量之间的关系可以分为两大类（　　）。

A. 函数关系与相关关系

B. 线性相关关系和非线性相关关系

C. 正相关关系和负相关关系

D. 简单相关关系和复杂相关关系

17. 相关系数 r 的取值范围是（　　）。

A. $r \leqslant -1$　　B. $r \geqslant 1$

C. $0 \leqslant r \leqslant 1$　　D. $-1 \leqslant r \leqslant 1$

18. 判定系数 R^2 的取值范围是（　　）。

A. $R^2 \leqslant -1$　　B. $R^2 \geqslant 1$

C. $0 \leqslant R^2 \leqslant 1$　　D. $-1 \leqslant R^2 \leqslant 1$

19. 产量（X，台）与单位产品成本（Y，元/台）之间的回归方程为 $\hat{Y} = 356 - 1.5X$，这说明（　　）。

A. 产量每增加 1 台，单位产品成本增加 356 元

B. 产量每增加 1 台，单位产品成本减少 1.5 元

C. 产量每增加 1 台，单位产品成本平均增加 356 元

D. 产量每增加 1 台，单位产品成本平均减少 1.5 元

二、多选题

1. 单位产品成本对产量的一元线性回归方程为 $\hat{y}_i = 85 - 5.6x_i$ ， x 的单位为千件， y 的单位是元，意味着（　　）。

A. 单位成本与产量之间存在着负相关关系
B. 单位成本与产量之间存在正相关关系
C. 产量为 1000 件时单位成本为 79.4 元
D. 产量每增加 1000 件单位成本平均增加 5.6 元
E. 产量每增加 1000 件单位成本平均减少 5.6 元

2. 如果两个变量之间的线性相关程度很高，则其相关系数应接近于（　　）。

A. 0.5　　B. −0.5
C. 0　　D. 1
E. −1

3. 线性回归分析中的回归平方和是指（　　）。

A. 实际值与平均值的离差平方和　　B. 估计值与平均值的离差平方和
C. 受自变量变动影响所引起的变差　　D. 受随机变量变动影响所产生的误差
E. 总变差与残差平方和之差

4. 下列关于相关关系和函数关系的描述中正确的是（　　）。

A. 函数关系是相关关系的一种特例
B. 相关关系是函数关系的一种特例
C. 函数关系就是完全相关关系
D. 相关关系就是线性相关关系
E. 完全不相关就是独立

5. 指出下列表述中哪些是错误的（　　）。

A. $y = -100 - 1.3x, r = -1.1$　　B. $y = -304 - 2.5x, r = 0.8$
C. $y = 108 - 5x, r = 0.6$　　D. $y = -304 + 2.5x, r = 0.8$

6. 线性相关分析的特点表现为（　　）。

A. 两个变量之间的地位是对等关系
B. 只能算出一个相关系数
C. 相关的两个变量必须都是随机变量
D. 自变量是确定的，因变量才是随机的
E. 两个变量存在因果关系

7. 回归分析和相关分析的关系是（　　）。

A. 回归分析可用于估计或预测
B. 相关分析是研究变量之间的相互依存关系的密切程度
C. 相关分析需区分自变量和因变量
D. 相关分析是回归分析的基础
E. 回归分析需区分自变量和因变量

8. 简单线性回归的基本假定有（　　）。

A. 正态性假定　　B. 同方差假定

C. 无自相关假定　　D. 随机扰动项与自变量相关假定

E. 线性假定

三、判断题

1. 正相关指的就是两个变量之间的变动方向都是上升的。（　　）

2. 相关系数数值越大，说明相关程度越高；相关系数数值越小，说明相关程度越低。（　　）

3. 一项对 150 个女生的研究表明，女生的 BMI（身体质量指数）和妈妈的 BMI 之间的相关系数高达 0.55。因此，我们认为，肥胖的妈妈一定会生肥胖的女儿。（　　）

4. 甲产品产量与单位成本的相关系数是−0.9，乙产品的产量与单位成本的相关系数是 0.8，因此乙比甲的相关程度高。（　　）

5. 由直线回归方程 $y=-450+3.5x$ 可知，变量 x 与变量 y 之间存在正相关关系。（　　）

6. 当回归系数大于零时，变量间呈正相关；当回归系数小于零时，变量间呈负相关。（　　）

7. 计算回归方程时，要求因变量是随机的，而自变量不是随机的，是给定的数值。（　　）

8. 估计标准误差是以回归直线为中心反映各观察值与估计值平均数之间离差程度的大小。（　　）

9. 回归系数的绝对值小于 1。（　　）

10. 两个变量中不论假定哪个变量为自变量 x，哪个为因变量 y，都只能计算一个相关系数。（　　）

四、计算题

1. 根据 5 名学生的中文成绩和英文成绩进行计算，中文成绩的标准差为 9.75 分，英文成绩的标准差为 7.9 分，两种成绩的协方差为 72 分。由上述资料计算相关系数，并对中文成绩和英文成绩的相关方向与相关程度做出说明。

2. 为研究产品的销售额和销售利润之间的关系，某公司对所属 15 家企业进行了调查，设产品销售额为 x（万元）、销售利润为 y（万元），调查资料经整理如下：$\sum x=225$ 万元，$\sum x^2=4000\text{万元}^2$ 万元，$\sum{}^2 y=25$ 万元，$\sum y^2=600\text{万元}^2$，$\sum xy=800\text{万元}^2$。要求：

（1）计算相关系数。

（2）配合销售利润对销售额（自变量）的回归直线方程，解释方程中回归系数的经济意义。

（3）预测当销售额为 360 万元时，销售利润可能达到多少？

3. 某企业某种产品产量与单位成本资料如表 6-4 所示。

表 6-4 某企业某种产品产量与单位成本

月份	产量（千件）	单位成本（元/件）	月份	产量（千件）	单位成本（元/件）
1	2	73	4	3	73
2	3	72	5	4	69
3	4	71	6	5	68

要求：

（1）计算相关系数，说明相关程度。

（2）确定单位成本对产量的回归直线方程，当产量每增加 1000 件时，单位成本平均下降多少元？

（3）如果单位成本为 70 元时，产量应为多少？

（4）计算估计标准误差。

4. 设某县历年平均每人收入和支出资料如表 6-5 所示。

表 6-5 某县历年平均每人收入和支出资料

年份	人均收入（元/人）	人均支出（元/人）	年份	人均收入（元/人）	人均支出（元/人）
1997	4000	3000	2000	9000	6000
1998	5000	4000	2001	15000	12000
1999	7000	5000			

要求：

（1）求人均支出 y 与人均收入 x 的回归方程。

（2）根据计算结果，解释回归系数 b 的经济含义。

（3）用内插法计算：当人均收入为 12000 元时，人均支出为多少？

5. 已知：$n=6, \sum X=21, \sum Y=426, \sum X^2=79, \sum Y^2=30268, \sum XY=1481$。

要求计算：

（1）直线回归方程。

（2）相关系数。

（3）估计标准误差。

第七章　时间序列分析

学习目标

（1）明确时间序列的概念、种类及其编制原则。

（2）掌握时间序列分析指标的经济含义和计算方法、各指标之间的关系。

（3）熟练掌握平均发展水平的含义、各种时间序列计算平均发展水平的方法。

（4）熟练掌握平均发展速度、平均增长速度的计算方法。

（5）掌握时间序列的变动分析法，重点掌握最小二乘法、季节变动测定法，并能进行统计分析。

案例导入

图 7-1 是我国 2009 年 12 月至 2012 年 12 月共 36 个月的社会消费品零售总额趋势图，从图形可以直观地看出，近 3 年来社会消费品零售总额总体呈现不断增长的上升趋势，但短期内仍出现周期性的波动。把握社会消费品零售总额随时间变动的规律性，对于合理组织生产、安排库存等活动是非常必要的。

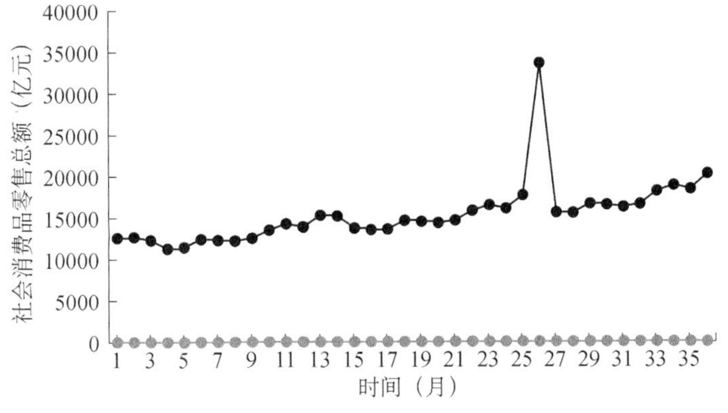

图 7-1　社会消费品零售总额走势图

为了解社会消费品零售总额随时间变动的规律性，我们可以比较各年社会消费品零售总额的平均值、计算各年零售额的增减幅度，从而把握社会消费品零售总额的长期发展规律，还可以进一步研究季度因素对社会消费品零售总额的影响程度，从而把握社会消费品零售总额在短期内的波动规律性。通过对社会消费品零售总额在过去一段时间的数据资料进行分析，掌握其发展变化的规律性，就可以对未来进行预测，从而更好地为生产决策服务。要认识现象发展过程中所蕴含的各种特征和规律性并据以进行预测，就需要对现象在过去一段时间的系列数据进行分析，通过比较计算时间数列上的各项指标，找到社会经济现象之间在销量上的联系。

第一节 时间序列分析概述

一、时间序列的概念

把反映某种社会经济现象的同一指标在不同时间上的指标数值，按照时间先后顺序排列而形成的数列，称为时间数列。由于时间序列反映现象的动态变化，故又称动态数列。例如，表 7-1 就是一个时间序列。

表 7-1 2010—2020 年某企业销售收入

年份	2010	2011	2012	2013	2014	2015	2016	2017	2018
销售收入/万元	120	121	119	120	123	125	140	145	150

任何一个时间序列都具有两个基本要素：一个是现象所属的时间，可以表现为年、季、月或日等时间单位；另一个是反映客观现象的统计指标数值。

二、时间序列的种类

时间序列按其排列的指标不同，可以分为绝对数时间序列、相对数时间序列和平均数时间序列三种。

（一）绝对数时间序列

绝对数时间序列又称总量指标时间序列，是将反映某种社会经济现象的一系列总量指标按时间先后顺序排列而形成的一种数列。它能反映社会经济现象总量在各个时期所达到的绝对水平及发展变化过程。绝对数时间序列按其指标本身的性质不同，又分为时期数列和时点数列。

1. 时期数列

由时期总量指标依时间顺序编制而成的数列。在时期数列中，每个指标值都反映某社会经济现象在一定时期内发展过程的总量。如表 7-1 中的“销售收入”就是一个时期数列。

2. 时点数列

由时点总量指标依时间顺序编制而成的数列。在时点数列中，每个指标值反映社会经济现象在某一时点（时刻）上所达到的水平。如表 7-2 列出的 2012—2017 年某镇年底人口数就是一个时点数列。

表 7-2　2012—2017 年某镇年底人口数

年份	2012	2013	2014	2015	2016	2017
年底人数/人	98 650	99 621	100 234	100 284	100 378	100 456

3. 时期数列与时点数列的不同点

第一，时期数列中每个指标值都反映现象在一定时期内发展过程的总量；时点数列中的每个指标数值则反映现象在某一时点（或一瞬间）上的总量。

第二，时期数列中各时期指标数值可以相加，相加的结果是有实际意义的；时点数列中的各指标数值则不具有可加性。

第三，时期数列中，每个指标数值的大小与时期的长短有关；时点序列中，每个指标数值的大小与时间的间隔长短没有直接关系。

第四，时期数列中的每个指标数值是跟随现象发展过程连续登记取得的；时点数列中的每个指标数值，通常是间隔一定时期通过一次性登记获得的。

（二）相对数时间序列

相对数时间序列是指一系列相对指标按照时间先后顺序排列所形成的时间序列，用来反映现象数量对比关系的发展变化过程。

相对指标是由两个有联系的总量指标对比而得到的，由于总量指标时间序列有时期数列和时点数列之分，因此，两个总量指标时间序列对比形成的相对数时间序列可分为：

（1）由两个时期数列对比而形成的相对数时间序列。

（2）由两个时点数列对比而形成的相对数时间序列。

（3）由一个时期数列和一个时点数列对比而形成的相对数时间序列。

在相对数时间序列中，每个指标都是相对数，因为各个指标值是不能直接相加的。

（三）平均数时间序列

平均数时间序列是由一系列同类平均指标按照时间的先后顺序排列而形成的时间序列，它反映现象平均水平的发展趋势。在平均数时间序列中，各个指标数值一般来说也是不能相加的。

三、时间序列的编制原则

编制时间序列的目的是通过时间序列中一系列指标值进行对比来反映现象的发展过程及其规律。保证时间序列中的各个指标值具有可比性是编制时间序列的基本要求，具体应遵循以下几个原则：

（1）时间长短一致。

（2）经济内容一致。

（3）总体范围一致。

（4）计算方法与计量单位一致。

第二节 时间序列的水平分析

一、发展水平

在时间序列中，每个统计指标的数值叫作发展水平，它反映社会经济现象在各个时间上所达到的规模或水平。发展水平既可以表现为总量指标的数值，也可以指相对指标或平均指标的数值。

如果用 $a_0,a_1,a_2,\cdots,a_{n-1},a_n$ 代表时间序列中各个发展水平，把时间序列中第一个指标数值 a_0 称为最初水平，最后一个指标值 a_n 称为最末水平，其余所有中间各项的发展水平称为中间水平，用符号 $a_1,a_2,\cdots,a_{n-1}$ 表示。此外，所要研究的时期的发展水平称为报告期水平，又称计算期水平；用作对比基础的时期的发展水平，称为基期水平。

二、平均发展水平

平均发展水平又称序时平均数。它是时间数列中各项发展水平的平均数，反映现象在一段时期内发展的一般水平。序时平均数与一般平均数（静态平均数）是有区别的，表现在：

（1）计算的依据不同。序时平均数是根据时间数列计算得出的；而一般平均数是根据变量数列计算得出的。

（2）平均的对象不同。序时平均数所平均的是社会经济现象在不同时间上的数量差异；而一般平均数所平均的是总体中各单位某一标志值的差异。

（3）说明的问题不同。序时平均数是从动态上表明被研究现象在一段时间内的平均发展水平；而一般平均数是从静态上说明总体各单位某个标志值的平均水平。

时间序列有三种类型，各种时间序列的序时平均数的计算方法不尽相同，但总量指标时间序列序时平均数的计算方法是其他两种时间序列序时平均数计算的基础。

（一）根据绝对数时间序列计算序时平均数

绝对数时间序列可分为时期数列和时点数列，两者计算序时平均数的方法是不一样的，下面分别加以说明。

1. 由时期数列计算序时平均数

时期数列中各项指标值可以相加，因此可直接用数列中各时期指标值之和除以时期项数即得序时平均数。其计算公式为

$$\bar{a}=\frac{a_1+a_2+\cdots+a_n}{n}=\frac{\sum a_i}{n}(i=1, 2, \cdots,\ n) \tag{7-1}$$

式中，$\bar{a}$ 代表序时平均数，a_i 代表各期发展水平，n 代表时期项数。

【例 7-1】某企业 2020 年上半年各月产量如表 7-3 所示，试计算该企业各月的平均产量。

表 7-3　2020 年上半年各月产量

月份	1	2	3	4	5	6
产量/万台	2.1	2.3	2.2	2.2	2.4	2.5

解：

各月平均产量为

$$\bar{a}=\frac{2.1+2.3+2.2+2.2+2.4+2.5}{6}=2.833\text{（万台）}$$

2. 由时点数列计算序时平均数

根据数据是否连续，时点数量的计算方法有所不同。在社会经济统计中一般将一天看作一个时点，即以“天”作为最小时间单位。资料逐日登记的是连续时点数列；资料不是逐日登记，而是间隔一段时间（月、季或年）再登记得到的数列为间断时点数列。由于掌握的资料不同，时点数列平均发展水平有 4 个公式。

（1）根据连续时点数列计算序时平均数。在连续时点数列中有间隔相等和间隔不等两种情况：

①间隔相等的连续时点数列。数列中各项指标是逐日登记，又是逐日排列的，此时计算公式为

$$\bar{a}=\frac{\Sigma a_i}{n}=\frac{a_1+a_2+\cdots+a_n}{n}(i=1, 2, \cdots, n) \tag{7-2}$$

【例 7-2】某专业学生周一到周五出勤人数资料如表 7-4 所示。

表 7-4　某专业学生出勤资料

星期	一	二	三	四	五
人数/人	100	98	102	99	101

计算该专业学生平均每天出勤人数。

解：

$$\bar{a}=\frac{\Sigma a_i}{n}=\frac{100+98+102+99+101}{5}=100\text{（人）}$$

②间隔不等的连续时点数列。如果被研究现象不是逐日变动，而是在发生变化时进行登记的，就要根据整个研究时间内每次变动材料，用每次变动持续的时间间隔长度（f）为权数对各时点水平（a）进行加权平均。此时计算公式为

$$\bar{a}=\frac{\Sigma af}{\Sigma f}=\frac{a_1f_1+a_2f_2+\cdots+a_nf_n}{f_1+f_2+\cdots+f_n} \tag{7-3}$$

【例 7-3】某企业人事部门对本单位在册职工人数有以下记录：1 月 1 日在职职工 512 人，1 月 10 日离职 10 人，1 月 25 日新进 15 人，计算该企业 1 月份平均职工人数。

解：

表 7-5 反映 1 月份每次职工人数变动持续的天数，根据公式（7-3），可计算平均每天在册职工人数为

$$\bar{a}=\frac{\Sigma af}{\Sigma f}=\frac{512\times 9+502\times 15+512\times 7}{31}\approx 507\text{（人）}$$

表 7-5　某企业 1 月份在职工人数变动记录

日期	1～9	10～24	25～31
职工人数	512	502	517

（2）根据间断时点数列计算序时平均数。

①间隔相等的间断时点数列。若掌握的资料是间隔相等的间断时点数列，假定指标值在两个相邻时点之间的变动是均匀的，先计算各相邻两时点发展水平的平均数，然后再将这些平均数进行简单算术平均求得序时平均数，计算公式为

$$\bar{a}=\frac{\frac{a_1+a_2}{2}+\frac{a_2+a_3}{2}+\cdots+\frac{a_{n-1}+a_n}{2}}{n-1} \tag{7-4}$$

式（7-4）是直接将序列中的首末两项折半加上中间各项之和，除以项数减 1 进行计算的，因此，该方法也称首末折半法。

【例 7-4】某企业上半年人数如表 7-6 所示，计算该企业第一季度月平均人数。

表 7-6　某企业上半年人数

月份	1 月初	2 月初	3 月初	4 月初	5 月初	6 月初
人数	200	240	252	268	248	254

解：

下月初的人数可作为上月末的人数，根据公式（7-4）计算的

$$\bar{a}=\frac{\frac{200+240}{2}+\frac{240+252}{2}+\frac{252+268}{2}}{3}=242\text{（人）}$$

②间隔不等的间断时点数列。若掌握的资料是间隔不等的间断时点数列，则先计算各相邻时点的平均数，再以各间隔长度为权数，应用加权平均法计算序时平均数，其公式为

$$\bar{a}=\frac{\frac{a_1+a_2}{2}f_1+\frac{a_2+a_3}{2}f_2+\cdots+\frac{a_{n-1}+a_n}{2}f_{n-1}}{f_1+f_2+\cdots+f_{n-1}} \tag{7-5}$$

事实上，间隔相等的间断时点序列的序时平均数是间隔不等的间断时点序列的特例，即当公式（7-5）中各权数相等时，就是首末折半法的计算公式。

【例 7-5】某企业库存额如表 7-7 所示，计算该企业月平均库存额。

表 7-7 某企业库存额资料

月份	1 月初	3 月初	8 月初	12 月末
库存额/万元	125	200	350	280

解：

该企业月平均库存额为

$$\bar{a}=\frac{\frac{125+200}{2}\times 2+\frac{200+350}{2}\times 5+\frac{350+280}{2}\times 5}{2+5+5}=272.92\text{（万元）}$$

（二）根据相对数和平均数时间序列计算序时平均数——比值数列序时平均数额求法

相对数和平均数是根据两个有联系的绝对数对比求得的，用符号表示即 $c=\frac{a}{b}$。要计算相对数时间序列和平均数时间序列的序时平均数，不能直接根据该相对数时间序列或平均数时间序列各项观察值的简单平均数计算，而必须分别求出用来对比的分子数列和分母数列的序时平均数，然后再进行对比，则其计算公式为

$$\bar{c}=\frac{\bar{a}}{\bar{b}} \tag{7-6}$$

式中，$\bar{c}$ 表示相对数或平均数动态数列的序时平均数；$\bar{a}$ 表示分子数列的序时平均数；$\bar{b}$ 表示分母数列的序时平均数。

根据公式（7-6）计算相对数时间序列或平均数时间序列的序时平均数时，应当分清分子、分母的时间序列是时期数列还是时点数列，间隔是否相等，结合前面介绍的公式进行计算，一般可分为三种情况。

（1）两个相关的总量指标时间序列都是时期数列。

$$\bar{c}=\frac{\bar{a}}{\bar{b}}=\frac{\frac{\Sigma a}{n}}{\frac{\Sigma b}{n}}=\frac{\Sigma a}{\Sigma b} \tag{7-7}$$

【例 7-6】某企业第一季度各月生产情况如表 7-8 所示，计算该企业第一季度月平均计划完成程度。

表 7-8 某企业第一季度生产情况

月份	1 月	2 月	3 月
实际产量 a /件	200	230	312
计划产量 b /件	200	220	300

解：

$$产量计划完成程度=\frac{实际产量}{计划产量}$$

该企业第一季度月平均计划完成程度为

$$\bar{c}=\frac{\bar{a}}{\bar{b}}=\frac{(200+230+312)\div 3}{(200+220+300)\div 3}=103.056\%$$

（2）两个相关的总量指标时间序列都是时点数列。时点数列分连续时点数列和间断时点数列，同时考虑间隔期是否相等，所以分别计算分子、分母的序时平均数，再对比得出相对数时间序列或平均数时间序列的序时平均数。

（3）两个相关的总量指标时间序列，一个是时期数列，一个是时点数列。分别按时期数列和时点数列序时平均数的计算方法求得分子或分母的序时平均数，再对比得出相对数时间序列或平均数时间序列的序时平均数。

【例 7-7】某企业 2020 年第一季度总产值和职工人数如表 7-9 所示，计算该企业第一季度月平均劳动生产率。

表 7-9　某企业 2020 年第一季度总产值、职工人数情况

月份	1 月	2 月	3 月	4 月
总产值 a/万元	300	350	360	400
月初职工人数 b/人	200	220	230	250

解：

此题中总产值是时期数列，职工人数是时点数列，按月登记，属于间隔相等的间断时点数列。因此，第一季度月平均劳动生产率为

$$\bar{c}=\frac{\bar{a}}{\bar{b}}=\frac{\dfrac{300+350+360}{3}}{\dfrac{\dfrac{200+220}{2}+\dfrac{220+230}{2}+\dfrac{230+250}{2}}{3}}=1.4963\ （万元/人）$$

三、增长量与平均增长量

（一）增长量

增长量是表明某种现象在一段时间内增长的绝对量，它等于报告期水平减去基期水平，即

$$增长量=报告期水平-基期水平 \qquad (7\text{-}8)$$

增长量有正负之分，若为正，表明报告期比基期增加；若为负，说明报告期比基期减少，故又称为“增减量”指标。根据基期确定方法的不同，增长量可以分为逐期增长量和累计增长量。

1. 逐期增长量

逐期增长量是报告期水平与前一期水平之差，说明报告期较前期增长的绝对值。

$$逐期增长量=报告期水平-前一期水平=a_i - a_{i-1} \tag{7-9}$$

2. 累计增长量

累计增长量是报告期水平与固定基期水平（通常是时间序列最初水平）之差，说明报告期较某一固定基期增长的绝对值。

$$累计增长量=报告期水平-固定基期水平=a_i - a_0 \tag{7-10}$$

3. 逐期增长量与累计增长量的关系

（1）累计增长量等于各相应时期的逐期增长量之和，即

$$a_n - a_0 = (a_1 - a_0) + (a_2 - a_1) + \cdots + (a_n - a_{n-1})$$

（2）两个相邻累计增长量之差等于逐期增长量，即

$$(a_i - a_0) - (a_{i-1} - a_0) = a_i - a_{i-1}$$

4. 年距增长量

对于按月（季）编制的时间序列，为了消除季节变动的影响，还可以计算年距增长量，它等于本期发展水平比上年同期发展水平增加（减少）的数量，即

$$年距增长量=报告期水平-上年同期水平 \tag{7-11}$$

（二）平均增长量

平均增长量是时间序列中各逐期增长量的序时平均数，用来说明某种现象在一定时期内平均每期增加（减少）的数量。其计算公式为

$$平均增长量=\frac{逐期增长量之和}{逐期增长量项数}=\frac{累计增长量}{时间序列项数-1} \tag{7-12}$$

【例 7-8】某企业 2014—2018 年总产值和增长量如表 7-10 所示，试计算平均增长量。

表 7-10　某企业总产值增长量计算表

年份		2014	2015	2016	2017	2018
总产值/百万元		40	42	45	51	60
增长量	逐期	—	2	3	6	9
	累计	—	2	5	11	20

解：平均增长量 $=\frac{60-40}{4}=\frac{20}{4}=5$。

第三节　时间序列的速度分析

水平指标反映社会经济现象在不同时间上的绝对变动或平均绝对变动；速度指标反映的是某种社会经济现象在不同时间上的相对变动或平均相对变动。速度指标主要有发展速度、增长速度、平均发展速度和平均增长速度四种。

一、发展速度

发展速度是反映社会经济现象发展程度的相对指标，它是现象报告期水平与基期水平之比，用来表示某一事物在这段对比时期内发展变化的方向和程度，用以分析研究事物发展变化规律。

$$发展速度=\frac{报告期水平}{基期水平} \tag{7-13}$$

发展速度通常用百分数表示，当比值较大时，也可用倍数和翻番数表示，它说明现象报告期水平为基期水平的百分之几或若干倍。当它大于 100%（或 1）时，表明现象的发展水平是提高的；小于 100%（或 1）时，表明现象的发展水平是下降的。

由于采用的基期不同，发展速度可分为环比发展速度和定基发展速度。

（一）环比发展速度

环比发展速度是报告期水平与前一期水平之比，说明某种社会经济现象逐期的发展程度。它表明报告期水平为前一期水平的百分之几或若干倍，用公式表示为

$$环比发展速度=\frac{报告期水平}{前一期水平}=\frac{a_i}{a_{i-1}}(i=1,2\cdots,n) \tag{7-14}$$

（二）定基发展速度

定基发展速度是报告期水平与某一固定基期水平（通常是最初水平）之比，说明现象在一个较长时期内发展的总速度。它表明报告期水平为固定基期水平的百分之几或若干倍，用公式表示为

$$定基发展速度=\frac{报告期水平}{固定基期水平}=\frac{a_i}{a_0}(i=1,2,\cdots,n) \tag{7-15}$$

（三）环比发展速度与定基发展速度的关系

（1）各个时期环比发展速度的连乘积等于最末期的定期发展速度，即

$$\frac{a_1}{a_0}\times\frac{a_2}{a_1}\times\cdots\times\frac{a_n}{a_{n-1}}=\frac{a_n}{a_0} \tag{7-16}$$

（2）相邻两个定基发展速度的比值等于相应时期的环比发展速度，即

$$\frac{a_i}{a_0}\div\frac{a_{i-1}}{a_0}=\frac{a_i}{a_{i-1}} \tag{7-17}$$

（四）年距发展速度

年距发展速度是报告期发展水平与上年同期发展水平之比，用公式表示为

$$\text{年距发展速度} = \frac{\text{报告期发展水平}}{\text{上年同期发展水平}} \qquad (7\text{-}18)$$

计算年距发展速度的目的是用来消除季节变动的影响，表明本期比上年同期的相对发展程度。

二、增长速度

增长速度是某种现象报告期的增长量与基期之比，表明该现象增长程度的相对指标。其一般公式是

$$\text{增长速度} = \frac{\text{报告期增长量}}{\text{基期水平}} = \frac{\text{报告期水平} - \text{基期水平}}{\text{基期水平}} = \text{发展速度} - 1 \qquad (7\text{-}19)$$

发展速度与增长速度是一个问题的两种说明。第一，发展速度用于说明报告期发展水平是基期水平的百分之几，包含基期水平；而增长速度说明报告期水平比基期水平增长的程度，扣除了基期水平。第二，发展速度是通过报告期水平与基期水平对比计算的；增长速度是通过报告期水平减去基期水平后与基期水平对比计算的。第三，发展速度没有正负之分，只有大于 1 或小于 1 之分，而增长速度则有正负之分：发展速度大于 1，则增长速度为正，表示现象的发展水平是递增的；发展速度小于 1 时，增长速度为负值，表示负增长。

由于采用基期的不同，增长速度也分定基增长速度和环比发展速度。

（一）定基增长速度

定基增长速度是累计增长量与某一固定基期水平之比，表明现象在一段时期内总的增长程度，其计算公式为

$$\text{定基增长速度} = \frac{\text{报告期水平} - \text{固定基期水平}}{\text{固定基期水平}} = \text{定期发展速度} - 1 \qquad (7\text{-}20)$$

（二）环比增长速度

环比增长速度是逐期增长量与前一期水平之比，表明某种现象逐期的增长速度，其计算公式为

$$\text{环比增长速度} = \frac{\text{报告期水平} - \text{前一期水平}}{\text{前一期水平}} = \text{环比发展速度} - 1 \qquad (7\text{-}21)$$

注意：环比增长速度与定基增长速度无直接的数量关系。如果由一个环比增长速度数列求其定基增长速度数列，需先将各期环比增长速度换算成各期环比发展速度，再将它们连乘，得到各期定基发展速度，最后，将各期定基发展速度减 1（100%），即得到各期的定基增长速度。

（三）年距增长速度

年距增长速度表明本期比上年同期增长（下降）了百分之几或若干倍，用公式表示为

$$年距增长速度=\frac{报告期水平-上年同期水平}{上年同期水平}=年距发展速度-1 \qquad (7\text{-}22)$$

（四）增长1%的绝对值

发展水平和增长量是绝对数，说明现象发展所达到的和所增长的绝对数量；发展速度和增长速度是相对数，说明现象发展和增长的程度。它们都与基期水平有关，当比较不同总体的同类现象的增长程度时，如果各自的基期水平相差较大，仅用相对增长速度无法全面认识现象的增长情况，因为低水平基础上的增长速度与高水平基础上的增长速度实际上是不可比的。因此，在动态分析时，不仅要看各期增长的百分数，还要看每增长1%所包含的绝对值。统计上把增长速度和增长量结合起来的指标，称作增长1%的绝对值，其计算公式为

$$增长1\%的绝对值=\frac{逐期增长量}{环比增长速度\times100}=\frac{前一期水平}{100} \qquad (7\text{-}23)$$

【例 7-9】甲、乙两厂的销售收入如表7-11所示，试比较甲、乙两厂销售收入的增长幅度。

表 7-11 甲乙两厂的销售收入

企业	基期水平/万元	报告期水平/万元	增长量/万元	增长速度	增长1%的绝对值
甲厂	500	550	50	10%	5
乙厂	100	125	25	25%	1

解：

此题中甲、乙两厂的基期发展水平相差较大，为了能更好认识两厂经营情况，就需要把速度指标与增长量结合起来考虑，即运用增长1%绝对指标计算，根据计算结果，甲厂每增长1%的销售收入为5万元，乙企业每增长1%的销售收入为1万元，这说明甲企业经营收入比乙企业更好。

三、平均发展速度与平均增长速度

平均发展速度和平均增长速度统称为平均速度。平均速度是各个时期环比速度的平均数，说明社会经济现象在较长期内速度变化的平均程度。平均发展速度是各环比发展速度的平均数，说明现象在一段较长时间内逐期变化发展的平均程度。平均增长速度则说明现象逐期增长的平均程度。平均增长速度与平均发展速度有密切联系，两者仅相差一个基数，即

$$平均增长速度=平均发展速度-1（或100\%） \tag{7-24}$$

平均速度指标的计算前要进行平均发展速度的计算，根据研究目的不同，计算平均发展速度的方法可以分为水平法和累计法两种。

（一）几何平均法（水平法）

平均发展速度虽然是环比发展速度的序时平均数，但不能用算术平均法来计算，也不能用各个时期的环比发展速度直接相加求其平均数。这是因为它们的基数不同，时间序列的总速度即最末一期的定基发展速度并不等于各期环比发展速度之和，而等于它们的连乘积。因此，各期环比发展速度的序时平均数不能按算术平均数计算，只能在速度连乘积基础上按几何平均法去计算，即计算公式为

$$\bar{x}=\sqrt[n]{x_1x_2\cdots x_n}=\sqrt[n]{\prod_{i}^{n}x_i} \tag{7-25}$$

式中，x_1、x_2、…、x_n代表各期环比发展速度；$\bar{x}$代表平均发展速度；n代表环比发展速度的个数。

由于时间序列中定基发展速度等于各期环比发展速度连乘积，所以，计算平均发展速度的公式又可表示为

$$\bar{x}=\sqrt[n]{\frac{a_1}{a_0}\cdot\frac{a_2}{a_1}\cdots\frac{a_n}{a_{n-1}}}=\sqrt[n]{\frac{a_n}{a_0}}=\sqrt[n]{R} \tag{7-26}$$

式中，a_0代表最初水平，a_n代表最末水平，R代表总速度。

【例 7-10】根据第五次、第六次人口普查资料，我国大陆人口 2000 年第五次普查时为 126583 万人，2010 年第六次普查时为 137054 万人，试求两次人口普查之间我国人口年平均增长速度。

解：由题已知$a_0=126583$，$a_n=137054$，$n=10$

$$\bar{x}=\sqrt[n]{\frac{a_n}{a_0}}=\sqrt[10]{\frac{137054}{125583}}=100.7979\%$$

$$年平均增长速度=100.7979\%-1=0.7979\%$$

（二）累计法（方程法）

累计法是以时间序列的最初水平a_0为基期水平，用平均发展速度$\bar{x}$代替各期环比发展速度推算的各期理论水平应该等于各期的实际水平，即

$$
\begin{aligned}
&第1期 && a_1=a_0\bar{x}\\
&第2期 && a_2=a_0\bar{x}\cdot\bar{x}=a_0(\bar{x})^2\\
&第3期 && a_3=a_0\bar{x}\cdot\bar{x}\cdot\bar{x}=a_0(\bar{x})^3\\
&\ \ \vdots && \ \ \vdots\\
&第n期 && a_n=a_0(\bar{x})^{n-1}\cdot\bar{x}=a_0(\bar{x})^n
\end{aligned}
$$

相应地，各期理论水平之和应等于各期实际水平之和，即

$$a_0\bar{x}+a_0\bar{x}^2+a_0\bar{x}^3+\cdots+a_0\bar{x}^n=\sum_{i=1}^{n}a_i$$

$$(\bar{x})+(\bar{x})^2+(\bar{x})^3+\cdots+(\bar{x})^n=\frac{\sum_{i=1}^{n}a_i}{a_0} \tag{7-27}$$

解此方程所得的正根就是要计算的平均发展速度，通常借助于事先编制的《累计法平均增长速度检查对表》解决，在计算使用普及后，高次方程可利用事先编制好的程序来求解，很容易实现。

【例 7-11】某地区“十二五”期间固定资产投资额资料如表 7-12 所示，用累计法计算各年平均发展速度。

表 7-12　某地区“十二五”期间固定资产投资额

年份/年	2011	2012	2013	2014	2015
固定资产投资额/万元	1176	1343	1574	1551	1702

解：

$$\frac{\Sigma a}{a_0}=\frac{1176+1343+1574+1554+1702}{1074}=6.8426$$

查表，684.26%介于 683.33%和 685.28%之间，对应的平均增长速度是 10.6%和 10.7%，用插补的方法计算，该地区“十二五”期间固定资产投资额平均增长速度为

$$10.6\%+\frac{684.26\%-683.33\%}{685.28\%-683.33\%}\times(10.7\%-10.6\%)=10.65\%$$

（三）几何平均法与累计法的选择运用原则

用几何平均法和累计法计算平均发展速度的方法具有不同特点及应用条件，应根据以下原则确定：

（1）要根据统计研究目的侧重考察什么来定。当目的在于考察最末一年发展水平而不考虑各期水平的总和时，可采用几何平均法；当目的在于考察全时期发展水平总和时，采用累计法。

（2）要注意客观现象的特点。当现象随着时间的推移比较稳定地逐步上升或逐步下降时，一般采用几何平均法，如工业总产值等；当现象的发展不是有规律地逐年上升或下降，而是表现为升降交替时，一般采用累计法，如基本建设投资额等。

（3）要考虑资料是否完整和计算工具是否齐备。用累计法需要计算各期发展水平之和，其中不能缺少某一年的资料，而且计算方法比较复杂，一般要借助于《累计法平均增长速度查对表》。如果资料不完整，计算工具不齐备，即使是适用累计法的情形，也只能用几何平均法来计算。

第四节　时间序列的影响因素分析

一、时间序列的构成与分解

（一）时间序列的构成

现象的发展变化受许多因素的影响，各因素共同作用的结果形成了该现象时间序列各期的指标值。在诸多影响因素中，有的对现象的发展变化起着长期的决定性作用，使得相应的时间序列呈现出某种趋势和一定的规律性；有的则起着短期的或偶然的非决定性作用，使得时间序列的规律性不明显甚至呈现出某种不规则性。由于社会经济现象是错综复杂的，通常难以确定影响时间序列变动的具体因素，因此在统计分析中，一般按作用特点和影响效果将影响时间序列变动的因素归为四大类，相应的时间序列的变动可以看作四类因素所导致的变动叠加在一起的结果，即长期趋势（T）、季节变动（S）、循环变动（C）和不规则变动（I）。

1. 长期趋势（T）

长期趋势是时间序列的主要构成要素，它是指现象在较长时期内持续发展变化的总趋势，如持续上升、下降或基本持平。长期趋势变动是现象受到各个时期普遍的、持续的、决定性的基本因素影响的结果。例如，中国改革开放以来经济持续增长，表现为国内生产总值逐年增长的态势。

2. 季节变动（S）

本来意义上的季节变动是指受自然因素的影响，在一年中随季节的更替而发生的有规律的变动。现在对季节变动的概念有了扩展，对一年内或更短的时间内由于社会、政治、经济、自然因素影响，形成的以一定时期为周期的有规则的重复变动，都称为季节变动。例如，农业产品的生产、某些商品的销售量变动都呈现出季节性的周期变动。

3. 循环变动（C）

循环变动指某种现象在比较长的时期内呈现出的有一定规律性的周期性波动。循环变动与长期趋势不同，它不是单一方向的持续变动，而是有涨有落的交替波动。循环变动与季节变动也不同，循环变动的周期长短很不一致，没有规律，而且通常周期较长，不像季节变动有明显的变动周期（小于一年）。循环变动的规律性不甚明显，通常较难识别。

4. 不规则变动（I）

不规则变动（又称随机变动）指现象受众多偶然因素影响而呈现的无规则的变动，包括由突发的自然灾害、意外事故或重大政治事件所引起的剧烈变动，也包括大量无可名状的随机因素干扰造成的起伏波动，是时间序列长期趋势、季节变动和循环变动后余下的变动。

（二）时间序列的分解

时间序列分解的主要任务就是将各种变动对时间序列指标值的影响状况分别测定出来，以研究现象发展变化的原因及其规律性。时间序列各影响因素之间的关系用一定的数学关系表示，就构成了时间序列的分解模型。

在进行时间序列分析时，通常以长期趋势值 T 为绝对量基础，再根据各类变动对时间序列的影响是否独立，主要有加法模型和乘法模型。

1. 加法模型：$Y=T+S+C+I$

该模型假定四类变动是相互独立的，对时间序列的影响程度以绝对数表示，时间序列各期的指标值是各类变动对时间序列影响的绝对量之和。

2. 乘法模型：$Y=T\times S\times C\times I$

该模型假定四类变动是存在交互作用的，是以长期趋势值 T 作为各期指标值的绝对量基础，其他各类变动对时间序列各期指标值的影响程度是以相对数的形式表现出来的。时间序列各期指标值是长期趋势值 T 与其他变动的影响比率的乘积。

二、长期趋势分析

通过长期趋势分析，可以反映现象发展变化的趋势，掌握现象变化的规律，从而对其未来发展趋势做出预测，同时也更好地分析其他影响因素的变动规律性。进行长期趋势分析的主要任务就是测定时间序列的趋势值 T，常用的方法有移动平均法和最小平方法。

（一）移动平均法

移动平均法是指在时间序列中按一定的间隔长度逐期变动，并分别计算出各间隔期内各期指标的平均数，以此作为各时间间隔中间项的趋势测定值，通常称作各期的中心化移动平均数。

设观测的时间序列为 $y_1,y_2,\cdots,y_n$，则 $k(1<k<n)$ 期的一次移动平均的计算公式为

$$M_t^{(1)}=\frac{1}{k}(y_t+y_{t-1}+\cdots y_{t-k+1})(t=1,2,\cdots,n) \tag{7-28}$$

式中，$M_t^{(1)}$ 为第 t 期的中心化移动平均数。

【例 7-12】根据表 7-13 中某企业各月机器销售台数，分别进行项数为 3 和 4 的移动平均。

表 7-13 某企业各月机器销售台数及其移动平均数

月份	销售量	3 项移动平均数	4 项移动平均数	4 项移正平均
1 月	41	—	—	—
2 月	42	45	—	—
3 月	52	45.7	44.5	45
4 月	43	46.7	45.5	46.7
5 月	45	46.3	47.8	47.9
6 月	51	49.7	48	47.7

续表

月份	销售量	3 项移动平均数	4 项移动平均数	4 项移正平均
7 月	53	48	47.3	48.1
8 月	40	48	48.8	48.6
9 月	51	46.7	48.3	48.7
10 月	49	52	49	50.8
11 月	56	53	52.5	—
12 月	54	—	—	—

解：（1）3 项移动平均。第一个平均数$=\frac{1}{3}\times(41+42+52)=45$，对应第二项的原值，以此类推。

（2）4 项移动平均法。第一个平均数$=\frac{1}{4}\times(41+42+52+43)=44.5$，对应第二项和第三项中间的原值，以此类推。由于每个指标值和原时间数列错过半期，无法直接进行比较，还必须进行一次移正平均，即再进行一次两两正位平均数。如 4 项移正第一个平均数为（44.5+45.5）/2=45，作为第二项的原值，以此类推。

应用移动平均法分析长期趋势时，应注意下列几个问题:

（1）用移动平均法对原时间序列修匀，修匀程度的大小与平均的项数多少有关。k 取值越大，则修匀作用越强。

（2）移动平均法移动项数应根据时间序列的特点来定。原时间数列如果有较明显的周期性波动，则移动平均的项数要以周期的长度为准，这样所得的移动平均数既能消除随机变动的影响，又能消除周期性变动的影响。

（3）移动平均项数 k 为奇数，只需一次移动就可以得出对正原数列的各时期的趋势值。移动平均数 k 为偶数，需进行两次移动，即在第一次移动后形成的移动平均数的基础上，再对相邻的两个移动平均数依次移动进行简单相加被 2 除，作为第二次移动平均，才能得出对正原时间数列各时期的趋势值，即移正平均。

（4）移动平均后形成的派生数列的项数要比原时间数列的项数少。按奇数项移动时，新数列首尾各减少$\frac{k-1}{2}$项数值；按偶数项移动时，首尾各减少$\frac{k}{2}$。移动平均法使数列首尾各丢失部分信息量，而且移动平均时间越长，丢失项数越多。因此，移动平均时间不宜过长。

（二）最小平方法

最小平方法也称最小二乘法，是分析长期趋势最常用的方法，是通过一定的数学模型，剔除影响现象变动的偶然因素，从而呈现出现象自身的发展规律。最小平方法是使原时间数列的观察值与所配合趋势线的趋势值的离差的平方和为最小，即

$$\sum(y-y_c)^2=\text{最小值} \tag{7-29}$$

式中，y、y_c 分别为观察值和趋势值。

最小平方法既适合直线趋势模型，又适用非直线趋势模型，需要结合时间数列本身特点来决定。这里主要介绍直线趋势模型。

直线趋势方程拟合法是利用直线回归的方法对原时间序列拟合线性方程，消除其他成分变动，从而揭示出数列长期直线趋势的方法。当现象的逐期增长量大致相等，或用散点图观察现象的变动近似一条直线时，就可以考虑拟合直线趋势方程，一般形式为

$$y_c=a+bt \tag{7-30}$$

式中，y_c 代表趋势值；t 是自变量，代表时间数列的时期次序；a、b 是待定参数。

根据各实际观察值与趋势值的离差平方和为最小，$\sum(y-y_c)^2$ =最小值，求解方程可得

$$\begin{cases} b=\dfrac{n\sum ty-\sum t\sum y}{n\sum t^2-(\sum t)^2} \\ a=\dfrac{\sum y}{n}-b\dfrac{\sum t}{n} \end{cases} \tag{7-31}$$

为计算简便，在编时间序号时，可设法令 $\sum t=0$。若时间数列为奇数项时，可令中间一项的时间序列号为原点，即 t 为零，原点以前的时间序号为负，依次为−1，−2，−3，…，这样可使 $\sum t=0$，则计算 a,b 的公式可简化为

$$\begin{cases} b=\dfrac{\sum ty}{\sum t^2} \\ a=\dfrac{\sum y}{n} \end{cases} \tag{7-32}$$

【例 7-13】某企业 2014—2020 年的产品销售量资料如表 7-14 所示，试分析表中所列资料反映的趋势特征，拟配合适当的趋势模型，并预测 2021 年该企业的产品销售量。

表 7-14 某企业 2014—2020 年产品销售量

年份/年	2014	2015	2016	2017	2018	2019	2020
年序号 t	−3	−2	−1	0	1	2	3
销售量 y/万件	12.4	13.8	15.7	17.6	19.0	20.8	22.7

解：

根据销售量可以看出，销售量的逐期增长量在 1.4 万～1.9 万件之间波动，可建立直线趋势方程，根据公式（7-32）可得

$$a=\frac{\sum y}{n}=17.43，\quad b=\frac{\sum ty}{\sum t^2}=1.72$$

直线趋势方程为

$$y_c=a+bt=17.43+1.72t$$

2021 年该企业产品销售量为

$$y_{c2021}=17.43+1.72\times 4=24.31\ （万件）$$

三、季节变动分析

季节变动往往会给社会生产和人们的经济生活带来一定的影响。研究季节变动，就是为了认识这些变动的规律性，以便更好地安排、组织社会生产与生活。

测定季节变动的方法有很多，从是否考虑受长期趋势的影响来看，有两种方法：一是不考虑长期趋势的影响，直接根据原始的动态数列来计算，常用的方法是按月平均法；二是根据剔除长期趋势影响后的数列资料来计算，常用的方法是移动平均趋势剔除法。不管使用哪种方法来计算季节变动，都须用 3 年或更多年份的资料（至少 3 年）作为基本数据进行计算分析，这样才能较好地消除偶然因素的影响，使季节变动的规律性更切合实际。

（一）按月平均法

按月平均法，是指时间序列不含长期趋势，即不受长期趋势因素的影响，而仅受季节变动因素的影响，从而对呈现的周期性季节变动规律进行预测的方法。步骤如下：

第一步，分别计算各年同月（季）的平均数。

第二步，计算各年所有月（季）的总平均数。

第三步，将各年同月（季）的平均数与各年所有月（季）的总平均数相比，即求得用百分数表示的各月（季）的季节比率，又称季节指数。其计算公式为

$$季节指数=\frac{各年同月（季）平均数}{各年所有月（季）总平均数} \tag{7-33}$$

如果某月（季）的季节指数大于 100%，则该月（季）为旺季；如果小于 100%，则为淡季；如果等于 100%，则月（季）不受季节变动的影响。

【例 7-14】某超市 2017—2020 年各月份某产品的销售额资料如表 7-15 所示，试进行季节变动分析。

表 7-15 某超市2017—2020年各月份某产品的销售额资料 单位：万元

月份	年份				四年合计 $\sum$	同月平均 $\sum/4$	季节指数（%）
	2017 年	2018 年	2019 年	2020 年			
1 月	33	43	48	50	174	43.50	58.0325
2 月	35	50	52	58	195	48.75	65.0364
3 月	45	55	60	64	224	56.00	74.7085
4 月	40	60	65	71	236	59.00	78.7107
5 月	45	65	72	78	260	65.00	86.7152
6 月	55	68	78	82	283	70.75	94.3862
7 月	100	115	120	130	465	116.25	155.0868
8 月	120	135	140	190	585	146.25	195.1093
9 月	115	120	130	132	497	124.25	165.7595
10 月	60	70	80	88	298	74.50	99.3890
11 月	40	50	62	71	223	55.75	74.3750
12 月	30	35	45	48	158	39.50	52.6962
合计	718	866	952	1062	3598	74.958	1200

解：

第一步，计算各年同月的平均数，如表 7-14 所示的第六列。

第二步，计算各年所有月的总平均数为 3598/（4×12）=74.958（万元）。

第三步，将各年同月的平均数除以各年所有月的总平均数，即得各月的季节指数。如一月份的季节指数=43.50/74.98×100=58.0325%，其他各月以此类推。

（二）移动平均趋势剔除法

如果 3 年或更多年份的资料表明，现象不仅有明显的季节变动，而且有逐年显著增加或显著减少的趋势，则需用趋势剔除法测定现象的季节变动。移动平均趋势剔除法是先利用移动平均法来消除原时间序列中的长期趋势的影响，然后用来测定它的季节变动，其计算步骤如下：

第一步，先根据各年的季度（或月度）资料（Y）计算 4 个季度（或 12 个月）的移动平均数，然后为了“正位”，再计算相邻两个移动平均数的平均数，便得到长期趋势值和循环变动值（TC）。

第二步，从原数列中剔除趋势值、循环变动值，得出仅包含季节变动和不规则变动的时间序列资料，即 $Y/(\mathrm{TC}) = S_i$。

第三步，将第二步计算的结果重新按月（季）排列，求得同月（同季）平均数，再将其除以总平均数，即得季节指数 S_i。

第四步，对季节指数的调整。加总各月（或季）的季节指数总和应为 1200%（或 400%）。如果不等，则需计算调整系数，并用调整系数对各月（或季）的季节指数进行调整。

$$调整系数=\frac{1200\%（或400\%）}{各月（或季）季节指数之和}$$

$$调整后的季节指数=各月（季）实际季节指数\times调整系数$$

【例 7-15】某地区 2018—2020 年各季度某型号产品销售量情况如表 7-16 所示，用移动平均趋势剔除法测定其季节比率。

表 7-16　某地区 2018—2020 年各季度某型号产品销售量情况

年份	季度	销售量	4 项移动平均法	移正平均 TC	剔除趋势值、循环值 Y/(TC)%
2018	1	1.5	—	—	
2018	2	4.2	—	—	
2018	3	9.3	4.050	4.0875	227.5229
2018	4	1.2	4.125	4.4000	27.2727
2019	1	1.8	4.675	4.8375	27.2093
2019	2	6.4	5.000	5.0500	126.7327
2019	3	10.6	5.100	5.1250	206.8293
2019	4	1.6	5.150	5.2500	30.4762
2020	1	2.0	5.350	5.5875	35.7942
2020	2	7.2	5.825	5.8375	123.3405
2020	3	12.5	5.850	—	
2020	4	1.7	—	—	

解：

第一，计算 4 个季度移动平均数，由于是偶数项移动的，故再求两项移动平均数，得到长期趋势值和循环变动值，如表 7-15 中的第五列移正平均。

第二步，用 $Y/(\mathrm{TC})$ 剔除趋势值和循环变动值，如表 7-16 中的第六列。

第三步，求季节指数，将剔除趋势值和循环变动值后的数据重新排列，形成表 7-17 的基本数据，再求季节指数。

第四步，对季节指数调整，调整系数=400%/402.765%=0.993134955，然后根据该调整系数修正季节指数。

表 7-17 季节指数计算表

年份＼季度	1	2	3	4	合计
2018	—	—	227.5229	27.2727	
2019	27.2093	126.7327	206.8293	30.4762	
2020	35.7942	123.3405	—	—	
合计	63.0035	250.0732	434.3522	57.7489	
同季平均	31.5018	125.0366	217.3522	28.8744	402.765
调整系数	0.993134955	0.993134955	0.993134955	0.993134955	
季节指数（%）	31.2855	124.1782	215.8601	28.6762	400.00

四、循环变动分析

循环变动又称周期变动，成因较为复杂。循环变动与长期趋势不同，它不是单一方向的持续变动，而是有涨有落的交替波动。循环变动与季节变动也不同，循环变动的周期长短很不一致，没有规律，而且通常周期较长，不像季节变动有明显的变动周期（小于一年）。同一经济现象在各个时期的循环变动具有其自身的特点，因而要掌握循环波动的规律性，探究波动形成的深层原因和现象的本质，除了统计方法，还要借助于经济分析。

通常用于测定循环变动的方法有：从影响时间数列变动的各因素中，逐步剔除季节变动、长期趋势的影响，再利用移动平均法消除不规则变动，剩余部分基本表现为循环变动，因此这种方法被称为“剩余法”，具体计算步骤如下：

第一，根据时间序列资料计算季节指数 S，并用原始数列除以 S，求得消除季节指数以后的资料，即 $T \times C \times I$。

第二，计算长期趋势值，并以无季节变动资料除以 T，得到剔除长期趋势资料 $C \times I$。

第三，对上述结果进行移动平均处理，消除不规则变动，剩余结果为循环变动数 C。

五、不规则变动分析

不规则变动即由随机偶然因素引起的变动，是趋势变动、季节变动和循环波动不能解释的部分。分析测定不规则变动，可以正确评价经济现象发展过程中人们的主观努力和客观环境条件不同的影响，以便进一步分析深层次的原因，更科学地组织未来的生产经营活动。

在乘法模型中，不规则变动同样可以用剩余法来测定，即利用已经计算得到的仅包含循环波动 C 和不规则变动 I 的数据资料（$C \times I$），除以循环波动指数 C，即可得到不规则变动指数 I。

知识点回顾

（1）把反映某种社会经济现象的同一指标在不同时间上的指标数值，按照时间先后顺序排列而形成的数列，称为时间数列。它由两个基本要素构成：一个是现象所属的时间，另一个是反映客观现象的统计指标数值。

（2）时间序列按其排列的指标不同，可以分为绝对数时间序列、相对数时间序列和平均数时间序列三种。绝对数时间序列根据反映现象的时间状况不同，又可以分为时期指标时间序列和时点指标时间序列。

（3）常用的时间序列水平指标有发展水平、平均发展水平、增长量、平均增长量等。发展水平是时间序列中与其所属时间相对应的反映某种现象发展变化所达到的规模、程度和水平的指标数值。将一个时间序列各期发展水平加以平均而得到的平均数称为平均发展水平，又称序时平均数。根据序时平均数种类的不同，序时平均数的计算方法也不尽相同，绝对数时间序列的序时平均数的计算是最基本的。相对数或平均数时间序列的序时平均数由分子、分母的序时平均数对比求得。

（4）时间序列的速度指标有发展速度、增长速度、平均发展速度、平均增长速度。根据采用的基期的不同，发展速度可以分为环比发展速度和定基发展速度，同一时间序列各期环比发展速度的连乘积等于其相应时期的定基发展速度；两个相邻定基发展速度之比等于相应时期的环比发展速度。增长速度等于发展速度减 1。平均发展速度是一定时期内各期环比发展速度的序时平均数，常用的方法有几何平均法和累计法。平均增长速度等于平均发展速度减 1。

（5）时间序列的变动可以看作四类因素所导致的变动叠加在一起的结果，即长期趋势 T 、季节变动 S 、循环变动 C 和不规则变动 I 。一般根据乘法模型 $Y = T \times S \times C \times I$ 对各变动成分进行测定。

（6）进行长期趋势分析的主要任务是测定时间序列的趋势值 T ，常用方法有移动平均法和最小平方法。

（7）测定季节变动的主要方法是计算季节指数。季节指数越大，说明“季节越旺”；季节指数越小，说明“季节越淡”；计算季节指数的方法有按月平均法和移动平均趋势剔除法。

（8）循环变动的测定可以借鉴季节变动的测定方法，从时间序列中剔除趋势变动、季节变动，得到 CI ，再对此结果消除不规则变动，从而得到反映循环变动影响程度的循环指数 C 。不规则变动的测定依次剔除长期趋势、季节变动、循环变动的影响，得到不规则变动指数 I 。

课后习题

一、单项选择题

1. 时间序列的构成要素是（　　）。

A. 变量和次数　　B. 时间和指标数值

C. 时间和次数　　D. 主词和宾词

2. 具有可加性的时间数列是（　　）。

A. 时点数列　　B. 时期数列

C. 相对数时间序列　　D. 平均数时间序列

3. 下列动态分析指标中不取负值的是（　　）。

A. 增长量　　B. 增长速度

C. 发展速度　　D. 平均增长速度

4. 时间序列中的平均发展速度是（　　）。

A. 各时期定基发展速度的算术平均数

B. 各时期环比发展速度的调和平均数

C. 各时期定基发展速度的序时平均数

D. 各时期环比发展速度的几何平均数

5. 某车间月初工人人数资料如表 7-18 所示。

表 7-18　某车间月初工人人数资料

月份	1	2	3	4	5	6	7
月初人数/人	280	284	280	300	302	304	320

则该车间上半年的平均人数约为（　　）。

A. 296 人　　B. 292 人

C. 295 人　　D. 300 人

6. 某企业的研发投入，2020 年比 2015 年增长了 65.7%，则该企业 2015—2020 年研发投入的平均发展速度为（　　）。

A. $\sqrt[5]{65.7\%}$　　B. $\sqrt[5]{165.7\%}$

C. $\sqrt[6]{65.7\%}$　　D. $\sqrt[6]{165.7\%}$

7. 根据各年的季度资料计算的季节指数之和等于（　　）。

A. 1　　B. 1.2

C. 4　　D. 12

8. 在长期趋势分析中，如果被研究现象的各年逐期增长量大致相同，该现象可拟合（　　）。

A. 直线　　B. 二次曲线
C. 指数曲线　　D. 双曲线

9. 定基增长速度与环比增长速度的关系为（　　）。

A. 定基增长速度等于相应的各个环比增长速度的算术和
B. 定基增长速度等于相应的各个环比增长速度的连乘积
C. 定基增长速度等于相应的各个环比增长速度加 1 后的连乘积再减 1
D. 定基增长速度等于相应的各个环比增长速度连乘积加 1（或 100%）

10. 某农贸市场土豆价格 2 月份比 1 月份上升 5%，3 月份比 2 月份下降 2%，则 3 月份土豆价格与 1 月份相比（　　）。

A. 提高 2.9%　　B. 提高 3%
C. 下降 3%　　D. 下降 2%

二、多项选择题

1. 对于时间序列，下列说法中正确的有（　　）。

A. 序列是按照数值大小顺序排列的　　B. 序列是按时间顺序排列的
C. 序列中的数值都有可加性　　D. 序列是进行动态分析的基础
E. 编制时应注意数值间的可比性

2. 时点序列的特点有（　　）。

A. 数值大小与间隔长短有关　　B. 数值大小与间隔长短无关
C. 数值相加有实际意义　　D. 数值相加没有实际意义
E. 数值是连续登记得到的

3. 下列各指标构成的时间数列中属于时期数列的是（　　）。

A. 职工人数　　B. 商品库存量
C. 商品销售额　　D. 工资总额
E. 出生人口数

4. 影响时间序列发展水平变化的因素主要有（　　）。

A. 长期趋势　　B. 循环变动
C. 季节变动　　D. 季节比率
E. 不规则变动

5. 增长 1%的绝对值（　　）。

A. 等于前期水平除以 100
B. 等于逐期增长量除以环比增长速度的百分点
C. 等于逐期增长量除以环比发展速度
D. 等于增加 1%所增加的绝对量
E. 等于增加 1%所增加的相对量

三、计算题

1. 某公司 2020 年 10 月初有职工 500 人，10 月 5 日新招聘 18 名大学生，15 日有 5 名老职工退休离岗，20 日有 3 名青年工人应征入伍，同日又有 2 名职工辞职离岗，31 日招聘 10 名人员上岗。试计算该公司 10 月份的平均在岗人数。

2. 某企业 2020 年第一季度有关资料如表 7-19 所示。

表 7-19 某企业 2020 年第一季度有关资料

月份	1	2	3	4
月初职工人数/人	250	260	280	270
月总产值/万元	28	26	29	30

计算该企业第一季度月平均劳动生产率。

3. 某企业 2016—2020 年产值资料如下，根据时间序列指标之间的关系，填写表 7-20 中空格的数值。

表 7-20 某企业 2016—2020 年产值资料

年份		2016	2017	2018	2019	2020
产值/万元				20		
逐期增长量		—				
发展速度	环比	—	1.5			
	定期	—		2		
增长速度	环比	—			0.25	
	定期	—				2

4. 某公司 2015—2020 年的产品销售数据如表 7-21 所示。

表 7-21 某公司 2015—2020 年的产品销售数据 单位：万元

年份/年	2015	2016	2017	2018	2019	2020
销售额	80	83	87	89	95	101

要求：

（1）应用 3 年移动平均法和 5 年移动平均法计算趋势值。

（2）应用最小平方法配合趋势直线，并计算 2021 年的趋势值。

第八章　对比分析与指数分析

学习目标

（1）了解对比分析的概念，掌握六种对比指标的概念、计算及运用。

（2）正确理解统计指数的含义、作用和类型。

（3）重点掌握综合指数和平均指数的编制方法。

（4）能运用指数体系进行因素分析。

案例导入

2021年2月份CPI环比涨幅均有所回落

——国家统计局城市司高级统计师董莉娟解读2021年2月份全国CPI数据

国家统计局发布了2021年2月份全国CPI（居民消费价格指数）数据。对此，国家统计局城市司高级统计师董莉娟进行了解读。

从环比看，CPI上涨0.6%，涨幅比上月回落0.4个百分点。其中，食品价格上涨1.6%，涨幅回落2.5个百分点，影响CPI上涨约0.30个百分点。食品中，受春节期间消费需求增加和运输成本上升等因素影响，水产品和鲜果价格分别上涨8.7%和6.1%，涨幅分别扩大5.4和3.8个百分点；生猪出栏持续恢复，猪肉价格由上月上涨5.6%转为下降3.1%；天气转暖，蛋鸡产蛋量提升，加之局部地区疫情好转后调运渠道逐步畅通，鸡蛋价格由上月上涨11.1%转为下降4.5%。非食品价格上涨0.4%，涨幅比上月扩大0.1个百分点，影响CPI上涨约0.28个百分点。非食品中，居民就地过年，文娱消费需求有所增加，电影及演出票价格上涨13.0%；受国际原油价格上涨影响，汽油和柴油价格分别上涨3.4%和3.7%；春节期间人工成本有所上升，洗车、家政服务、美发和出租车费用等价格均有上涨，涨幅在1.2%～6.3%。

从同比看，CPI下降0.2%，降幅比上月收窄0.1个百分点。其中，食品价格由上月上涨1.6%转为下降0.2%，影响CPI下降约0.05个百分点。食品中，受去年同期基数较高影响，猪肉价格下降14.9%，降幅比上月扩大11.0个百分点；鸡肉和鸭肉价格分别下降8.7%和2.6%，降幅均有收窄；羊肉、水产品和鸡蛋价格分别上涨7.5%、5.9%和4.3%，涨幅均有扩大。非食品价格下降0.2%，降幅比上月收窄0.6个百分点，影响CPI下降约0.15个百分点。非食品中，交通通信价格下降1.9%，其中飞机票价格下降28.2%，汽油和柴油价格分别下降5.2%和5.8%；教育文化娱乐、医疗保健价格分别上涨0.6%和0.3%。

据测算，在2月份0.2%的同比降幅中，去年价格变动的翘尾影响约为-1.8个百分点，新涨价影响约为1.6个百分点。扣除食品和能源价格的核心CPI同比由上月下降0.3%转为持平。

上面这段文字中提到的数据蕴含什么样的含义？其计算方法有什么不同？在我们的生活中，还运用到了哪些统计指数？通过本章有关对比分析和指数分析的基本知识的学习，我们可以对这些问题有更清楚的认识。

第一节　对比分析

一、对比分析的概念

对比分析就是利用有关的相对数指标来研究现象之间的数量对比关系。

相对指标是指两个有联系的指标数值之比，反映现象之间所固有的数量对比关系，也可称为统计相对数。相对数是一个比值，即两个数值相除的结果。它从数量上反映事物在时间、空间、事物之间的联系程度和对比关系。主要表现为发展程度、结构、强度、普遍程度或比例关系等。

二、对比分析指标的计算

（一）结构相对数

结构相对数是在分组的基础上，将分组指标与总体指标对比，反映总体内部的各个组成部分在总体中所占的比重，也称结构比重指标。其计算公式为

$$\text{结构相对数}=\frac{\text{总体中某部分数值}}{\text{总体全部数值}} \tag{8-1}$$

结构相对数一般用百分数或系数表示，其计算公式的分子和分母既可以是总体单位总量，也可以是总体标志总量指标。总体各部分所占比重之和等于100%或1。

（二）比例相对数

比例相对数是反映总体内部各个组成部分之间的数量对比关系的指标，计算公式为

$$\text{比例相对数}=\frac{\text{总体中某一部分数值}}{\text{总体中另一部分数值}} \tag{8-2}$$

比例相对数能够反映事物内部各部分之间的数量联系程度和比例关系，通常用百分数、倍数或比例来表示。

（三）比较相对数

比较相对数是同一时期同类现象在不同地区、部门、单位之间的对比，用来表明同类事物在不同空间条件下的数量对比关系，计算公式为

$$比较相对数=\frac{甲地区（单位）某类指标数值}{乙地区（单位）的同类指标数值} \tag{8-3}$$

式中，分子与分母现象所属统计指标的含义、口径、计算方法和计量单位必须一致。比较相对数所对比的指标可以是总量指标也可以是相对指标或平均指标。它主要是对事物发展在不同地区、不同部门或不同单位之间进行比较分析，以反映现象之间的差异程度。根据分析的目的和角度不同，比较相对数的分子与分母可以互换位置。

（四）强度相对数

1. 强度相对数概念

强度相对数是两个性质不同但有一定联系的总量指标数值之比，用来反映现象的强度、密度和普遍程度，计算公式为

$$强度相对数=\frac{某一总量指标数指}{另一性质不同但有联系的总量指标数值} \tag{8-4}$$

强度相对数的数指表现形式一般为有名数，其单位是复合单位，它是由分子指标和分母指标原有的计量单位组成的双重单位，如人口密度“人/平方千米”。当分子指标与分母指标的计量单位相同时，也可以用无名数，即系数、倍数、百分数或千分数等表示。如人口出生率用千分数表示。

【例 8-1】 2010 年年末我国总人口为 133972 万人，国土面积约 960 万平方千米，则人口密度为：

$$人口密度=\frac{133972万人}{960万平方千米}=140人/平方千米$$

应该指出的是，强度相对数虽有“平均”含义，但它不是同质总体的标志总量与总体单位总量之比，所以不是平均数。两者的本质区别在于，各自的分子与分母的关系是不一样的。平均数是同一总体内的标志总量与单位总量之比，分母中的每个单位都是分子的标志值的承担者；而强度相对数不存在各个标志值与各个单位相对应的关系，它是两个有联系的总量指标的对比，作为分子的总量指标数值的大小不受作为分母的总量指标数值的大小影响。

2. 强度相对数的正逆指标

强度相对数是两个有联系的不同事物的总量指标数值的对比，分子分母可互换，得出的结果根据指标的意义不同可分为正指标和逆指标两种。正指标是指强度相对指标的数值大小与现象的发展程度或密度成正向变化；逆指标是指强度相对指标的数值大小与现象的发展程度或密度成反方向变化。

如某商业网点密度的正指标和逆指标分别表示为

$$商业网点密度=\frac{某地零售商业机构数}{某地人口数}（正指标）$$

或

$$商业网点密度=\frac{某地人口数}{某地零售商业机构数}（逆指标）$$

正指标的数值越大，表示零售商业网密度越大；逆指标的数值越小，表示零售商业网密度越大。

（五）计划完成相对数

计划完成相对数是某一时期内实际完成数与计划规定数对比的结果，它是用来检查、监督计划执行程度的相对指标。其计算公式为

$$计划完成数=\frac{实际完成数}{计划任务数} \tag{8-5}$$

计划完成数通常用百分数表示，其分子是计划执行结果的实际数值，分母是下达的计划任务指标数。因此，要求分子、分母在指标含义、计算方法、计量单位以及时间长度等方面完全相适应。同时，由于计划任务数是衡量计划完成情况的标准，分子分母不可互换。

由于下达的计划任务数可能是总量指标，也有可能是相对指标或平均指标，因此计划完成相对数在计算形式上有所不同。

计划数为总量指标时，计划完成相对数的计算公式为

$$计划完成数=\frac{实际完成绝对数}{计划任务绝对数} \tag{8-6}$$

计划数为相对指标时，计划完成相对数的计算公式为

$$计划完成数=\frac{实际完成百分数}{计划任务百分数}$$

$$计划完成数=\frac{1+实际增加（-实际减少）百分数}{1+计划增加（-计划减少）百分数} \tag{8-7}$$

【例 8-2】某企业计划本年度单位成本降低 6%，实际降低 8%，则

$$成本降低划完成相=\frac{1-8\%}{1-6\%}\approx 97.87\%$$

说明该企业单位成本降低比计划多完成 2.13%，表示企业超额完成了任务。

【例 8-3】某企业计划劳动生产率比去年提高 10%，实际提高了 12%，则

$$劳动生产率计划完成相对数=\frac{1+12\%}{1+10\%}\approx 101.82\%$$

说明该企业劳动生产率比计划多完成 1.82%，表示企业超额完成了任务。

一般而言，对成本、费用类现象，计划完成程度相对数越小越好；对于利润收入类现象，计划完成程度相对数越大越好。

计划数为平均指标时，计划完成相对数的计算公式为

$$计划完成数=\frac{实际完成的平均数}{计划任务的平均数} \tag{8-8}$$

该指标适用于考核以平均水平表示的技术经济指标的计划完成情况。

（六）动态相对数

动态相对数是指同类指标在不同时期的两个数值进行动态对比，表明现象在时间上发展变动的程度，通常用百分数或倍数表示，也称发展速度。其计算公式为

$$动态相对数=\frac{报告期水平}{基期水平} \tag{8-9}$$

作为对比标准的时间叫作基期，而同基期比较的时期叫作报告期，有时也称为计算期。

第二节　统计指数概述

一、统计指数的概念

统计指数是一种表明客观现象数量变动的相对数，其含义有广义和狭义之分。广义的统计指数，泛指所有反映社会经济现象数量变动差异程度的相对数，如动态相对数、比较相对数、计划完成相对数都属于广义的指数范畴。狭义的统计指数是一种特殊的相对数，它用来说明不能直接相加的复杂总体社会经济现象综合变动程度的相对数，又叫总指数。所谓复杂总体是指不同度量单位或性质各异的若干事物所组成的、数量不能直接加总或不可以直接加总的总体。本章所介绍的统计指数主要是指狭义的指数。

统计指数通常具有以下特点：

• 综合性。它综合反映了复杂现象总体的数量变化关系。如股票价格交易中有的股票价格上涨，有的下跌，而且上涨和下跌的幅度不一致。股票价格总指数是反映各种股票价格综合变动的结果。

• 平均性。反映复杂现象总体中各个单位变动的平均水平。如某年度零售商品价格总指数为 104.8%，说明各种商品价格有涨有跌，但平均来说上涨了 4.8%。

二、统计指数的分类

（一）个体指数和总指数

按所反映的现象范围不同，统计指数可分为个体指数和总指数。

个体指数反映某种社会经济现象中个别事物数量变动情况的相对数。例如，某种商品的价格指数、单个产品的成本指数等都是个体指数。

总指数是反映由许多个别事物构成的复杂现象总体数量综合变动的相对数。例如，社会零售商品的价格指数、股票价格指数等都是总指数。

（二）数量指标指数和质量指标指数

按指数化指标性质不同，统计指数可以分为数量指标指数和质量指标指数。所谓指数化指标，简单讲就是用于计算指数的指标。比如，销售量指数的指数化指标为销售量，价格指数的指数化指标为价格。

数量指标指数反映所研究现象总体的规模和水平的变动状况，如销售量指数、职工人数指数等。质量指标指数反映所研究现象总体质量水平的变动，如商品价格指数、产品单位成本指数。

（三）综合指数和平均指数

按计算方法的不同，统计指数可分为综合指数和平均指数。

综合指数是通过引入媒介因素，来解决复杂总体数量不能直接汇总的问题；平均指数则是对个体指数进行加权平均得到的总指数。需要注意的是，综合指数和平均指数是总指数的两种计算方法，两者的计算结果均为总指数，只是计算形式不同。

（四）动态指数和静态指数

统计指数按其本来的含义，都是指动态指数，由两个不同时间上的经济量对比而成，反映社会经济现象在不同时间上的变化过程和程度。按计算指数时所采用对比基期的不同，动态指数又可分为定期指数和环比指数。在实际运用过程中，指数的含义渐渐推广到了静态事物和空间对比，因而产生了静态指数。所谓静态指数，是指在同一时间条件下不同单位、不同地区同一事物数量对比所形成的指数，包括空间指数和计划完成情况指数两种。空间指数是将不同空间的同类现象水平进行比较的结果，反映现象在空间上的差异程度。

三、统计指数的作用

（一）反映复杂现象总体数量综合变动的方向及程度

统计指数能够把不能直接相加总的现象过渡到能够加总对比，从而反映复杂经济现象的总体变动方向及变动幅度，这是指数的根本作用，指数一般用百分数表示，百分数大于或小于 100%，表示变动的升降方向，大于或小于 100%的数额表示变动的升降程度。例如，商品零售价格指数为 108%，说明多种商品零售物价总的变动程度，具体到某种商品价格可能有涨有跌，但从总体上看商品零售价格仍然上涨 8%。同时，还可以利用分子和分母两个总量指标的差额计算绝对变动情况。

（二）分析复杂现象总体变动中各个因素变动的影响方向和影响程度

运用统计指数可以对复杂社会经济现象的变动进行因素分析，研究各因素的变动对现象变动的影响程度和影响方向。社会经济现象的数量变动，受多个因素的影响，利用有关指数理论，一方面可以分析复杂社会经济现象总体变动中各个因素变动对总体变动的影响程度和影响方向；另一方面可以分析复杂社会经济现象平均水平的变动中各个因素变动对总平均水平变动的影响。

（三）反映现象长期变动趋势

编制一系列反映同类现象变动情况的指数形成指数数列，可以反映被研究现象的变动趋势。例如，根据 2000 年到 2020 年共 20 年的零售价格资料，编制 20 个环比价格指数，从而构成价格指数数列。这样可揭示价格在一段时间内的变动方向、程度和趋势，研究价格变化的规律。

第三节 综合指数

一、综合指数的概念和特点

综合指数是由两个不同时期的总量指标对比而形成的指数。凡是一个总量指标可以分解为两个或两个以上的因素指标，将其中一个或一个以上的因素指标固定下来，研究另一个因素指标的变动，这种指数为综合指数。

综合指数有以下特点：

• 先综合后对比，即先解决总体中各个个体由于使用价值、经济用途、计量单位等不同不能直接简单相加对比的问题，为此引入一个媒介因素（权数），使不直接相加、不能直接对比的现象变成可以直接相加、直接对比的现象，这个因素称之为同度量因素。利用这个同度量因素，将不同度量的指数化指标转换为具有相同度量的指标，从而解决复杂现象总体内部指标指数化指标的加总综合问题。所谓指数化指标，就是编制综合指数所要测定的因素。

• 将同度量因素固定在同一时期。只有将分子、分母中的同度量因素固定在同一时期，才能把握所要测定的指标的变动。

二、综合指数的编制

（一）数量指标综合指数的编制

数量指标综合指数是反映数量指标总变动程度的指数。

【例 8-4】某商店三种商品的销售资料如表 8-1 所示，编制三种商品的销售量总指数。

表 8-1　某商店三种商品的销售资料

商品名称	计量单位	销售量 q		价格 p（元）	
		基期 q_0	报告期 q_1	基期 p_0	报告期 p_1
鞋子	双	100	80	200	220
苹果	千克	200	300	5.0	4.5
笔	支	1000	900	0.8	1.0

解：

以表中资料为例，说明数量指标综合指数的编制方法。

第一，确定指数化指标。在本例中，要求计算销售量总指数，则相应的指数化指标为销售量，属于数量指标 q 。

第二，确定同度量因素。由于三种商品的使用价值和计量单位都不同，不能直接相加对比，需要引入一个同度量因素——价格（质量指标 p ），把各种商品的销售量乘以价格得出每种商品销售额，这时就可以相加。

第三，将同度量因素固定在同一时期，即将价格固定在同一时期，以单纯反映销售量的变动情况。同度量因素可以固定在基期，也可以固定在报告期。下标 1 表示为报告期，下标 0 表示报告期。由此得出三种商品的销售量总指数的两种计算方法。

1. 把同度量因素固定在基期

拉氏指数是德国经济统计学家拉佩斯雷斯（E. Laspeyres）在 1864 年提出的，特点是将同度量因素固定在基期水平上。其计算公式为

$$\overline{K_q}=\frac{\sum q_1p_0}{\sum q_0p_0}\text{（拉氏指数）}\qquad(8\text{-}10)$$

根据表 8-1 资料计算三种商品销售量总指数为

$$\overline{K_q}=\frac{\sum q_1p_0}{\sum q_0p_0}=\frac{80\times200+300\times5+900\times0.8}{100\times200+200\times5+1000\times0.8}=\frac{18220}{21800}=83.58\%$$

计算结果表明在物价水平不变的情况下，三种商品销售量下降了 16.42%。由于销售量下降使销售额减少了

$$\sum q_1p_0-\sum q_0p_0=18220-21800=-3580\text{（元）（注：负号表示减少，下同）}$$

2. 把同度量因素固定在报告期

帕氏指数是德国经济统计学家帕舍（H. Paasche）在 1874 年提出的，特点是将同度量因素固定在报告期水平上。其计算公式为

$$\overline{K_q}=\frac{\sum q_1p_1}{\sum q_0p_1}\text{（帕氏指数）}\qquad(8\text{-}11)$$

根据表 8-1 资料计算三种商品销售量总指数为

$$\overline{K_q}=\frac{\sum q_1p_1}{\sum q_0p_1}=\frac{80\times220+300\times4.5+900\times1}{100\times220+200\times4.5+1000\times1}=\frac{19850}{23900}=83.05\%$$

计算结果表明，在报告期价格水平下，三种商品销售量下降了 16.95%。由于销售量下降使销售额减少了

$$\sum q_1p_1-\sum q_0p_1=19850-23900=-4050\ （元）$$

由于采用同度量因素的时期不同，所得出的结果有一定的差距。在统计实践中，计算数量指标总指数多采用公式（8-10）中的拉氏指数，即编制数量指标总指数时应将同度量因素的质量指标固定在基期水平。

（二）质量指标综合指数的编制

质量指标综合指数是反映质量指标总变动程度的指数。

【例 8-5】以表 8-1 所示资料编制三种商品的价格总指数。

解：

不同商品的价格不能直接相加和比较，必须引入销售量作为同度量因素，转化为销售额就可以相加和比较了。类似［例 8-4］的原理与步骤，本题三种商品价格总指数的两种计算方法。

1. 把同度量因素固定在基期

$$\overline{K_p}=\frac{\sum p_1q_0}{\sum p_0q_0}\ （拉氏指数）\tag{8-12}$$

$$\overline{K_p}=\frac{\sum p_1q_0}{\sum p_0q_0}=\frac{220\times100+4.5\times200+1\times1000}{200\times100+5\times200+0.8\times1000}=\frac{23900}{21800}=109.63\%$$

计算结果表明，在基期销售量水平下，三种商品物价提高了 9.63%。由于价格提高使销售额增加了

$$\sum p_1q_0-\sum p_0q_0=23900-21800=2100\ （元）$$

2. 把同度量因素固定在报告期

$$\overline{K_p}=\frac{\sum p_1q_1}{\sum p_0q_1}\ （帕氏指数）\tag{8-13}$$

$$\overline{K_p}=\frac{\sum p_1q_1}{\sum p_0q_1}=\frac{220\times80+4.5\times300+1\times900}{200\times80+5\times300+0.8\times900}=\frac{19850}{18220}=108.95\%$$

计算结果表明，在报告期销售量水平下，三种商品物价提高了 8.95%。由于价格提高使销售额增加了

$$\sum p_1q_1-\sum p_0q_1=19850-18220=1630\ （元）$$

计算结果表明，在价格总指数计算中，由于采用的全数不同，计算结果也有差异。在统计实践中，计算质量指标总指数多采用公式（8-13）帕氏指数，即编制质量指标总指数时应将同度量因素的数量指标固定在报告期水平。

第四节 平均指数

一、平均指数的概念和特点

平均指数是总指数的另一种重要形式。运用综合指数法编制总指数，要求掌握总体全面统计资料，但有时候很难获取全面信息。平均指数法弥补综合指数法的这一不足，在某些特定条件下，平均指数可作为综合指数的变形来应用。同时，平均指数还具有独立应用的意义。

平均指数是从所研究现象的个体指数出发，在计算所研究现象各个项目的个体指数的基础上，运用加权算术平均法或加权调和平均法对个体指数加权平均求得的。

平均指数法有以下特点：

（1）先对比后综合，即在个体指数的基础上计算总指数。

（2）可以采用总体的非全面自资料计算，也可以采用总体的全面资料。

平均指数除了作为综合指数变形加以应用的情况外，一般只能通过总指数表明复杂总体的变动方向和程度，而不能用于对现象进行因素分析。

二、平均指数的编制

加权平均指数因权数所属时期的不同，分为加权算术平均指数和加权调和平均指数两类。

（一）加权算术平均指数

加权算术平均指数是将个体指数采用加权算术平均法计算的总指数，其计算公式介绍如下。

数量指标指数：

$$\overline{K_q}=\frac{\sum q_1p_0}{\sum q_0p_0}=\frac{\sum \frac{q_1}{q_0}q_0p_0}{\sum q_0p_0}=\frac{\sum k_q q_0p_0}{\sum q_0p_0} \tag{8-14}$$

质量指标指数：

$$\overline{K_p}=\frac{\sum p_1q_0}{\sum p_0q_0}=\frac{\sum \frac{p_1}{p_0}p_0q_0}{\sum p_0q_0}=\frac{\sum k_p p_0q_0}{\sum p_0q_0} \tag{8-15}$$

从计算公式中可以看出，以个体数量指标指数 $k_q=\frac{q_1}{q_0}$ 或个体质量指标指数 $k_p=\frac{p_1}{p_0}$ 作为变量，以基期的总量指标 p_0q_0 为权数。

【例 8-6】已知某商店三种商品的有关资料如表 8-2 所示，编制三种商品的销售量总指数。

表 8-2　某商店三种商品的销售资料

商品名称	计量单位	销售量 q		基期销售额（元）p_0q_0	个体指数 q_1/q_0
		基期 q_0	报告期 q_1		
甲	件	100	80	20000	0.8
乙	吨	200	300	1000	1.5
丙	支	1000	900	800	0.9

三种商品销售量总指数为

$$\overline{K_q}=\frac{\sum\frac{q_1}{q_0}q_0p_0}{\sum q_0p_0}=\frac{0.8\times20000+1.5\times1000+0.9\times800}{20000+1000+800}=\frac{18220}{21800}=83.58\%$$

计算结果表明，三种商品销售量下降了 16.42%，由于销售量下降使销售额减少了 18220－21800=－3580 元。

（二）调和平均指数

加权调和平均指数是对个体指数采用加权调和平均法计算的总指数。其计算公式介绍如下。

数量指标指数：

$$\overline{K_q}=\frac{\sum q_1p_1}{\sum q_0p_1}=\frac{\sum q_1p_1}{\sum\frac{q_0}{q_1}q_1p_1}=\frac{\sum q_1p_1}{\sum\frac{q_1p_1}{k_q}} \tag{8-16}$$

质量指标指数：

$$\overline{K_p}=\frac{\sum p_1q_1}{\sum p_0q_1}=\frac{\sum p_1q_1}{\sum\frac{p_0}{p_1}p_1q_1}=\frac{\sum p_1q_1}{\sum\frac{p_1q_1}{k_p}} \tag{8-17}$$

从计算公式可以看出，以个体数量指标指数 $k_q=\frac{q_1}{q_0}$ 或个体质量指标指数 $k_p=\frac{p_1}{p_0}$ 作为变量，以报告期的总量指标 p_1q_1 为权数。

【例 8-7】已知某商店三种商品的有关资料如表 8-3 所示，编制三种商品的价格总指数。

表 8-3　某商店三种商品的销售资料

商品名称	计量单位	价格 p（元）		报告期销售（元）p_1q_1	个体指数 p_1/p_0
		基期 p_0	报告期 p_1		
甲	件	200	220	17600	1.1
乙	吨	5.0	4.5	1350	0.9
丙	支	0.8	1.0	900	1.25

解：

三种商品价格总指数为

$$\overline{K_p}=\frac{\sum p_1q_1}{\sum\frac{p_0}{p_1}p_1q_1}=\frac{17600+1350+900}{\frac{17600}{1.1}+\frac{1350}{0.9}+\frac{900}{1.25}}=\frac{19850}{18220}=108.95\%$$

计算结果表明三种商品物价提高了 8.95%，由于价格提高使销售额增加了 19850－18220=1630 元。

在我国统计实践中，数量指标总指数一般采用基期权数形式的加权算术平均指数计算式（8-14），质量指标总指数一般采用报告期权数形式的加权调和平均指数计算式（8-17）。

第五节　指数体系与因素分析

一、指数体系的概念

指数体系是指指数之间存在的相互关系。一般来说，三个或三个以上在性质上相互联系、在数量上存在一定关系的指数便构成指数体系。利用指数体系可以分析经济现象各种因素变动，以及它们对总体发生作用的影响程度。例如：

总产值指数=产品产量指数×价格指数

销售额指数=销售量指数×价格指数

原材料消耗额指数=产品产量指数×单位产品材料消耗量指数×原材料价格指数

指数体系主要有两个方面的分析作用：一是进行因素分析，即分析现象的总变动中各种因素的影响程度，即从数量方面分析社会经济现象变动中各因素变动影响的相对程度和绝对影响；二是进行指数推算，即根据已知的指数来推算未知的指数。

二、总量指标的因素分析

（一）总量指标的两因素分析

总量指标的变动往往是由数量因素指标和质量因素指标变动共同作用的结果。总量指标变动的两因素分析，就是根据编制综合指数的一般原理，分别编制数量指标因素指数和质量指标因素指数，建立指数体系，以此来分析总量指标变动中各因素指标的变动关系。

总量指标两因素分析要注意以下问题：

在指数体系中，总量指数与各因素指数之间的数量关系表现在两个方面：一是从相对数量来看，总量指数等于各因素指数的乘积；二是从绝对量来看，总量的变动差额等于各因素指数变动差额之和。

为使总量指数等于两个因素指数的乘积，编制数量指标因数指数时，要以基期的质量指标作为同度量因素；编制质量指标因素指数时，要以报告期的数量指标作为同度量因素。

总量指标变动的两因素分析指数体系可表示如下。

相对数分析：

$$\frac{\sum p_1q_1}{\sum p_0q_0}=\frac{\sum p_1q_1}{\sum p_0q_1}\times\frac{\sum q_1p_0}{\sum q_0p_0} \tag{8-18}$$

绝对数分析：

$$\sum p_1q_1-\sum p_0q_0=(\sum p_1q_1-\sum p_0q_1)+(\sum q_1p_0-\sum q_0p_0) \tag{8-19}$$

【例 8-8】以表 8-1 资料为例，分析商品销售额变动的因素分析。

解：

（1）销售额的变动分析。

销售额总指数：

$$\overline{K_{pq}}=\frac{\sum p_1q_1}{\sum p_0q_0}=\frac{19850}{21800}=91.06\%$$

销售额减少：

$$\sum p_1q_1-\sum p_0q_0=19850-21800=-1950 \text{（元）}$$

（2）销售量的变动影响。

销售量总指数：

$$\overline{K_q}=\frac{\sum q_1p_0}{\sum q_0p_0}=\frac{18220}{21800}=83.58\%$$

对销售额的影响：

$$\sum q_1p_0-\sum q_0p_0=18220-21800=-3580 \text{（元）}$$

（3）价格的变动影响。

价格总指数：

$$\overline{K_p}=\frac{\sum p_1q_1}{\sum p_0q_1}=\frac{19850}{18220}=108.95\%$$

对销售额的影响：

$$\sum p_1q_1-\sum p_0q_1=19850-18220=1630\ （元）$$

（4）指数体系。

相对数：

$$91.06\%=83.58\%\times108.95\%$$

绝对数：

$$-1950=-3580+1630$$

通过上述分析可以看出，该商店三种商品的销售额报告期比基期减少了 9.94%，是由于销售量减少 16.42%与价格提高 8.95%共同作用的。商品销售额减少 1950 元，是由于销售量变动使销售额减少 3580 元和价格变动使销售额增加 1630 元共同作用的。

（二）总量指标的多因素分析

总量指标多因素分析，是指一个现象总变动受两个以上因素变动的影响，用以分析多因素变动对现象总体变动的影响程度，说明总体现象变动的具体原因。

总量指标多因素分析的基本原理与两因素分析法基本相同，但要注意以下三点：第一，在排列指标时，数量指标排在前面，质量指标排在后面。第二，各因素的排序应使相邻两变量的乘积都具有实际经济意义。第三，同度量因素的时期选择。当分析某一因素对总体变动影响时，已分析过的因素作为同度量因素固定在报告期，未被分析的诸因素作为同度量因素固定在基期。

例如，原材料消耗额受产品产量、单位产品原材料消耗量和单位原材料价格三个因素的影响，其中产品产量×单位产品原材料消耗量=原材料消耗量，原材料消耗量×单位原材料价格=原材料消耗额。因此，可将原材料消耗额按上述顺序分解为：

原材料消耗额=产品产量×单位产品原材料消耗量×单位原材料价格

用 q 代表产量，m 代表单位产品原材料消耗量，p 代表单位原材料价格，则可按照下列程序对原材料消耗额的变动进行因素分析

$$\sum q_0m_0p_0\xrightarrow{q\text{ 变化}}\sum q_1m_0p_0\xrightarrow{m\text{ 变化}}\sum q_1m_0p_0\xrightarrow{p\text{ 变化}}\sum q_1m_1p_1$$

相应地，则可建立多因素指数体系进行相对数分析

$$\frac{\sum q_1m_1p_1}{\sum q_0m_0p_0}=\frac{\sum q_1m_0p_0}{\sum q_0m_0p_0}\times\frac{\sum q_1m_1p_0}{\sum q_1m_0p_0}\times\frac{\sum q_1m_1p_1}{\sum q_1m_1p_0}\qquad(8\text{-}20)$$

原材料消耗额指数=产品产量指数×单位产品原材料消耗量指数×单位原材料价格指数

即可以由产品产量指数、单位产品原材料消耗量指数和单位原材料价格指数来反映各因素对原材料总消耗的影响程度。另外，各因素指数的分子、分母之差即各影响因素对总量指标影响的绝对额，各影响因素影响绝对额之和即为总值指数的分子、分母之差，则可进行绝对数分析

$$\sum q_1m_1p_1-\sum q_0m_0p_0=(\Sigma q_1m_0p_0-\Sigma q_0m_0p_0)+(\sum q_1m_1p_0-\sum q_1m_0p_0)+(\sum q_1m_1p_1-\sum q_1m_1p_0) \tag{8-21}$$

【例 8-9】某工厂生产两种不同的产品，各自消耗不同的原材料，根据表 8-4 中的资料，对该厂原材料消耗总额的变动进行因素分析。

表 8-4　某厂生产两种产品的原材料消耗情况

产品类别	产品产量 q		单位产品原材料消耗量 m		单位原材料价格（元）p	
	基期 q_0	报告期 q_1	基期 m_0	报告期 m_1	基期 p_0	报告期 p_1
甲	40	50	80	85	5	6
乙	50	60	40	40	4	7

解：

（1）原材料消耗总额的变动。

原材料消耗额总指数：

$$\overline{K_{qmp}}=\frac{\sum q_1m_1p_1}{\sum q_0m_0p_0}=\frac{42300}{24000}=176.25\%$$

原材料消耗额变动的绝对量为

$$\sum q_1m_1p_1-\sum q_0m_0p_0=42300-24000=18300\text{（元）}$$

（2）产品产量变动影响。

产品产量指数：

$$\overline{K_q}=\frac{\sum q_1m_0p_0}{\sum q_0m_0p_0}=\frac{29600}{24000}=123.33\%$$

受产量变动影响而变动的原材料消耗额为：

$$\sum q_1m_0p_0-\sum q_0m_0p_0=29600-24000=5600\text{（元）}$$

（3）单位产品原材料消耗量变动影响。

单位产品原材料消耗量指数：

$$\overline{K_m}=\frac{\sum q_1m_1p_0}{\sum q_1m_0p_0}=\frac{30850}{29600}=104.22\%$$

受单位产品原材料消耗量变动影响而变动的原材料消耗额为：

$$\sum q_1m_1p_0-\sum q_1m_0p_0=30850-29600=1250\text{（元）}$$

（4）单位原材料价格变动影响。

单位原材料价格指数：

$$\overline{K_p}=\frac{\sum q_1m_1p_1}{\sum q_1m_1p_0}=\frac{42300}{30850}=137.12\%$$

受单位原材料价格变动影响而变动的原材料消耗额为

$$\sum q_1m_1p_1-\sum q_1m_1p_0=42300-30850=11450 \text{（元）}$$

（5）指数体系。

相对数：

$$176.25\%=123.33\%\times104.22\%\times137.12\%$$

绝对数：

$$18300=5600+1250+11450$$

计算结果显示，由于产品产量增长 23.33%，使原材料消耗额增加 5600 元；由于单位产品原材料消耗量增长 4.22%，使原材料消耗额增加 1250 元；由于单位原材料价格提高 37.12%，使原材料消耗额增加 11450 元。3 个因素共同影响，使得该工厂报告期原材料消耗额与基期相比上升了 76.25%，消耗额增加了 18300 元。

三、平均指标变动的因素分析

在资料分组条件下，平均指标的变动受两个因素的影响：一是受各组平均指标变动的影响；二是受各组单位数在总体中所占比重变动的影响。这样，我们可以运用指数因素分析方法来分析这两个因素变动对平均指标变动的影响方向和影响程度，即进行平均指标的两因素分析。

根据指数因素分析方法的要求，对于平均指标变动进行两因素分析，首先必须建立一个平均指标指数体系。其通用公式为

可变构成指数=固定构成指数×结构影响指数

上式用符号可以表示为

$$\frac{\sum x_1f_1}{\sum f_1}\div\frac{\sum x_0f_0}{\sum f_0}=(\frac{\sum x_1f_1}{\sum f_1}\div\frac{\sum x_0f_1}{\sum f_1})\times(\frac{\sum x_0f_1}{\sum f_1}\div\frac{\sum x_0f_0}{\sum f_0}) \tag{8-22}$$

而因素影响差额之间的关系为

$$\frac{\sum x_1f_1}{\sum f_1}-\frac{\sum x_0f_0}{\sum f_0}=(\frac{\sum x_1f_1}{\sum f_1}-\frac{\sum x_0f_1}{\sum f_1})+(\frac{\sum x_0f_1}{\sum f_1}-\frac{\sum x_0f_0}{\sum f_0}) \tag{8-23}$$

式中，$\frac{\sum x_1f_1}{\sum f_1}\div\frac{\sum x_0f_1}{\sum f_1}$ 为总体结构固定在报告期不变的情况下，各组水平变动对总体平均数的影响程度，称为固定构成指数，用 $\overline{K_{固定}}$ 表示；$\frac{\sum x_0f_1}{\sum f_1}\div\frac{\sum x_0f_0}{\sum f_0}$ 为各组水平不变的情

况下总体结构变动对总平均数的影响程度，称为结构变动指数，用 $\overline{K_{结构}}$ 表示；$\dfrac{\sum x_1 f_1}{\sum f_1} \div \dfrac{\sum x_0 f_0}{\sum f_0}$ 综合反映了结构和水平两个因素共同变化所引起的总平均数变动的程度，称为可变构成指数，用 $\overline{K_{可变}}$ 表示。

可变构成指数、固定构成指数和结构变动指数都是反映平均指标变动程度的指数，它们各自的分子、分母之差可以说明有关因素变化对总平均数变动的影响绝对额，即

总平均数变动绝对额=各组平均水平变动影响额+结构变动影响额

【例 8-10】根据表 8-5 中的资料，进行总平均工资变动的因素分析。

表 8-5　某工厂工人工资情况表

组别	月工资（元）		职工人数（人）	
	基期 x_0	报告期 x_1	基期 f_0	报告期 f_1
技术工	2000	2100	120	100
普通工	1200	1250	40	40

解：

（1）计算平均工资的总变动。

可变构成指数：

$$\overline{K_{可变}} = \frac{\sum x_1 f_1}{\sum f_1} \div \frac{\sum x_0 f_0}{\sum f_0} = \frac{1857.14}{1800} = 103.18\%$$

月平均工资增加额：

1857.14 – 1800=57.14（元）

（2）平均工资（变量值）变动影响。

固定构成指数：

$$\overline{K_{固定}} = \frac{\sum x_1 f_1}{\sum f_1} \div \frac{\sum x_0 f_1}{\sum f_1} = \frac{1857.14}{1771.43} = 104.84\%$$

对总平均工资的绝对影响额为：

1857.14 – 1771.43=85.71（元）

（3）职工人数结构变动影响。

结构变动指数：

$$\overline{K_{结构}} = \frac{\sum x_0 f_1}{\sum f_1} \div \frac{\sum x_0 f_0}{\sum f_0} = \frac{1771.43}{1800} = 98.41\%$$

对总平均工资的绝对影响额为：

1771.43−1800=−28.57（元）

（4）指数体系。

相对数：

$$103.18\% = 104.84\% \times 98.41\%$$

绝对数：

$$57.14 = 85.71 - 28.57$$

计算结果表明，由于员工组别工资水平变化，使平均工资提高 4.84%，即增加 85.71 元；由于职工工资分布的结构变化，使平均工资下降 1.59%，即减少 28.57 元；两者共同影响，使得该工厂职工的总平均工资提高 3.18%，即增加了 57.14 元。

知识点回顾

（1）相对数是由现象间的数量对比得到的数值。根据对比对象的不同，相对数可以分为结构相对数、比例相对数、比较相对数、强度相对数、动态相对数和计划完成相对数。

（2）统计指数是用来分析社会经济现象数量变动的对比性指标。广义指数是指一切说明社会经济现象数量变动的相对数。狭义的统计指数是一种特殊的相对数，是用来说明不能直接相加的复杂社会经济现象综合变动程度的相对数。指数理论和分析方法通常指狭义的指数。

（3）统计指数按所反映的现象范围不同，可以分为个体指数和总指数；按指数化指标性质不同，可分为数量指标指数与质量指标指数；按统计指数计算方法的不同，可分为综合指数法和平均指数法；按指数的对比性质不同，可分为动态指数与静态指数。

（4）综合指数是通过“先综合，后对比”的方式编制得到的总指数。其基本原理是利用同度量因素，解决复杂现象总体内部指数化指标的加总综合问题。为单纯反映指数化指标的变动程度，在综合对比过程中要把同度量因素的水平加以固定，从而反映指数化指标的综合变动程度。通常情况下，数量指标指数按拉氏指数公式计算，质量指标指数按帕氏指数公式计算。

（5）编制平均指数的基本方式是“先对比，后综合”，先计算各个别现象的个体指数，然后对个体指数赋予一定的权数加以平均得到总指数。平均指数法有算术平均数指数和调和平均数指数两种形式，算术平均数指数一般用基期总值来加权；调和平均数指数一般用报告期总值来加权。

（6）指数的因素分析是对现象总变动中各个因素变动的影响程度，从相对数和绝对数两个方面进行分析。利用综合指数体系，可以分析现象总变动中数量因素和质量因素的影响。相对数分析是从各个指数计算结果来分析；绝对数分析是从各个指数分子与分母指标之差来分析。

（7）总平均数指数是对总体平均指标的测定。分析总平均数指数的变动，需要计算三种指数：可变构成指数、固定构成指数、结构影响指数。利用上述三种指数的相互关系，可以分析现象总体平均指标变动受各组平均水平和各组结构变动的影响程度。

课后习题

一、选择题

1. 2010—2015 年，甲地的农业生产总值平均增长速度比乙地高 5%，这是（　　）。

A. 动态相对数　　B. 比例相对数

C. 比较相对数　　D. 强度相对数

2. 某企业工人的劳动生产率计划提高 8%，实际提高了 10%，则劳动生产率的计划完成程度为（　　）。

A. 101.85%　　B. 98.18%

C. 125%　　D. 1.85%

3. 将全国粮食产量与人口数相比，属于（　　）。

A. 算术平均数　　B. 动态相对数

C. 比较相对数　　D. 强度相对数

4. 统计指数按其反映的对象范围不同分为（　　）。

A. 简单指数和加权指数　　B. 综合指数和平均指数

C. 个体指数和总指数　　D. 数量指标指数和质量指标指数

5. 某市居民以相同的人民币在物价上涨后少购商品 15%，则物价指数为（　　）。

A. 17.6%　　B. 85%

C. 115%　　D. 117.6%

6. 单位产品成本报告期比基期下降 6%，产量增长 6%，则总生产费用（　　）。

A. 增加　　B. 减少

C. 没有变化　　D. 无法判断

7. 某商店 2012 年 1 月份衬衫的销售价格是 350 元，6 月份的价格是 400 元，指数为 114.29%，该指数是（　　）。

A. 综合指数　　B. 平均指数

C. 总指数　　D. 个体指数

8. 编制数量指标指数一般是采用（　　）作为同度量因素。

A. 基期质量指标　　B. 报告期质量指标

C. 基期数量指标　　D. 报告期数量指标

9. 编制质量指标指数一般是采用（　　）作为同度量因素。

A. 基期质量指标　　B. 报告期质量指标

C. 基期数量指标　　D. 报告期数量指标

二、多选题

1. 下列属于质量指标指数的是（　　）。

A. 商品零售量指数　　B. 商品零售额指数

C. 商品零售价格指数　　D. 职工劳动生产率指数

E. 销售商品计划完成程度指数

2. 编制总指数的方法有（　　）。

A. 综合指数　　B. 平均指数

C. 质量指标指数　　D. 数量指标指数

E. 平均指标指数

3. 编制综合指数时，其中的同度量因素（　　）。

A. 和指数化指标相乘有意义，并表现为价值量

B. 既有同度量作用又有权数作用

C. 只有权数作用

D. 必须固定在同一时期

E. 其时期可以不固定

4. 指数体系中（　　）。

A. 一个总值指数等于两个（或两个以上）因素指数的代数和

B. 一个总值指数等于两个（或两个以上）因素指数的乘积

C. 存在相对数之间的数量对等关系

D. 存在绝对变动额之间的数量对等关系

E. 各指数都是综合指数

5. 对某商店某时期商品销售额的变动情况进行分析，其指数体系包括（　　）。

A. 销售量指数　　B. 销售价格指数

C. 总平均价格指数　　D. 销售额指数

E. 个体指数

三、计算题

1. 某企业生产的甲、乙两种产品的资料如表 8-6 所示。

表 8-6　某企业生产的甲、乙两种产品的资料

产品名称	计量单位	产量		单位成本/元	
		基期	报告期	基期	报告期
甲	台	2000	2200	12.0	12.5
乙	吨	5000	6000	6.2	6.0

（1）计算产量与单位成本的个体指数

（2）计算两种产品产量总指数以及由于产量变动而影响的生产费用。

（3）计算两种产品单位成本总指数以及由于成本变动而影响的生产费用。

2. 某商场销售的三种商品的资料如表 8-7 所示。

表 8-7　某商场销售的三种商品的资料

产品名称	计量单位	销售量		单价/元	
		基期	报告期	基期	报告期
甲	千克	100	115	100	100
乙	台	200	220	50	55
丙	件	300	315	20	25

（1）计算三种商品的销售额总指数。

（2）分析销售量和价格变动对销售额影响的绝对数值和相对值。

3. 三种商品销售的资料如表 8-8 所示，通过计算说明其价格总的变动情况。

表 8-8　三种商品销售的资料

商品名称	商品销售总额/万元		报告期价格比基期降低（%）
	基期	报告期	
甲	80	86	10
乙	20	34	5
丙	160	144	15

5. 某市劳动局下属 3 个企业工人劳动生产率及工人人数资料如表 8-9 所示。

表 8-9　某市劳动局下属 3 个企业工人劳动生产率及工人人数资料

企业名称	工人数/千人		月劳动生产率/（元/人）	
	基期	报告期	基期	报告期
甲	6	6.4	5000	6000
乙	3	6.0	4000	5000
丙	1	3.6	2500	3000

要求：

（1）计算劳动生产率可变构成指数、固定构成指数和结构影响指数。

（2）从相对数和绝对数两个方面对劳动生产率的变动原因进行简要分析。

5. 已知某企业使用 A、B 两种材料生产甲、乙两种产品，生产情况如表 8-10 所示。

表 8-10　某企业使用 A、B 两种材料生产的甲、乙两种产品的情况

产品	材料名称	产量/百千克		单耗		单价/元	
		基期	报告期	基期	报告期	基期	报告期
甲	A	11	10	10	9.6	4.0	4.8
乙	B	10	12	8	7.5	4.2	4.2

要求：从相对数和绝对数两个方面对该企业原材料消耗变动进行因素分析。

第九章　Excel 在统计中的应用

学习目标

（1）了解 Excel 数据分析工具库宏程序的开启和操作。

（2）掌握 Excel 在描述统计中的应用和计算常用统计指标。

（3）掌握 Excel 在总体均值、总体比例和总体方差区间估计中的应用。

（4）掌握 Excel 在假设检验中的应用。

（5）能熟练使用 Excel 进行相关分析和回归分析，主要包括相关系数和回归方程参数的计算，并能正确解读相关输出结果。

（6）掌握在 Excel 环境下利用移动平均法和指数平滑法分析时间序列。

（7）熟练使用 Excel 计算总指数和平均指数。

第一节　Excel 数据分析工具库宏程序的开启和操作

一、加载 Excel“数据分析”宏程序

Excel 作为 Office 的一个重要组成部分，不仅具有处理相关电子表格的功能，还带有一个可以用来进行统计数据处理分析的宏程序库——“分析工具库”。通常计算机安装了 Excel（2003 版）以后不能直接用来进行数据分析，需要通过加载宏，启动“分析工具库”后才能运行“数据分析”宏程序。

具体操作步骤如下：

新建一工作表，单击“数据”，右上角红色边框区域没有出现“数据分析”命令，则说明 Excel 未加载分析工具宏程序，如图 9-1 所示。

单击左上角“文件”，在下拉菜单中单击“选项”→“加载项”→“分析工具库”→“转到”，勾选“分析工具库”，跳出图 9-2 所示的对话框，勾选“分析工具库”。

加载后，单击“数据”，右上角红色边框区域有“数据分析”命令，即说明分析工具程序加载完成，如图 9-3 所示。

图 9-1　未加载分析工具宏程序前的状态

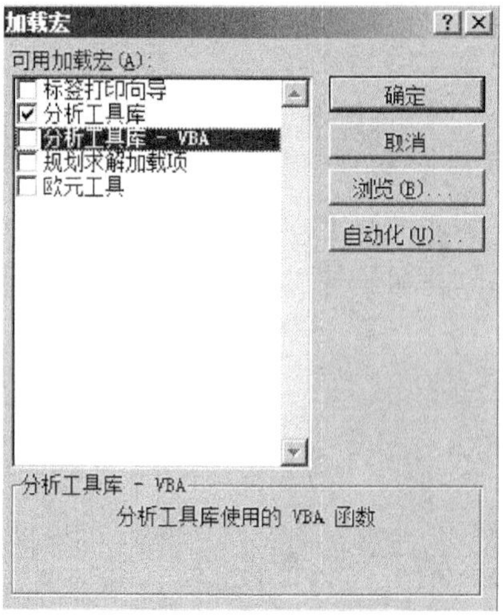

图 9-2　【加载宏】对话框

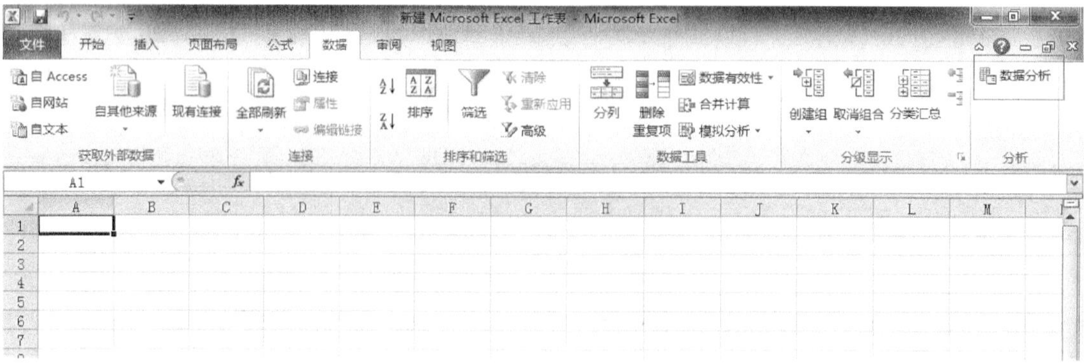

图 9-3　加载后的状态

二、利用 Excel 数据分析功能进行统计数据处理分析

完成“数据分析”的加载后，单击“数据”→“数据分析”，弹出数据分析对话框。这里会出现统计当中经常使用的分析工具，如“描述统计”“回归”“直方图”“移动平均”“*t* 检验”等（图 9-4）。根据统计需要选中相应的分析工具，单击“确定”，跳出该分析工具的运行对话框，通过运行对话框的对话，可以一步步地进入该统计分析工具的运行处理过程，操作过程比较简单，如图 9-5 所示。

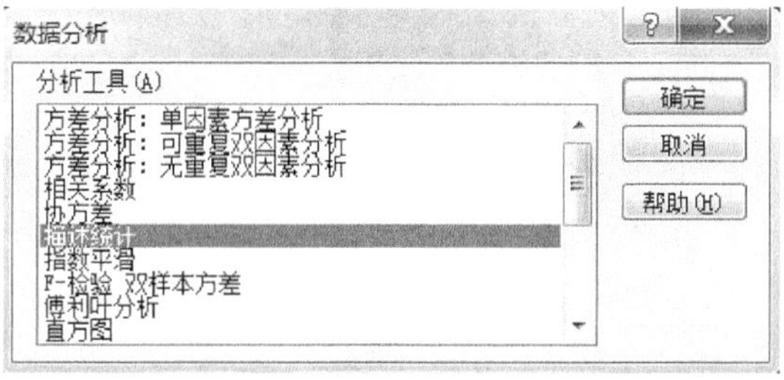

图 9-4 “数据分析”对话框

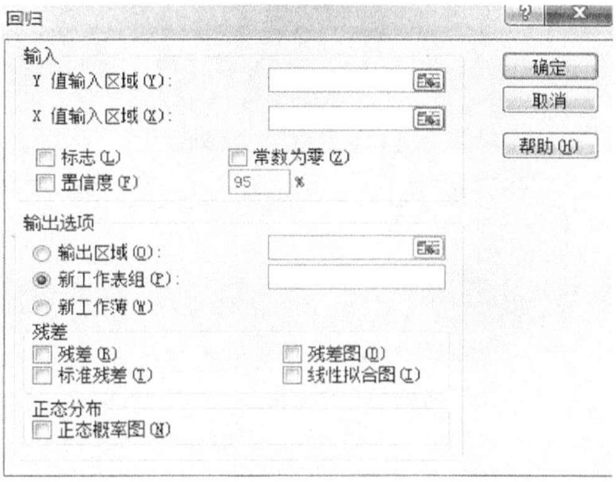

图 9-5 “回归”对话框

第二节 Excel 在描述统计中的应用

一、应用 Excel“数据分析”工具计算描述统计量

【例 9-1】 表 9-1 是某交易所三种股票 10 个交易日的收盘价，应用 Excel 计算 10 个交易日三种股票的描述统计量，并分析三种股票收盘价为股民提供了怎样的信息。

表 9-1 某交易所股票收盘价格资料 单位：元

交易日	1	2	3	5	6	7	8	9	10
A 股票	24	30	33	26	22	21	25	28	33
B 股票	24	25	23	26	28	29	29	31	30
C 股票	24	30	34	33	30	26	22	18	17

具体操作步骤如下：

第一步，单击“数据”，在右上角找到“数据分析”，点开。

第二步，在出现的对话框中，选择“描述统计”，单击“确定”，如图 9-6 所示。

第三步，在“描述统计”对话框中，输入区域：将 30 个数据全选，即$B$4:$K$6，分组方式选“逐行”，输出区域：任意单击一空白单元格，如$J$14，勾选“汇总统计”，其他选项默认，单击“确定”。操作如图 9-7 所示。结果如图 9-8 所示。

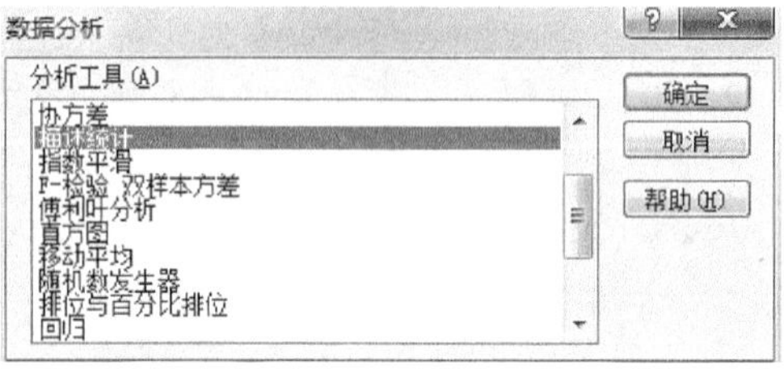

图 9-6 数据分析→描述统计

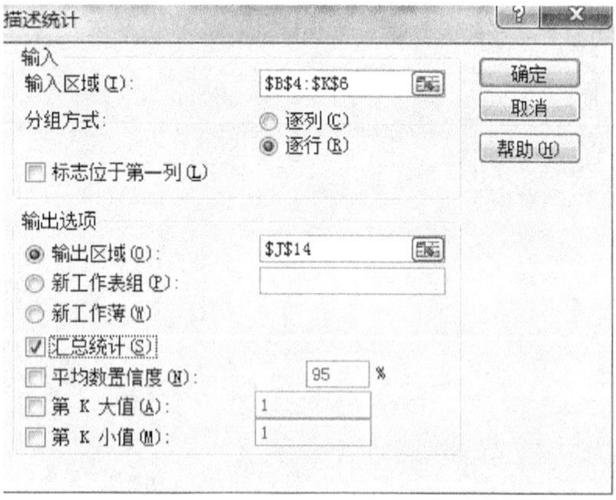

图 9-7 描述统计

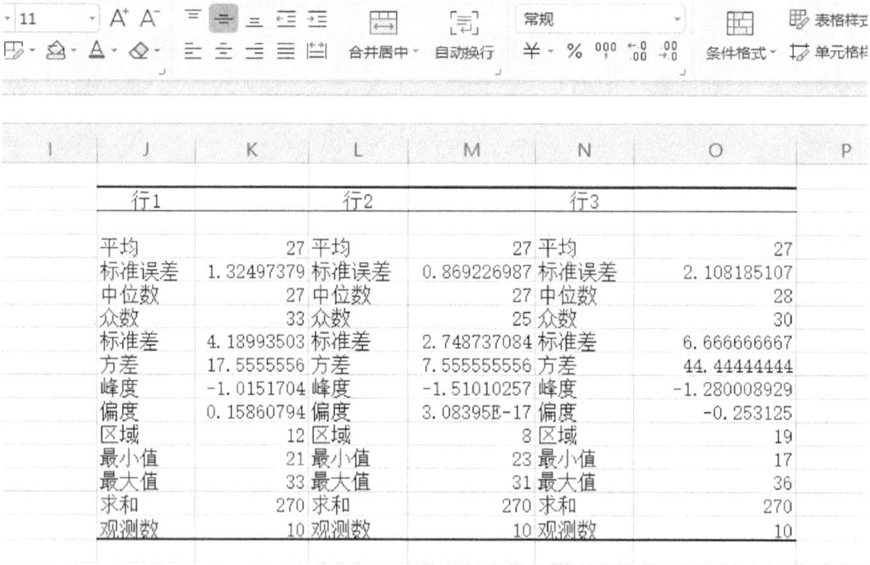

行1		行2		行3	
平均	27	平均	27	平均	27
标准误差	1.32497379	标准误差	0.869226987	标准误差	2.108185107
中位数	27	中位数	27	中位数	28
众数	33	众数	25	众数	30
标准差	4.18993503	标准差	2.748737084	标准差	6.666666667
方差	17.5555556	方差	7.555555556	方差	44.44444444
峰度	-1.0151704	峰度	-1.51010257	峰度	-1.280008929
偏度	0.15860794	偏度	3.08395E-17	偏度	-0.253125
区域	12	区域	8	区域	19
最小值	21	最小值	23	最小值	17
最大值	33	最大值	31	最大值	36
求和	270	求和	270	求和	270
观测数	10	观测数	10	观测数	10

图 9-8 输出结果

输出结果中“行 1”“行 2”“行 3”这三列数据即为三种股票的描述统计量，我们可以从中分析三种股票的集中趋势、离散程度和分布形态。另外，由于三种股票 10 个工作日收盘价的平均值均为 27，因此，要进一步比较它们的离散程度，无须计算离散系数，只须通过标准差做比较即可。从结果我们可以看出，B 股票的标准差最小，数据比较集中，离散程度最小，因此对于保守型的投资者，可考虑购买 B 股票，C 股票标准差最大，数据离散程度最大，因此对于冒险型的投资者，可以留意 C 股票的动态，择机进行投资。

二、应用 Excel 函数工具计算描述统计量

在 Excel 中还可以手工创建公式计算各种描述统计量，或者应用 Excel 中的统计函数来计算。还是采用【例 9-1】的数据，我们用统计函数对平均值、中位数、众数、标准差、方差等进行操作，一般操作步骤如下。

1. 平均值

将光标放在任意空白单元格，单击 f_x；可以搜索函数“AVERAGE”，单击“转到”按钮，也可以在“或选择类别”→“统计”列表中选择函数“AVERAGE”，单击“确定”，如图 9-9 所示。

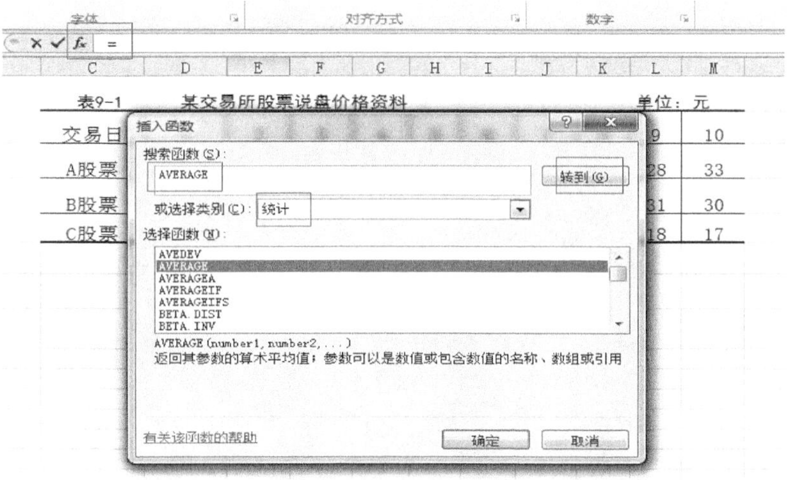

图 9-9 插入函数

在“Number1”中选择所要计算平均值的数据区域，单击“确定”按钮，如图 9-10 所示。

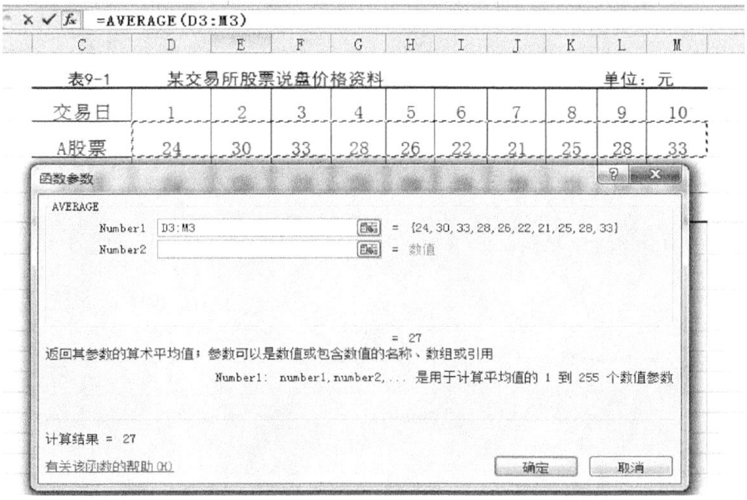

图 9-10 函数参数对话框（AVERAGE）

计算结果 27 即为 A 股票 10 个交易日收盘价的平均值。

Excel 中函数的计算方法较多，也可以直接在任意空白单元格输入“=AVERAGE”，再将数据区域选中，按回车键，结果返回“27”。

A 股票 10 个交易日收盘价的中位数为 27。

2. 标准差

将光标放在任意空白单元格，单击 f_x；可以搜索函数“STDEV.S”，单击“转到”按钮，也可以在“或选择类别”→“统计”列表中选择函数“STDEV.S”，单击“确定”按钮。

在“Number1”中选择所要计算标准差的数据区域，单击“确定”按钮，如图 9-11 所示。

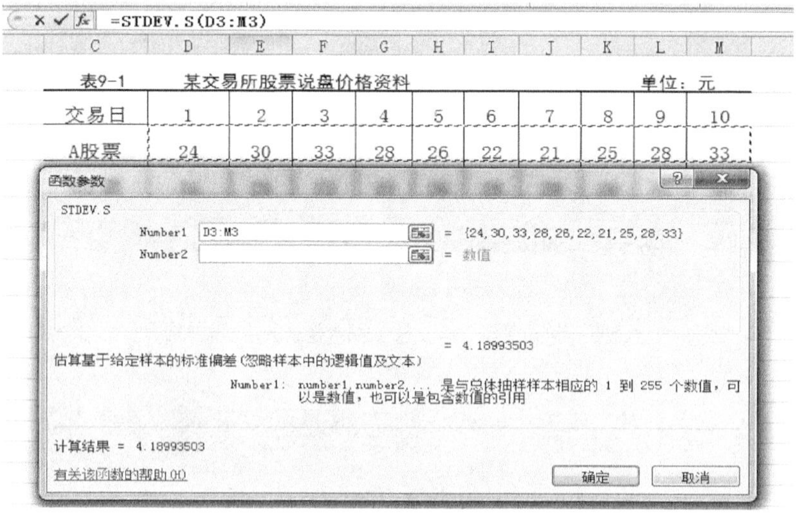

图 9-11　函数参数对话框（STDEV.S）

返回结果 4.19 即为 A 股票 10 个交易日收盘价的标准差，STDEV.S 计算的是样本标准差。

为了方便同学们应用 Excel 函数工具计算描述统计量，下面对常用的描述统计量函数的英文名称做简要介绍。其中包括最大值（MAX）、最小值（MIN）、平均值（AVERAGE）、中位数（MEDIAN）、众数（MODE）、几何平均数（GEOMEAN）、平均差（AVEDEV）、样本标准差（STDEV）、总体标准差（STDEVP）、样本方差（VAR）、总体方差（VARP）等，本章只介绍平均值和样本标准差的操作步骤，其他指标操作方法基本相同。

第三节　Excel 在参数估计中的应用

参数估计是在样本统计量概率分布的基础上，根据样本信息估计所关心的总体参数，本小节主要介绍 Excel 在总体均值、总体比例和总体方差等区间估计上的应用。

一、Excel 在总体均值区间估计中的应用

在第四章我们已经详细介绍了在对总体均值进行区间估计时的几种情况，包括大样本、小样本、总体方差已知或未知等，但不管是哪种情况，总体均值的置信区间都是由样本均值加减估计误差得到的，我们用 E 表示估计误差，总体均值在1-α置信水平下的置信区间一般可以表示为：$\bar{x} \pm E$。

1. 大样本的估计

在大样本的情形下，总体均值μ在$1-\alpha$置信水平下的置信区间用$\bar{x} \pm z_{\alpha/2}\dfrac{\sigma}{\sqrt{n}}$来计算，当$\sigma$未知时，我们可以用样本标准差$s$进行代替，我们沿用第四章的例题进行操作。

【例 9-2】某大学为了了解学生每天上网时间，在全校 7500 名学生中随机抽取 36 人调查他们每天上网的时间，得到如下数据：

表9-2　36名学生每天上网时间　　单位：小时

3.3	3.1	6.2	5.8	2.3	4.1	5.4	4.5	3.2
4.4	2	5.4	2.6	6.4	1.8	3.5	5.7	2.3
2.1	1.9	1.2	5.1	4.3	4.2	3.6	0.8	1.5
4.7	1.4	1.2	2.9	3.5	2.4	0.5	3.6	2.5

已知上网时间服从正态分布，试估计该校大学生平均上网时间的置信区间，置信水平为 95%：（1）总体标准差为 1.59 小时；（2）总体方差未知。

解：

（1）已知$\sigma=1.59$，$n=36$，显著性水平$\alpha=0.05$，$z_{\alpha/2}=1.96$，由样本数据计算得：$\bar{x}=3.32$，总体均值置信区间为

$$\bar{x} \pm z_{\alpha/2}\frac{\sigma}{\sqrt{n}} = 3.32 \pm 1.96 \times \frac{1.59}{\sqrt{36}} = 3.32 \pm 0.5194$$

即 [2.8, 3.84] 为 95%置信水平下估计的该校大学生平均上网时间的置信区间。

（2）总体方差未知，用样本标准差代替，由样本数据计算得$s=1.61$，总体均值置信区间为

$$\bar{x} \pm z_{\alpha/2}\frac{s}{\sqrt{n}} = 3.32 \pm 1.96 \times \frac{1.61}{\sqrt{36}} = 3.32 \pm 0.5259$$

即 [2.8, 3.85] 为 95%置信水平下估计的该校大学生平均上网时间的置信区间。

在大样本情况下，估计误差 E 可以由 Excel 中的【CONFIDENCE.NORM】函数进行计算，语法为：CONFIDENCE.NORM（alpha，standard_dev，size），其中，alpha 为显著性水平，standard_dev 为已知的总体标准差（未知时用样本标准差代替），size 为样本量。本例题第一小题 E 的计算为：CONFIDENCE.NORM（0.05，1.59，36）=0.51939，结果与手工计算相同。本例题第二小题 E 的计算为：CONFIDENCE.NORM（0.05，1.61，36）=

0.525924，结果与手工计算相同。另外，$z_{\alpha/2}$ 可以用函数 NORM.S.INV（1- $\alpha/2$ ）来计算。

2. 小样本的估计

在小样本的情况下，总体均值的置信区间我们用 $\bar{x} \pm t_{\alpha/2}\frac{s}{\sqrt{n}}$ 来计算。

【例 9-3】一家研究机构想估计在网络公司工作的员工每周加班的平均时间，为此随机抽取了 18 名员工，得到他们每周加班的时间数据如表 4-3 所示，假定员工每周加班的时间服从正态分布，估计网络公司员工平均每周加班时间的 90%的置信区间。

表 9-3　18 名员工每周加班的时间表　　单位：小时

6	21	17	20	7	0	8	16	29
3	8	12	11	9	21	25	15	16

假定网络公司员工每周加班时间服从正态分布，建立员工平均每周加班时间的 90%的置信区间：（1）假定总体标准差为 7.58 小时；（2）假定总体标准差未知。

解：

（1）已知 $n=18$，置信水平为90%，$\alpha=0.05$，$z_{\alpha/2}=1.645$，由表 9-3 的数据计算可得：$\bar{x}=13.56$，$s=7.8$。

由于总体服从正态分布，总体标准差已知，还是可以利用如下公式建立平均加班时间的置信区间

$$\bar{x} \pm z_{\alpha/2}\frac{\sigma}{\sqrt{n}} = 13.56 \pm 1.645 \times \frac{7.58}{\sqrt{18}} = 13.56 \pm 2.94$$

即[10.62，16.5]为员工平均每周加班时间的 90%的置信区间。

（2）已知方差未知，小样本，$\alpha=0.1$，查t分布表得$t_{\alpha/2}(n-1)=1.7396$，构造的置信区间如下

$$\bar{x} \pm t_{\alpha/2}\frac{s}{\sqrt{n}} = 13.56 \pm 1.7396 \times \frac{7.8}{\sqrt{18}} = 13.56 \pm 3.198$$

即网络公司员工平均每周加班时间的 90%的置信区间为[10.36,16.76]。

在小样本的情况下，估计误差 E 可以由 Excel 中的【CONFIDENCE.T】函数进行计算，语法为：CONFIDENCE.T(alpha,standard_dev,size)，其中，alpha 为显著性水平，standard_dev 为样本标准差，size 为样本量，本例题第二小题 E 的计算为：CONFIDENCE.T (0.1,7.8,18)=3.198，结果与手工计算相同。另外，$t_{\alpha/2}$ 可以用函数 T.INV.2T(alpha, n−1) 来计算。

总体比例和总体方差的区间估计在 Excel 中的操作可以用第四章理论部分介绍的计算公式进行操作，在此不做介绍。

第四节　Excel 在假设检验中的应用

一、*Z* 检验法

以【例 5-1】的资料介绍运用 Excel 进行 *Z* 检验。

1. 利用函数 NORMSINV(p)

操作步骤（图 9-12）：

第一步，在 B6 单元格中输入“样本均值”，在 C6 单元格中输入“99.2”；在 B7 单元格中输入“样本标准差”，在 C7 单元格中输入“0.836”。

第二步，在 B8 单元格中输入“检验统计量 Z”，在 C8 单元格中输入“=(C6-100)/(C7/SQRT(100))”，回车。

第三步，在 B9 单元格中输入“标准正态分布临界值 $z_{\alpha/2}$”，在 C9 单元格中输入“=NORMSINV(0.975)”，按回车键。

由于检验统计量 $|Z|=z_{\alpha/2}$，即检验统计量落入拒绝域，拒绝原假设，也就是说，在显著性水平 α=0.05 下，认为袋装薯片平均质量与规定质量之间存在显著差异。

【例5-1】某品牌的薯片厂商生产的袋装薯片标注其每袋的重量是100g。为了检验该厂商生产的袋装薯片质量是否达标，现从市场上抽取随机100个样本，测得其平均重量为99.2g，样本标准差s=0.836g。在0.05的显著性水平下，袋装薯片平均质量与规定重量之间是否存在差异。

样本均值	99.2
样本标准差	0.836
检验统计量Z	−9.5694
标准正态分布临界值$Z_{\alpha/2}$	1.95996

图 9-12　*Z* 检验法（利用函数 NORMSINV）进行的假设检验

2. 利用函数 NORMSDIST(Z)

操作步骤（图 9-13）：

第一步，在 B6 单元格中输入“样本均值”，在 C6 单元格中输入“99.2”；在 B7 单元格中输入“样本标准差”，在 C7 单元格中输入“0.836”。

第二步，在 B8 单元格中输入“检验统计量 Z”，在 C8 单元格中输入“=(C6-100)/(C7/SQRT(100))”，按回车键。

第三步，在 B9 单元格中输入“标准正态分布从−∞到 $|Z|$ 的概率”，在 C9 单元格中输入“=NORMSDIST(ABS(C8))”，按回车键。

第四步，在 B10 单元格中输入“p 值”，在 C10 单元格中输入“=1-B10”，按回车键。

由于 p值=0.0000<α，拒绝原假设，即在显著性水平 α=0.05 下，可以认为袋装薯片平均质量与规定质量之间存在显著差异。

【例5-1】某品牌的薯片厂商生产的袋装薯片标注其每袋的重量是100g。为了检验该厂商生产的袋装薯片质量是否达标，现从市场上抽取随机100个样本，测得其平均重量为99.2g，样本标准差s=0.836g。在0.05的显著性水平下，袋装薯片平均质量与规定重量之间是否存在差异。

样本均值	99.2
样本标准差	0.836
检验统计量Z	−9.5694
标准正态分布从−∞到|Z|的概率	1.0000
p值	0.0000

图 9-13　*Z*检验法（利用函数NORMSDIST）进行的假设检验

二、*t* 检验法

以【例 5-8】的资料介绍运用 Excel 进行 *t* 检验。

1. 利用函数 TINV(probabity, degree freedom)

具体步骤（如图 9-14）：

第一步，在 B 单元格中 6 输入“样本均值”，在 C6 单元格中输入“984”；在 B7 单元格中输入“样本标准差”，在 C7 单元格中输入“24”。

第二步，在 B8 单元格中输入“检验统计量 Z”，在 C8 单元格中输入“=(C6-1000)/(C7/SQRT(9))”，按回车键。

第三步，在 B9 单元格中输入“ *t* 分布临界值”，在 C9 单元格中输入“=TINV(0.05*2,9-1)”，按回车键。

由于检验统计量$|t|>$临界值，落入拒绝域，因此拒绝原假设，说明该自动包装机包装的产品重量显著偏轻。

【例5−8】某厂采用自动包装机分装产品，假定每包产品的重量服从正态分布，每包标准重量为1000克，某日随机抽查9包，测得样本平均重量为984克，样本标准差是24克。试问在0.05的显著性水平上，该自动包装机包装的产品重量是否偏轻?

样本均值	984
样本标准差	24
检验统计量t	−2.00
t分布临界值	1.8595

图 9-14　*t* 检验法（利用函数 TINV）进行的假设检验

2. 利用函数 TDIST(t, degree freedom, tails)

具体步骤（图 9-15）：

第一步，在 B6 单元格中输入“样本均值”，在 C6 单元格中输入“984”；在 B7 单元格中输入“样本标准差”，在 C7 单元格中输入“24”。

第二步，在 B8 单元格中输入“检验统计量 *t*”，在 C8 单元格中输入“=(C6-1000)/(C7/SQRT(9))”，按回车键。

第三步，在 B9 单元格中输入“t 统计量对应的 p 值”，在 C9 单元格中输入“=TDIST(ABS(C8),10-1,1)”，按回车键。

由于检验统计量对应的 p 值=0.0383<0.05，拒绝原假设，说明该自动包装机包装的产品重量显著偏轻。

	A	B	C	D	E	F	G	H	I
1–4	【例5−8】某厂采用自动包装机分装产品，假定每包产品的重量服从正态分布，每包标准重量为1000克，某日随机抽查9包，测得样本平均重量为984克，样本标准差是24克。试问在0.05的显著性水平上，该自动包装机包装的产品重量是否偏轻?								
5									
6		样本均值	984						
7		样本标准差	24						
8		检验统计量t	−2.00						
9		t统计量对应的p值	0.0383						

图 9-15　*t* 检验法（利用函数 TDICT）进行的假设检验

第五节　Excel 在相关分析与回归分析中的应用

本节以【例 6-1】的内容介绍如何运用 Excel 进行相关分析和回归分析。

一、相关图的绘制

将【例 6-1】中的资料建立 Excel 工作表，如图 9-16 所示。

	A	B	C	D	E	F	G
1	销售额 x	利润 y					
2	160	9.3					
3	80	4.8					
4	161	8.9					
5	101	6.5					
6	80	4.2					
7	128	6.2					
8	120	7.4					
9	105	6					
10	145	7.6					
11	145	6.1					
12							

图 9-16　销售额与利润表

相关步骤如下：

第一步，选择区域 A1:B11，如图 9-16 所示。

第二步，打开“插入图表”对话框。在“插入图表”对话框中选择“XY 散点图”，并在散点图类型中选择第一类散点图下的第二种类型，如图 9-17 所示。

第三步，单击“确定”按钮，得到如图 9-18 所示的散点图 1。

第四步，对散点图的横纵坐标进行调整。双击散点图表的横坐标，弹出“设置坐标轴格式”对话框，将“边界”内的最小值修改为 60，如图 9-19 所示，然后按回车键。同理，将纵坐标的边界最小值设定为 3，得到如图 9-20 所示的散点图 2。

第五步，添加横纵坐标轴标题，并将图表标题修改为“销售量与利润散点图”，得到如图 9-21 所示的散点图 3。

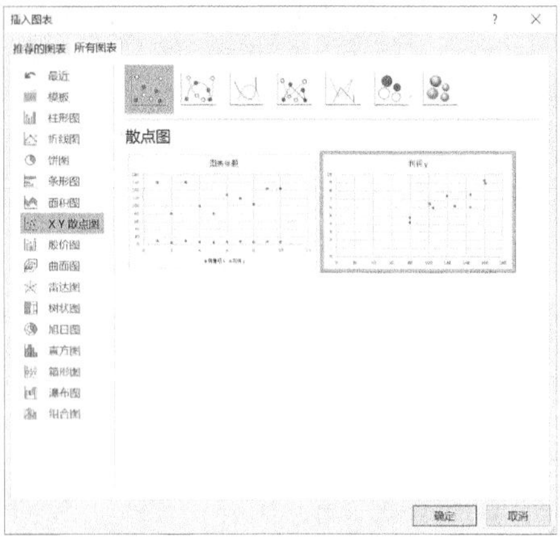

图 9-17 “插入图表”对话框

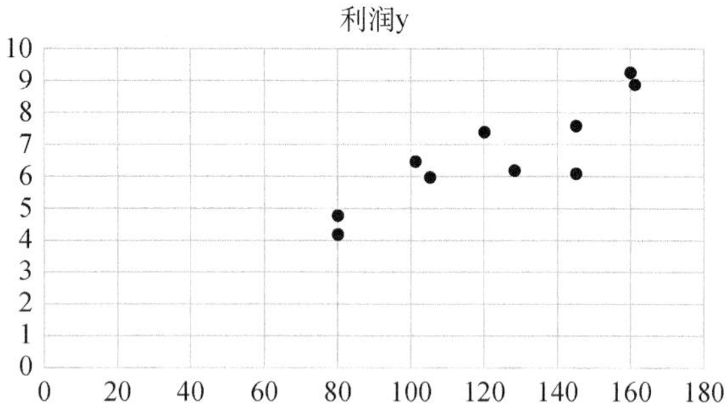

图 9-18 散点图 1

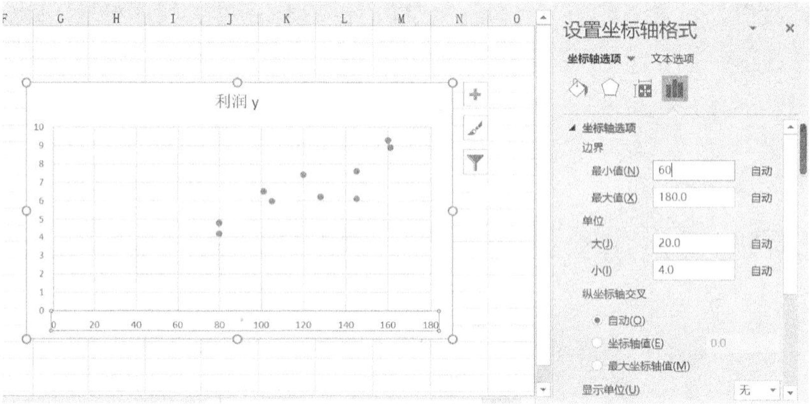

图 9-19 “设置坐标轴格式”对话框

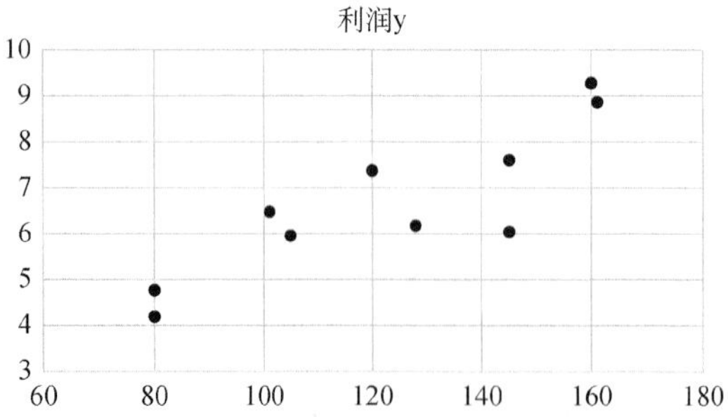

图 9-20 散点图 2

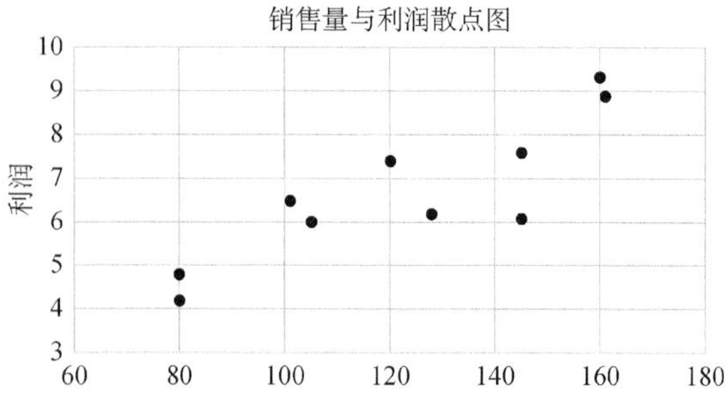

图 9-21 散点图 3

二、相关系数的计算

在 Excel 数据分析宏中，Excel 专门提供了计算相关系数宏过程。利用此宏过程，可以计算多个变量之间的相关系数矩阵。

利用相关系数宏计算相关系数矩阵的过程如下：

第一步，单击 Excel“工具”菜单，选择“数据分析”。

第二步，在“数据分析”宏过程中，选择“相关系数”，弹出“相关系数”对话框，如图 9-22 所示。

第三步，在对话框的“输入区域”中选择两个变量所在区域$A$2:$B$11，数据以列排列，输出区域选择在同一工作表中的 E3 单元格。计算结果如图 9-23 所示。

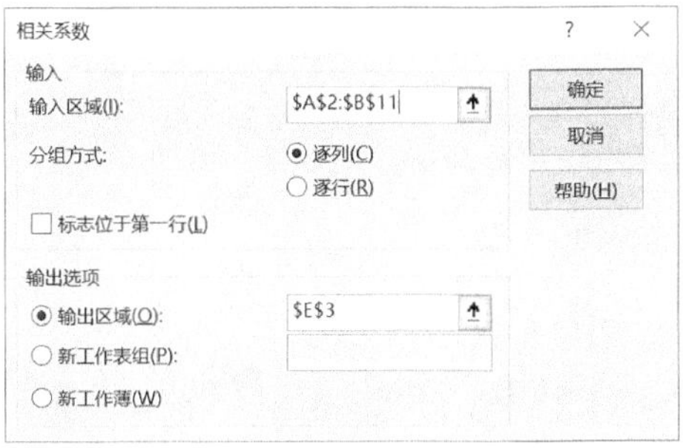

图 9-22 相关系数矩阵

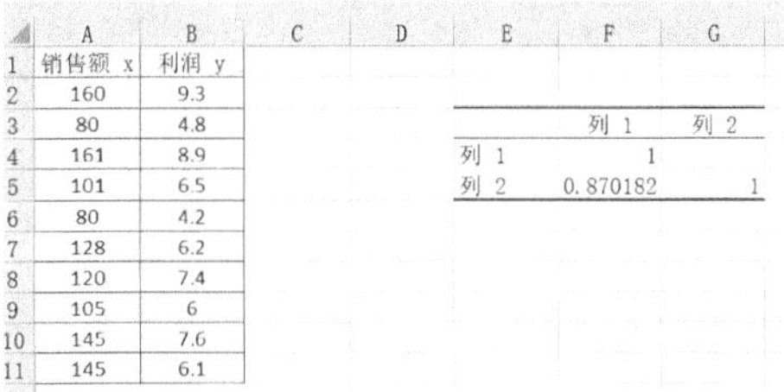

	A	B	C	D	E	F	G
1	销售额 x	利润 y					
2	160	9.3					
3	80	4.8				列 1	列 2
4	161	8.9			列 1	1	
5	101	6.5			列 2	0.870182	1
6	80	4.2					
7	128	6.2					
8	120	7.4					
9	105	6					
10	145	7.6					
11	145	6.1					

图 9-23 相关系数宏

三、回归宏的应用

回归宏确定两个变量之间定量关系的过程如下：

第一步，在工具栏菜单“数据分析”中选择“回归”宏过程，弹出“回归”对话框，如图 9-24 所示。

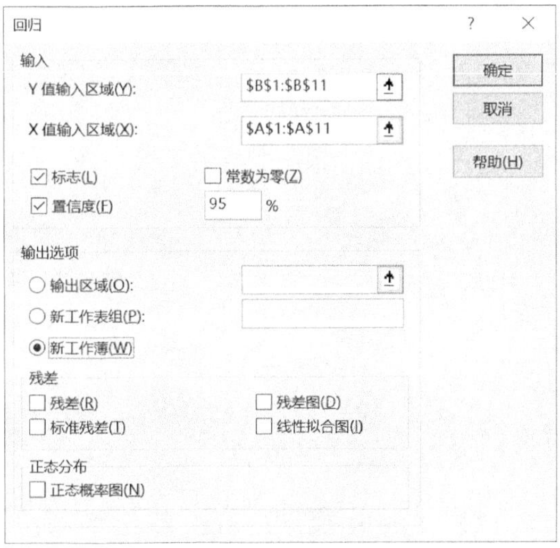

图 9-24 “回归”对话框

第二步，在图 9-24 中，在“Y 值输入区域”内输入$B$1:$B$11，在“X 值输入区域”输入$A$1:$A$11。选中“标志”和“置信度”复选框，输出结果选择在一张新的工作表中（即选中“新工作表”），单击“确定”按钮，即得到图 9-25 所示的回归结果。

	A	B	C	D	E	F	G	H	I
1	SUMMARY OUTPUT								
2									
3	回归统计								
4	Multiple R	0.870182339							
5	R Square	0.757217303							
6	Adjusted R Square	0.726869466							
7	标准误差	0.851653279							
8	观测值	10							
9									
10	方差分析								
11		df	SS	MS	F	Significance F			
12	回归分析	1	18.09749	18.09749	24.95128	0.001059258			
13	残差	8	5.802506	0.725313					
14	总计	9	23.9						
15									
16		Coefficients	标准误差	t Stat	P-value	Lower 95%	Upper 95%	下限 95.0%	上限 95.0%
17	Intercept	0.986229488	1.175146	0.83924	0.425701	-1.72366221	3.696121	-1.72366	3.696121
18	销售额 x	0.046643025	0.009338	4.995125	0.001059	0.02511023	0.068176	0.02511	0.068176

图 9-25 回归分析结果

从“SUMMARY OUTPUT”中可知，回归分析输出结果：

在“回归统计”中，“Multiple R”为相关系数 0.8702，与前面一致，需要注意的是“回归”中的相关系数是 $|r|$，没有方向性，变量的相关方向应根据相关变量的变动方向是否一致来判断或根据相关图来判断。“R Square”为判定系数 0.7572，说明回归效果较好，销售量的线性函数对利润解释程度为 75.72%。回归的“标准误差”为 0.8517，“观测值”个数（即样本容量）为 10。

“方差分析”中，可知“回归分析”和“残差”的自由度分别为 1 和 8，“SS”是离差平方和，回归平方和、残差平方和以及总离差平方和分别为 18.0975、5.8025 和 23.9。F 统计量等于 24.9513，对应 p 值为 0.0011。在显著性水平 α=0.05 的条件下，拒绝原假设，说明销售量与利润的回归模型整体显著，即销售量对利润存在显著影响。

回归结果为：$\hat{\beta}_0 = 0.9862$，$\hat{\beta}_1 = 0.04664$。后面对应的是两估计量的标准误差、t 统计量及其 p 值、两个参数 95% 的置信区间。所估计的一元线性回归方程为 $\hat{y}_i = 0.9951 + 0.0466x_i$。根据参数 $\hat{\beta}_0$ 的 t 统计量的 p 值大于显著性水平 α=0.05，不拒绝原假设，没有证据表明截参数 β_0 显著不为零。根据参数 $\hat{\beta}_1$ 的 t 统计量的 p 值小于显著性水平 α=0.05，拒绝原假设，表明参数 β_0 显著不为零，即销售量对利润存在显著影响。

第六节 Excel 在时间序列分析中的应用

时间序列分析主要是长期趋势和季节变动的测定，在 Excel 环境下，季节变动的测定主要是通过调用简单的函数来实现的，所以本节不做具体介绍，重点讲述长期趋势的测定过程。

一、移动平均法

在 Excel 数据分析中宏工具库里，可以直接用于时间序列数据处理的分析工具宏有“移动平均”和“指数平滑”。

以[例 7-12]中的资料为例，利用 Excel 分别对数据进行项数为 3 和 4 的移动平均，具体步骤如下。

第一步：先打“数据分析”对话框，选中“移动平均”分析工具，如图 9-26 所示，单击“确定”按钮。

第二步：在打开的“移动平均”对话框中，在“输入区域”中输入要预测的数据所在的区域。在“间隔”中输入移动平均的间隔长度（如 3），在“输出区域”中选择结果输出的位置（通常设定为紧靠原始时间数列变量数据的右边一列的最左上方的单元格，如 \$C\$1），再勾选“图表输出”和“标准误差”复选框，单击“确定”按钮，如图 9-27 所示，即可得到三项移动平均的结果。

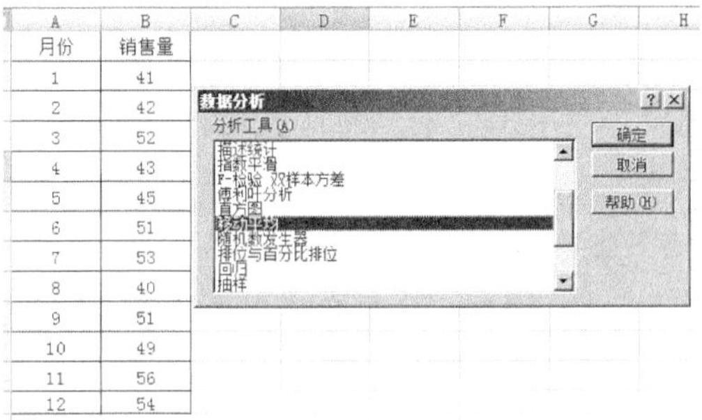

图 9-26 “数据分析”对话框

图 9-27 “移动平均”对话框

返回的移动平均值和标准误差如图 9-28 中的 C 和 D 列单元格所示，返回的实际时间数列的趋势线和移动平均后的新时间数列趋势线的比较图位于工作表的最右边。

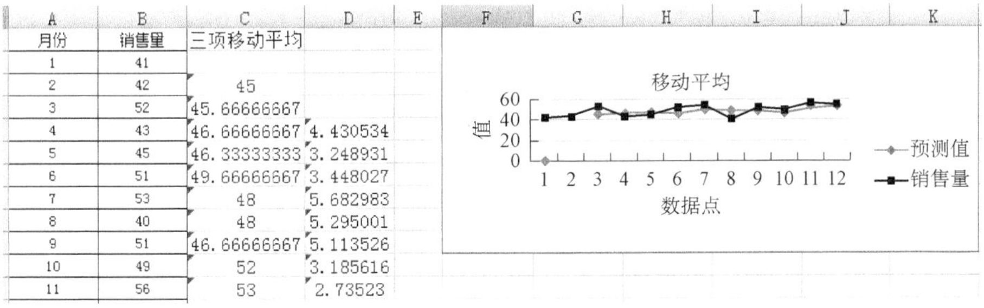

图 9-28 移动平均输出结果

二、指数平滑法

指数平滑法预测是通过对过去的观察值加权平均进行预测的一种方法。移动平均法在逐期移动平均时，将每个样本点的作用同等对待。但在时间序列中，越靠近当前时刻的观察值越能反映当前时刻的性质，而远离当前时刻的观察值对当前时刻的代表性越弱。指数平滑法在计算移动平均时引入一个权数使离当前时刻越近的样本点所起的作用越大。

一次指数平滑公式为

$$F_{t+1}=\alpha Y_t+(1-\alpha)F_t \tag{9-1}$$

其中，Y_t 表示时间序列第 t 期的实际值，F_t 表示第 t 期的预测值，α 称为平滑系数，在 Excel 中（$1-\alpha$）称为阻尼系数，是介于 0 和 1 之间的数。

由于在开始计算时还没有第一期的预测值，通常可以设 F_1 等于第一期的实际值，即 $F_1 = Y_1$。

系数 α 的大小决定了平滑的程度。当 $\alpha = 1$ 时，预测值就是上一期的实际值。α 越接近 1，模型对时间序列变化的反应就越及时，因为它对当前的实际值赋予了比预测值更大的权数。同样，α 越接近 0，意味着对当前的预测值赋予更大的权数，因此模型对时间序列变化的反应就越慢。一般而言，当时间序列有较大的随机波动时，宜选较小的 α；如果注重使用近期的值进行预测，宜选较大的 α。但实际应用时还应考虑预测误差，找出预测误差最小的作为最后的 α 值。

仍以【例 7-12】中的资料为例说明“指数平滑”分析工具的使用方法和步骤。

第一步，单击“数据”菜单中的“数据分析”，在出现的对话框中选择“指数平滑”，单击“确定”按钮。

第二步，在出现的对话框中，在“输入区域”中输入要预测的数据所在区域。在“阻尼系数”中输入 $1-\alpha$ 的值（本例 $\alpha = 0.4$）。在“输出区域”中选择结果的输出位置（选择与第 1 期数值对应的右侧单元格）。勾选“图表输出”和“标准误差”。“指数平滑”对话框设置如图 9-29 所示。

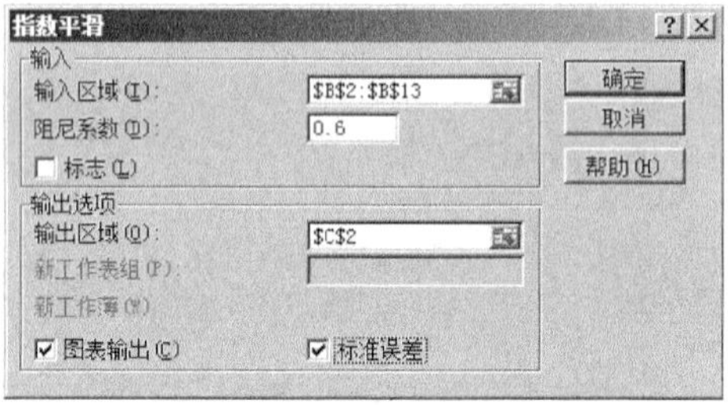

图 9-29　“指数平滑”对话框设置

单击“确定”按钮，返回的指数平滑值和标准误差如图 9-30 中 C 和 D 列单元格所示，返回的实际时间数列数据的趋势线和指数平滑后的新时间数列趋势线的比较图位于工作表的最右边。

	A	B	C	D
1	月份	销售量	指数平滑	预测误差
2	1	41	#N/A	#N/A
3	2	42	41	#N/A
4	3	52	41.4	#N/A
5	4	43	45.64	#N/A
6	5	45	44.584	6.333235087
7	6	51	44.7504	6.311435547
8	7	53	47.25024	3.924290006
9	8	40	49.550144	4.908845629
10	9	51	45.7300864	7.378402958
11	10	49	47.83805184	7.118917985
12	11	56	48.3028311	6.333176225
13	12	54	51.38169866	5.427354232

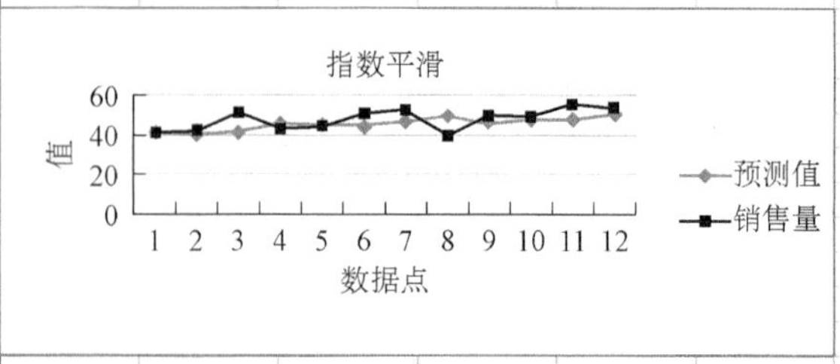

图 9-30　指数平滑输出结果

第七节　Excel 在指数分析中的应用

一、用 Excel 计算总指数

以【例 8-4】中的资料为例，计算三种商品的销售额总指数、销售量总指数和销售价格总指数。

步骤如下：

（1）计算各种商品的 p_0q_0 和 Σp_0q_0 。在 G5 单元格中输入“=C5*E5”，并用鼠标拖曳将公式复制到 G5:G7 区域，单击工具栏上的“Σ”按钮，在 G6 单元格中出现该列的求和值。

（2）按照（1）的操作步骤，完成 H3:H6 和 I3:I6 的填充。

（3）计算销售额总指数。在 C10 单元格中输入“=H8/G8*100”，即可求得销售额总指数。

（4）计算销售量总指数。在 C11 单元格中输入“=I8/G8*100”，即可求得销售量总指数。

（5）计算销售价格总指数。在 C12 单元格中输入“=H8/I8*100”，即可求得销售价格总指数。

总指数计算结果如图 9-31 所示。

	A	B	C	D	E	F	G	H	I
1	商品名称	计量单位	销售量 q		价格（元） p		销售额（元）		
2									
3			基期 q_0	报告期 q_1	基期 p_0	报告期 p_1	p_0q_0	p_1q_1	p_0q_1
4									
5	鞋子	双	100	80	200	220	20000	17600	16000
6	苹果	千克	200	300	5	4.5	1000	1350	1500
7	笔	支	1000	900	0.8	1	800	900	720
8	合计	—	—	—	—	—	21800	19850	18220
9									
10	销售额总指数（%）		91.05505						
11	销售量总指数（%）		83.57798						
12	价格总指数（%）		108.9462						

图 9-31　总指数计算结果

二、用 Excel 计算平均指数

（一）加权算术平均指数

以【例 8-6】中的资料为例，计算三种商品销售量总指数。

计算步骤如下：

（1）计算个体指数 $k = q_1/q_0$ ，在 F5 单元格中输入“=D5/C5”，并用鼠标拖曳的方式将公式复制到 F5:F7 区域。

（2）计算 $k \times p_0q_0$，并求和。在 G5 单元格中输入“=E5*F5”，并用鼠标拖曳的方式将公式复制到 G5:G7 区域。选定 G5:G7 区域，单击工具栏中的“Σ”，在 G8 单元格中出现该列的求和值。

（3）计算销售量总指数。在 C10 单元格中输入“=G8/E8*100”，即可得到所求的数值，如图 9-32 所示。

	A	B	C	D	E	F	G
1–2	商品名称	计量单位	销售量 q		基期销售额（元）	个体指数	
3–4			基期 q_0	报告期 q_1	p_0q_0	q_1/q_0	$p_0q_0\times\frac{q_1}{q_0}$
5	甲	件	100	80	20000	0.8	16000
6	乙	吨	200	300	1000	1.5	1500
7	丙	支	1000	900	800	0.9	720
8	合计	—	—	—	21800	—	18220
9							
10	销售量总指数（%）		83.57798165				

图 9-32　加权算术平均数法计算

（二）加权调和平均指数

以【例 8-7】中的资料为例，计算三种商品价格总指数。

计算步骤如下：

（1）计算个体指数 $k=p_1/p_0$，在 F4 单元格中输入“=D4/C4”，并用鼠标拖曳将公式复制到 F4:F6 区域。

（2）计算 $p_1q_1\div(1/k)$，并求和。在 G4 单元格中输入“=E4/F4”，并用鼠标拖曳将公式复制到 G4:G6 区域。选定 G4:G6 区域，单击工具栏中的“Σ”，在 G7 单元格中出现该列的求和值。

（3）计算价格总指数。在 C9 单元格中输入“=E7/G7*100”，即可得到所求的数值，如图 9-33 所示。

	A	B	C	D	E	F	G
1	商品名称	计量单位	价格（元）		报告期销售额（元）	个体指数	
2–3			基期 p_0	报告期 p_1	p_1q_1	p_1/p_0	$p_1q_1\div\frac{p_1}{p_0}$
4	甲	件	200	220	17600	1.1	16000
5	乙	吨	5	4.5	1350	0.9	1500
6	丙	支	0.8	1	900	1.25	720
7	合计	—	—	—	19850	—	18220
8							
9	销售价格总指数（%）		108.946213				

图 9-33　加权调和平均数法计算

附录　统计表

附表 1　标准正态分布表

利用 Excel 提供的统计函数“NORM.S.DIST”，可以生成标准正态分布概率表，即 $P(Z \leqslant x)$。生成标准正态分布概率表的具体操作如下。

第一步：将 x 的值输入到工作表的 A 列，将 x 取值的尾数输入到第 1 行，形成标准正态分布表的表头，如下表所示。

	A	B	C	D	E	F	G	H	I	J	K
1	x	0.00	0.01	0.02	0.03	0.04	0.05	0.06	0.07	0.08	0.09
2	0.0										
3	0.1										
4	0.2										
5	0.3										
6	0.4										
7	0.5										
8	0.6										
9	0.7										
10	0.8										
11	0.9										
12	1.0										
13	1.1										
14	1.2										
15	1.3										
16	1.4										
17	1.5										
18	1.6										
19	1.7										
20	1.8										
21	1.9										
22	2.0										
23	2.1										
24	2.2										
25	2.3										
26	2.4										
27	2.5										
28	2.6										
29	2.7										
30	2.8										
31	2.9										
32	3.0										
33	3.1										
34	3.2										
35	3.3										
36	3.4										
37	3.5										
38	3.6										
39	3.7										
40	3.8										
41	3.9										
42	4.0										

第二步：在 B2 单元格中输入公式“=NORM.S.DIST（$A2+B$1）”，然后将其向下、向右复制即可得到标准正态分布概率表，部分结果如下表所示。

	A	B	C	D	E	F	G	H	I	J	K
1	*x*	0.00	0.01	0.02	0.03	0.04	0.05	0.06	0.07	0.08	0.09
2	0.0	0.5000	0.5040	0.5080	0.5120	0.5160	0.5199	0.5239	0.5279	0.5319	0.5359
3	0.1	0.5398	0.5438	0.5478	0.5517	0.5557	0.5596	0.5636	0.5675	0.5714	0.5753
4	0.2	0.5793	0.5832	0.5871	0.5910	0.5948	0.5987	0.6026	0.6064	0.6103	0.6141
5	0.3	0.6179	0.6217	0.6255	0.6293	0.6331	0.6368	0.6406	0.6443	0.6480	0.6517
6	0.4	0.6554	0.6591	0.6628	0.6664	0.6700	0.6736	0.6772	0.6808	0.6844	0.6879
7	0.5	0.6915	0.6950	0.6985	0.7019	0.7054	0.7088	0.7123	0.7157	0.7190	0.7224
8	0.6	0.7257	0.7291	0.7324	0.7357	0.7389	0.7422	0.7454	0.7486	0.7517	0.7549
9	0.7	0.7580	0.7611	0.7642	0.7673	0.7704	0.7734	0.7764	0.7794	0.7823	0.7852
10	0.8	0.7881	0.7910	0.7939	0.7967	0.7995	0.8023	0.8051	0.8078	0.8106	0.8133
11	0.9	0.8159	0.8186	0.8212	0.8238	0.8264	0.8289	0.8315	0.8340	0.8365	0.8389
12	1.0	0.8413	0.8438	0.8461	0.8485	0.8508	0.8531	0.8554	0.8577	0.8599	0.8621
13	1.1	0.8643	0.8665	0.8686	0.8708	0.8729	0.8749	0.8770	0.8790	0.8810	0.8830
14	1.2	0.8849	0.8869	0.8888	0.8907	0.8925	0.8944	0.8962	0.8980	0.8997	0.9015
15	1.3	0.9032	0.9049	0.9066	0.9082	0.9099	0.9115	0.9131	0.9147	0.9162	0.9177
16	1.4	0.9192	0.9207	0.9222	0.9236	0.9251	0.9265	0.9279	0.9292	0.9306	0.9319
17	1.5	0.9332	0.9345	0.9357	0.9370	0.9382	0.9394	0.9406	0.9418	0.9429	0.9441
18	1.6	0.9452	0.9463	0.9474	0.9484	0.9495	0.9505	0.9515	0.9525	0.9535	0.9545
19	1.7	0.9554	0.9564	0.9573	0.9582	0.9591	0.9599	0.9608	0.9616	0.9625	0.9633
20	1.8	0.9641	0.9649	0.9656	0.9664	0.9671	0.9678	0.9686	0.9693	0.9699	0.9706
21	1.9	0.9713	0.9719	0.9726	0.9732	0.9738	0.9744	0.9750	0.9756	0.9761	0.9767
22	2.0	0.9772	0.9778	0.9783	0.9788	0.9793	0.9798	0.9803	0.9808	0.9812	0.9817
23	2.1	0.9821	0.9826	0.9830	0.9834	0.9838	0.9842	0.9846	0.9850	0.9854	0.9857
24	2.2	0.9861	0.9864	0.9868	0.9871	0.9875	0.9878	0.9881	0.9884	0.9887	0.9890
25	2.3	0.9893	0.9896	0.9898	0.9901	0.9904	0.9906	0.9909	0.9911	0.9913	0.9916
26	2.4	0.9918	0.9920	0.9922	0.9925	0.9927	0.9929	0.9931	0.9932	0.9934	0.9936
27	2.5	0.9938	0.9940	0.9941	0.9943	0.9945	0.9946	0.9948	0.9949	0.9951	0.9952
28	2.6	0.9953	0.9955	0.9956	0.9957	0.9959	0.9960	0.9961	0.9962	0.9963	0.9964
29	2.7	0.9965	0.9966	0.9967	0.9968	0.9969	0.9970	0.9971	0.9972	0.9973	0.9974
30	2.8	0.9974	0.9975	0.9976	0.9977	0.9977	0.9978	0.9979	0.9979	0.9980	0.9981
31	2.9	0.9981	0.9982	0.9982	0.9983	0.9984	0.9984	0.9985	0.9985	0.9986	0.9986
32	3.0	0.9987	0.9987	0.9987	0.9988	0.9988	0.9989	0.9989	0.9989	0.9990	0.9990
33	3.1	0.9990	0.9991	0.9991	0.9991	0.9992	0.9992	0.9992	0.9992	0.9993	0.9993
34	3.2	0.9993	0.9993	0.9994	0.9994	0.9994	0.9994	0.9994	0.9995	0.9995	0.9995
35	3.3	0.9995	0.9995	0.9995	0.9996	0.9996	0.9996	0.9996	0.9996	0.9996	0.9997
36	3.4	0.9997	0.9997	0.9997	0.9997	0.9997	0.9997	0.9997	0.9997	0.9997	0.9998
37	3.5	0.9998	0.9998	0.9998	0.9998	0.9998	0.9998	0.9998	0.9998	0.9998	0.9998
38	3.6	0.9998	0.9998	0.9999	0.9999	0.9999	0.9999	0.9999	0.9999	0.9999	0.9999
39	3.7	0.9999	0.9999	0.9999	0.9999	0.9999	0.9999	0.9999	0.9999	0.9999	0.9999
40	3.8	0.9999	0.9999	0.9999	0.9999	0.9999	0.9999	0.9999	0.9999	0.9999	0.9999
41	3.9	1.0000	1.0000	1.0000	1.0000	1.0000	1.0000	1.0000	1.0000	1.0000	1.0000
42	4.0	1.0000	1.0000	1.0000	1.0000	1.0000	1.0000	1.0000	1.0000	1.0000	1.0000

附表 2 标准正态分布分位数表

利用 Excel 提供的统计函数“NORM.S.INV”，可以生成标准正态分布分位数，该表是根据标准正态分布随机变量的累积概率的值计算的相应的临界值。如果有 $P(Z \leqslant x) = p$，则对于任意给定的 $p(0 \leqslant p \leqslant 1)$，可以求出相应 x。用 Excel 生成标准正态分布分位数表的具体操作步骤如下。

第一步：将标准正态变量累积概率的值输入到工作表的 A 列，其尾数输入到第 1 行，形成标准正态分布分位数表的表头，如下表所示。

	A	B	C	D	E	F	G	H	I	J	K
1	*p*	0.00	0.01	0.02	0.03	0.04	0.05	0.06	0.07	0.08	0.09
2	0.50										
3	0.51										
4	0.52										
5	0.53										
6	0.54										
7	0.55										
8	0.56										
9	0.57										
10	0.58										
11	0.59										
12	0.60										
13	0.61										
14	0.62										
15	0.63										
16	0.64										
17	0.65										
18	0.66										
19	0.67										
20	0.68										
21	0.69										
22	0.70										
23	0.71										
24	0.72										
25	0.73										
26	0.74										
27	0.75										
28	0.76										
29	0.77										
30	0.78										
31	0.79										
32	0.80										
33	0.81										
34	0.82										
35	0.83										
36	0.84										
37	0.85										
38	0.86										
39	0.87										
40	0.88										
41	0.89										
42	0.90										
43	0.91										
44	0.92										
45	0.93										
46	0.94										
47	0.95										
48	0.96										
49	0.97										
50	0.98										

第二步：在 B2 单元格中输入公式“=NORM.S.INV（$A2+B$1）”，然后将其向下、向右复制即可得到标准正态分布分位数表，部分结果如下表所示。

	A	B	C	D	E	F	G	H	I	J	K
1	***p***	**0.00**	**0.01**	**0.02**	**0.03**	**0.04**	**0.05**	**0.06**	**0.07**	**0.08**	**0.09**
2	**0.50**	0.0000	0.0025	0.0050	0.0075	0.0100	0.0125	0.0150	0.0175	0.0201	0.0226
3	**0.51**	0.0251	0.0276	0.0301	0.0326	0.0351	0.0376	0.0401	0.0426	0.0451	0.0476
4	**0.52**	0.0502	0.0527	0.0552	0.0577	0.0602	0.0627	0.0652	0.0677	0.0702	0.0728
5	**0.53**	0.0753	0.0778	0.0803	0.0828	0.0853	0.0878	0.0904	0.0929	0.0954	0.0979
6	**0.54**	0.1004	0.1030	0.1055	0.1080	0.1105	0.1130	0.1156	0.1181	0.1206	0.1231
7	**0.55**	0.1257	0.1282	0.1307	0.1332	0.1358	0.1383	0.1408	0.1434	0.1459	0.1484
8	**0.56**	0.1510	0.1535	0.1560	0.1586	0.1611	0.1637	0.1662	0.1687	0.1713	0.1738
9	**0.57**	0.1764	0.1789	0.1815	0.1840	0.1866	0.1891	0.1917	0.1942	0.1968	0.1993
10	**0.58**	0.2019	0.2045	0.2070	0.2096	0.2121	0.2147	0.2173	0.2198	0.2224	0.2250
11	**0.59**	0.2275	0.2301	0.2327	0.2353	0.2378	0.2404	0.2430	0.2456	0.2482	0.2508
12	**0.60**	0.2533	0.2559	0.2585	0.2611	0.2637	0.2663	0.2689	0.2715	0.2741	0.2767
13	**0.61**	0.2793	0.2819	0.2845	0.2871	0.2898	0.2924	0.2950	0.2976	0.3002	0.3029
14	**0.62**	0.3055	0.3081	0.3107	0.3134	0.3160	0.3186	0.3213	0.3239	0.3266	0.3292
15	**0.63**	0.3319	0.3345	0.3372	0.3398	0.3425	0.3451	0.3478	0.3505	0.3531	0.3558
16	**0.64**	0.3585	0.3611	0.3638	0.3665	0.3692	0.3719	0.3745	0.3772	0.3799	0.3826
17	**0.65**	0.3853	0.3880	0.3907	0.3934	0.3961	0.3989	0.4016	0.4043	0.4070	0.4097
18	**0.66**	0.4125	0.4152	0.4179	0.4207	0.4234	0.4261	0.4289	0.4316	0.4344	0.4372
19	**0.67**	0.4399	0.4427	0.4454	0.4482	0.4510	0.4538	0.4565	0.4593	0.4621	0.4649
20	**0.68**	0.4677	0.4705	0.4733	0.4761	0.4789	0.4817	0.4845	0.4874	0.4902	0.4930
21	**0.69**	0.4959	0.4987	0.5015	0.5044	0.5072	0.5101	0.5129	0.5158	0.5187	0.5215
22	**0.70**	0.5244	0.5273	0.5302	0.5330	0.5359	0.5388	0.5417	0.5446	0.5476	0.5505
23	**0.71**	0.5534	0.5563	0.5592	0.5622	0.5651	0.5681	0.5710	0.5740	0.5769	0.5799
24	**0.72**	0.5828	0.5858	0.5888	0.5918	0.5948	0.5978	0.6008	0.6038	0.6068	0.6098
25	**0.73**	0.6128	0.6158	0.6189	0.6219	0.6250	0.6280	0.6311	0.6341	0.6372	0.6403
26	**0.74**	0.6433	0.6464	0.6495	0.6526	0.6557	0.6588	0.6620	0.6651	0.6682	0.6713
27	**0.75**	0.6745	0.6776	0.6808	0.6840	0.6871	0.6903	0.6935	0.6967	0.6999	0.7031
28	**0.76**	0.7063	0.7095	0.7128	0.7160	0.7192	0.7225	0.7257	0.7290	0.7323	0.7356
29	**0.77**	0.7388	0.7421	0.7454	0.7488	0.7521	0.7554	0.7588	0.7621	0.7655	0.7688
30	**0.78**	0.7722	0.7756	0.7790	0.7824	0.7858	0.7892	0.7926	0.7961	0.7995	0.8030
31	**0.79**	0.8064	0.8099	0.8134	0.8169	0.8204	0.8239	0.8274	0.8310	0.8345	0.8381
32	**0.80**	0.8416	0.8452	0.8488	0.8524	0.8560	0.8596	0.8633	0.8669	0.8705	0.8742
33	**0.81**	0.8779	0.8816	0.8853	0.8890	0.8927	0.8965	0.9002	0.9040	0.9078	0.9116
34	**0.82**	0.9154	0.9192	0.9230	0.9269	0.9307	0.9346	0.9385	0.9424	0.9463	0.9502
35	**0.83**	0.9542	0.9581	0.9621	0.9661	0.9701	0.9741	0.9782	0.9822	0.9863	0.9904
36	**0.84**	0.9945	0.9986	1.0027	1.0069	1.0110	1.0152	1.0194	1.0237	1.0279	1.0322
37	**0.85**	1.0364	1.0407	1.0450	1.0494	1.0537	1.0581	1.0625	1.0669	1.0714	1.0758
38	**0.86**	1.0803	1.0848	1.0893	1.0939	1.0985	1.1031	1.1077	1.1123	1.1170	1.1217
39	**0.87**	1.1264	1.1311	1.1359	1.1407	1.1455	1.1503	1.1552	1.1601	1.1650	1.1700
40	**0.88**	1.1750	1.1800	1.1850	1.1901	1.1952	1.2004	1.2055	1.2107	1.2160	1.2212
41	**0.89**	1.2265	1.2319	1.2372	1.2426	1.2481	1.2536	1.2591	1.2646	1.2702	1.2759
42	**0.90**	1.2816	1.2873	1.2930	1.2988	1.3047	1.3106	1.3165	1.3225	1.3285	1.3346
43	**0.91**	1.3408	1.3469	1.3532	1.3595	1.3658	1.3722	1.3787	1.3852	1.3917	1.3984
44	**0.92**	1.4051	1.4118	1.4187	1.4255	1.4325	1.4395	1.4466	1.4538	1.4611	1.4684
45	**0.93**	1.4758	1.4833	1.4909	1.4985	1.5063	1.5141	1.5220	1.5301	1.5382	1.5464
46	**0.94**	1.5548	1.5632	1.5718	1.5805	1.5893	1.5982	1.6072	1.6164	1.6258	1.6352
47	**0.95**	1.6449	1.6546	1.6646	1.6747	1.6849	1.6954	1.7060	1.7169	1.7279	1.7392
48	**0.96**	1.7507	1.7624	1.7744	1.7866	1.7991	1.8119	1.8250	1.8384	1.8522	1.8663
49	**0.97**	1.8808	1.8957	1.9110	1.9268	1.9431	1.9600	1.9774	1.9954	2.0141	2.0335
50	**0.98**	2.0537	2.0749	2.0969	2.1201	2.1444	2.1701	2.1973	2.2262	2.2571	2.2904

附表 3 t 分布临界值表

利用 Excel 提供的统计函数“T.INV”，可以构建 t 分布临界值表，该表是根据 t 分布的右尾概率 α 计算的相应的临界值。如果 $P(t \geqslant x) = \alpha$ ，则对于任意给定的概率 $p(0 \leqslant \alpha \leqslant 1)$ ，可以求出相应的 x 。生成 t 分布临界值表的具体操作步骤如下。

第一步：将 t 分布自由度 df 的值输入到工作表 A 列，将右尾概率 α 的取值输入到第 1 行，形成 t 分布临界值表的表头，如下表所示。

	A	B	C	D	E	F	G	H
1	*df/α*	0.100	0.050	0.025	0.010	0.005	0.001	0.0005
2	1							
3	2							
4	3							
5	4							
6	5							
7	6							
8	7							
9	8							
10	9							
11	10							
12	11							
13	12							
14	13							
15	14							
16	15							
17	16							
18	17							
19	18							
20	19							
21	20							
22	21							
23	22							
24	23							
25	24							
26	25							
27	26							
28	27							
29	28							
30	29							
31	30							
32	31							
33	32							
34	33							
35	34							
36	35							
37	36							
38	37							
39	38							
40	39							
41	40							
42	41							
43	42							
44	43							
45	44							
46	45							

第二步：在 B2 单元格中输入公式“=T.INV（B$1,$A2＊-1）”，然后将其向下、向右复制即可得到 t 分布临界值表，部分结果如下表所示。

	A	B	C	D	E	F	G	H
1	***df/α***	**0.100**	**0.050**	**0.025**	**0.010**	**0.005**	**0.001**	**0.0005**
2	**1**	3.0777	6.3138	12.7062	31.8205	63.6567	318.3088	636.6192
3	**2**	1.8856	2.9200	4.3027	6.9646	9.9248	22.3271	31.5991
4	**3**	1.6377	2.3534	3.1824	4.5407	5.8409	10.2145	12.9240
5	**4**	1.5332	2.1318	2.7764	3.7469	4.6041	7.1732	8.6103
6	**5**	1.4759	2.0150	2.5706	3.3649	4.0321	5.8934	6.8688
7	**6**	1.4398	1.9432	2.4469	3.1427	3.7074	5.2076	5.9588
8	**7**	1.4149	1.8946	2.3646	2.9980	3.4995	4.7853	5.4079
9	**8**	1.3968	1.8595	2.3060	2.8965	3.3554	4.5008	5.0413
10	**9**	1.3830	1.8331	2.2622	2.8214	3.2498	4.2968	4.7809
11	**10**	1.3722	1.8125	2.2281	2.7638	3.1693	4.1437	4.5869
12	**11**	1.3634	1.7959	2.2010	2.7181	3.1058	4.0247	4.4370
13	**12**	1.3562	1.7823	2.1788	2.6810	3.0545	3.9296	4.3178
14	**13**	1.3502	1.7709	2.1604	2.6503	3.0123	3.8520	4.2208
15	**14**	1.3450	1.7613	2.1448	2.6245	2.9768	3.7874	4.1405
16	**15**	1.3406	1.7531	2.1314	2.6025	2.9467	3.7328	4.0728
17	**16**	1.3368	1.7459	2.1199	2.5835	2.9208	3.6862	4.0150
18	**17**	1.3334	1.7396	2.1098	2.5669	2.8982	3.6458	3.9651
19	**18**	1.3304	1.7341	2.1009	2.5524	2.8784	3.6105	3.9216
20	**19**	1.3277	1.7291	2.0930	2.5395	2.8609	3.5794	3.8834
21	**20**	1.3253	1.7247	2.0860	2.5280	2.8453	3.5518	3.8495
22	**21**	1.3232	1.7207	2.0796	2.5176	2.8314	3.5272	3.8193
23	**22**	1.3212	1.7171	2.0739	2.5083	2.8188	3.5050	3.7921
24	**23**	1.3195	1.7139	2.0687	2.4999	2.8073	3.4850	3.7676
25	**24**	1.3178	1.7109	2.0639	2.4922	2.7969	3.4668	3.7454
26	**25**	1.3163	1.7081	2.0595	2.4851	2.7874	3.4502	3.7251
27	**26**	1.3150	1.7056	2.0555	2.4786	2.7787	3.4350	3.7066
28	**27**	1.3137	1.7033	2.0518	2.4727	2.7707	3.4210	3.6896
29	**28**	1.3125	1.7011	2.0484	2.4671	2.7633	3.4082	3.6739
30	**29**	1.3114	1.6991	2.0452	2.4620	2.7564	3.3962	3.6594
31	**30**	1.3104	1.6973	2.0423	2.4573	2.7500	3.3852	3.6460
32	**31**	1.3095	1.6955	2.0395	2.4528	2.7440	3.3749	3.6335
33	**32**	1.3086	1.6939	2.0369	2.4487	2.7385	3.3653	3.6218
34	**33**	1.3077	1.6924	2.0345	2.4448	2.7333	3.3563	3.6109
35	**34**	1.3070	1.6909	2.0322	2.4411	2.7284	3.3479	3.6007
36	**35**	1.3062	1.6896	2.0301	2.4377	2.7238	3.3400	3.5911
37	**36**	1.3055	1.6883	2.0281	2.4345	2.7195	3.3326	3.5821
38	**37**	1.3049	1.6871	2.0262	2.4314	2.7154	3.3256	3.5737
39	**38**	1.3042	1.6860	2.0244	2.4286	2.7116	3.3190	3.5657
40	**39**	1.3036	1.6849	2.0227	2.4258	2.7079	3.3128	3.5581
41	**40**	1.3031	1.6839	2.0211	2.4233	2.7045	3.3069	3.5510
42	**41**	1.3025	1.6829	2.0195	2.4208	2.7012	3.3013	3.5442
43	**42**	1.3020	1.6820	2.0181	2.4185	2.6981	3.2960	3.5377
44	**43**	1.3016	1.6811	2.0167	2.4163	2.6951	3.2909	3.5316
45	**44**	1.3011	1.6802	2.0154	2.4141	2.6923	3.2861	3.5258
46	**45**	1.3006	1.6794	2.0141	2.4121	2.6896	3.2815	3.5203

附表 4 χ^2 分布临界值表

利用 Excel 提供的统计函数"CHISQ.INV.RT"，可以构建 χ^2 分布临界值表，该表是根据 χ^2 分布的右尾概率 α 计算的相应的临界值。如果 $P(\chi^2 \geqslant x)=\alpha$，则对于任意给定的概率 $p(0\leqslant\alpha\leqslant1)$，可以求出相应的 x。生成 χ^2 分布的临界值表的具体操作步骤如下。

第一步：将 χ^2 分布自由度 df 的值输入到工作表的 A 列，将右尾概率 α 的值输入到第 1 行，形成 χ^2 分布临界值表的表头，如下表所示。

	A	B	C	D	E	F	G	H	I	J	K
1	*df/α*	0.995	0.990	0.975	0.950	0.900	0.100	0.050	0.025	0.010	0.005
2	1										
3	2										
4	3										
5	4										
6	5										
7	6										
8	7										
9	8										
10	9										
11	10										
12	11										
13	12										
14	13										
15	14										
16	15										
17	16										
18	17										
19	18										
20	19										
21	20										
22	21										
23	22										
24	23										
25	24										
26	25										
27	26										
28	27										
29	28										
30	29										
31	30										
32	31										
33	32										
34	33										
35	34										
36	35										
37	36										
38	37										
39	38										
40	39										
41	40										
42	41										
43	42										
44	43										
45	44										
46	45										
47	46										

第二步：在 B2 单元格中输入公式“=CHISQ.INV.RT（B$1,$A2）”，然后将其向下、向右复制即可得到 χ^2 分布临界值表，部分结果如下表所示。

	A	B	C	D	E	F	G	H	I	J	K
1	***df/α***	**0.995**	**0.990**	**0.975**	**0.950**	**0.900**	**0.100**	**0.050**	**0.025**	**0.010**	**0.005**
2	**1**	0.0000	0.0002	0.0010	0.0039	0.0158	2.7055	3.8415	5.0239	6.6349	7.8794
3	**2**	0.0100	0.0201	0.0506	0.1026	0.2107	4.6052	5.9915	7.3778	9.2103	10.5966
4	**3**	0.0717	0.1148	0.2158	0.3518	0.5844	6.2514	7.8147	9.3484	11.3449	12.8382
5	**4**	0.2070	0.2971	0.4844	0.7107	1.0636	7.7794	9.4877	11.1433	13.2767	14.8603
6	**5**	0.4117	0.5543	0.8312	1.1455	1.6103	9.2364	11.0705	12.8325	15.0863	16.7496
7	**6**	0.6757	0.8721	1.2373	1.6354	2.2041	10.6446	12.5916	14.4494	16.8119	18.5476
8	**7**	0.9893	1.2390	1.6899	2.1673	2.8331	12.0170	14.0671	16.0128	18.4753	20.2777
9	**8**	1.3444	1.6465	2.1797	2.7326	3.4895	13.3616	15.5073	17.5345	20.0902	21.9550
10	**9**	1.7349	2.0879	2.7004	3.3251	4.1682	14.6837	16.9190	19.0228	21.6660	23.5894
11	**10**	2.1559	2.5582	3.2470	3.9403	4.8652	15.9872	18.3070	20.4832	23.2093	25.1882
12	**11**	2.6032	3.0535	3.8157	4.5748	5.5778	17.2750	19.6751	21.9200	24.7250	26.7568
13	**12**	3.0738	3.5706	4.4038	5.2260	6.3038	18.5493	21.0261	23.3367	26.2170	28.2995
14	**13**	3.5650	4.1069	5.0088	5.8919	7.0415	19.8119	22.3620	24.7356	27.6882	29.8195
15	**14**	4.0747	4.6604	5.6287	6.5706	7.7895	21.0641	23.6848	26.1189	29.1412	31.3193
16	**15**	4.6009	5.2293	6.2621	7.2609	8.5468	22.3071	24.9958	27.4884	30.5779	32.8013
17	**16**	5.1422	5.8122	6.9077	7.9616	9.3122	23.5418	26.2962	28.8454	31.9999	34.2672
18	**17**	5.6972	6.4078	7.5642	8.6718	10.0852	24.7690	27.5871	30.1910	33.4087	35.7185
19	**18**	6.2648	7.0149	8.2307	9.3905	10.8649	25.9894	28.8693	31.5264	34.8053	37.1565
20	**19**	6.8440	7.6327	8.9065	10.1170	11.6509	27.2036	30.1435	32.8523	36.1909	38.5823
21	**20**	7.4338	8.2604	9.5908	10.8508	12.4426	28.4120	31.4104	34.1696	37.5662	39.9968
22	**21**	8.0337	8.8972	10.2829	11.5913	13.2396	29.6151	32.6706	35.4789	38.9322	41.4011
23	**22**	8.6427	9.5425	10.9823	12.3380	14.0415	30.8133	33.9244	36.7807	40.2894	42.7957
24	**23**	9.2604	10.1957	11.6886	13.0905	14.8480	32.0069	35.1725	38.0756	41.6384	44.1813
25	**24**	9.8862	10.8564	12.4012	13.8484	15.6587	33.1962	36.4150	39.3641	42.9798	45.5585
26	**25**	10.5197	11.5240	13.1197	14.6114	16.4734	34.3816	37.6525	40.6465	44.3141	46.9279
27	**26**	11.1602	12.1981	13.8439	15.3792	17.2919	35.5632	38.8851	41.9232	45.6417	48.2899
28	**27**	11.8076	12.8785	14.5734	16.1514	18.1139	36.7412	40.1133	43.1945	46.9629	49.6449
29	**28**	12.4613	13.5647	15.3079	16.9279	18.9392	37.9159	41.3371	44.4608	48.2782	50.9934
30	**29**	13.1211	14.2565	16.0471	17.7084	19.7677	39.0875	42.5570	45.7223	49.5879	52.3356
31	**30**	13.7867	14.9535	16.7908	18.4927	20.5992	40.2560	43.7730	46.9792	50.8922	53.6720
32	**31**	14.4578	15.6555	17.5387	19.2806	21.4336	41.4217	44.9853	48.2319	52.1914	55.0027
33	**32**	15.1340	16.3622	18.2908	20.0719	22.2706	42.5847	46.1943	49.4804	53.4858	56.3281
34	**33**	15.8153	17.0735	19.0467	20.8665	23.1102	43.7452	47.3999	50.7251	54.7755	57.6484
35	**34**	16.5013	17.7891	19.8063	21.6643	23.9523	44.9032	48.6024	51.9660	56.0609	58.9639
36	**35**	17.1918	18.5089	20.5694	22.4650	24.7967	46.0588	49.8018	53.2033	57.3421	60.2748
37	**36**	17.8867	19.2327	21.3359	23.2686	25.6433	47.2122	50.9985	54.4373	58.6192	61.5812
38	**37**	18.5858	19.9602	22.1056	24.0749	26.4921	48.3634	52.1923	55.6680	59.8925	62.8833
39	**38**	19.2889	20.6914	22.8785	24.8839	27.3430	49.5126	53.3835	56.8955	61.1621	64.1814
40	**39**	19.9959	21.4262	23.6543	25.6954	28.1958	50.6598	54.5722	58.1201	62.4281	65.4756
41	**40**	20.7065	22.1643	24.4330	26.5093	29.0505	51.8051	55.7585	59.3417	63.6907	66.7660
42	**41**	21.4208	22.9056	25.2145	27.3256	29.9071	52.9485	56.9424	60.5606	64.9501	68.0527
43	**42**	22.1385	23.6501	25.9987	28.1440	30.7654	54.0902	58.1240	61.7768	66.2062	69.3360
44	**43**	22.8595	24.3976	26.7854	28.9647	31.6255	55.2302	59.3035	62.9904	67.4593	70.6159
45	**44**	23.5837	25.1480	27.5746	29.7875	32.4871	56.3685	60.4809	64.2015	68.7095	71.8926
46	**45**	24.3110	25.9013	28.3662	30.6123	33.3504	57.5053	61.6562	65.4102	69.9568	73.1661
47	**46**	25.0413	26.6572	29.1601	31.4390	34.2152	58.6405	62.8296	66.6165	71.2014	74.4365

附表 5 *F* 分布临界值表

利用 Excel 提供的统计函数“F.INV.RT”，可以构建 F 分布临界值表，该表是根据 F 分布的右尾概率 α 计算的相应的临界值。如果 $P(F \geqslant x) = \alpha$，则对于任意给定的概率 $p(0 \leqslant \alpha \leqslant 1)$，可以求出相应的 x。生成 F 分布临界值表的具体操作步骤如下。

第一步：在 B1 单元格输入 F 分布右尾概率 α 的取值（如 $\alpha = 0.05$），在第 2 行输入分子自由度 $df1$ 的值，在第 1 列输入分母自由度 $df2$ 的值，如下表所示。

	A	B	C	D	E	F	G	H	I	J	K
1	α	0.05									
2	df2/df1	1	2	3	4	5	6	7	8	9	10
3	1										
4	2										
5	3										
6	4										
7	5										
8	6										
9	7										
10	8										
11	9										
12	10										
13	11										
14	12										
15	13										
16	14										
17	15										
18	16										
19	17										
20	18										
21	19										
22	20										
23	21										
24	22										
25	23										
26	24										
27	25										
28	26										
29	27										
30	28										
31	29										
32	30										
33	31										
34	32										
35	33										
36	34										
37	35										
38	36										
39	37										
40	38										
41	39										
42	40										
43	41										
44	42										
45	43										
46	44										
47	45										
48	46										

第二步：在 B3 单元格中输入公式“=F.INV.RT（$B$1,$A3）”，然后将其向下、向右复制即可得到 F 分布临界值表，$\alpha = 0.05$ 时 F 分布临界值表的部分结果如下表所示。

	A	B	C	D	E	F	G	H	I	J	K
1	α	0.05									
2	df2/df1	1	2	3	4	5	6	7	8	9	10
3	1	161.448	199.500	215.707	224.583	230.162	233.986	236.768	238.883	240.543	241.882
4	2	18.513	19.000	19.164	19.247	19.296	19.330	19.353	19.371	19.385	19.396
5	3	10.128	9.552	9.277	9.117	9.013	8.941	8.887	8.845	8.812	8.786
6	4	7.709	6.944	6.591	6.388	6.256	6.163	6.094	6.041	5.999	5.964
7	5	6.608	5.786	5.409	5.192	5.050	4.950	4.876	4.818	4.772	4.735
8	6	5.987	5.143	4.757	4.534	4.387	4.284	4.207	4.147	4.099	4.060
9	7	5.591	4.737	4.347	4.120	3.972	3.866	3.787	3.726	3.677	3.637
10	8	5.318	4.459	4.066	3.838	3.687	3.581	3.500	3.438	3.388	3.347
11	9	5.117	4.256	3.863	3.633	3.482	3.374	3.293	3.230	3.179	3.137
12	10	4.965	4.103	3.708	3.478	3.326	3.217	3.135	3.072	3.020	2.978
13	11	4.844	3.982	3.587	3.357	3.204	3.095	3.012	2.948	2.896	2.854
14	12	4.747	3.885	3.490	3.259	3.106	2.996	2.913	2.849	2.796	2.753
15	13	4.667	3.806	3.411	3.179	3.025	2.915	2.832	2.767	2.714	2.671
16	14	4.600	3.739	3.344	3.112	2.958	2.848	2.764	2.699	2.646	2.602
17	15	4.543	3.682	3.287	3.056	2.901	2.790	2.707	2.641	2.588	2.544
18	16	4.494	3.634	3.239	3.007	2.852	2.741	2.657	2.591	2.538	2.494
19	17	4.451	3.592	3.197	2.965	2.810	2.699	2.614	2.548	2.494	2.450
20	18	4.414	3.555	3.160	2.928	2.773	2.661	2.577	2.510	2.456	2.412
21	19	4.381	3.522	3.127	2.895	2.740	2.628	2.544	2.477	2.423	2.378
22	20	4.351	3.493	3.098	2.866	2.711	2.599	2.514	2.447	2.393	2.348
23	21	4.325	3.467	3.072	2.840	2.685	2.573	2.488	2.420	2.366	2.321
24	22	4.301	3.443	3.049	2.817	2.661	2.549	2.464	2.397	2.342	2.297
25	23	4.279	3.422	3.028	2.796	2.640	2.528	2.442	2.375	2.320	2.275
26	24	4.260	3.403	3.009	2.776	2.621	2.508	2.423	2.355	2.300	2.255
27	25	4.242	3.385	2.991	2.759	2.603	2.490	2.405	2.337	2.282	2.236
28	26	4.225	3.369	2.975	2.743	2.587	2.474	2.388	2.321	2.265	2.220
29	27	4.210	3.354	2.960	2.728	2.572	2.459	2.373	2.305	2.250	2.204
30	28	4.196	3.340	2.947	2.714	2.558	2.445	2.359	2.291	2.236	2.190
31	29	4.183	3.328	2.934	2.701	2.545	2.432	2.346	2.278	2.223	2.177
32	30	4.171	3.316	2.922	2.690	2.534	2.421	2.334	2.266	2.211	2.165
33	31	4.160	3.305	2.911	2.679	2.523	2.409	2.323	2.255	2.199	2.153
34	32	4.149	3.295	2.901	2.668	2.512	2.399	2.313	2.244	2.189	2.142
35	33	4.139	3.285	2.892	2.659	2.503	2.389	2.303	2.235	2.179	2.133
36	34	4.130	3.276	2.883	2.650	2.494	2.380	2.294	2.225	2.170	2.123
37	35	4.121	3.267	2.874	2.641	2.485	2.372	2.285	2.217	2.161	2.114
38	36	4.113	3.259	2.866	2.634	2.477	2.364	2.277	2.209	2.153	2.106
39	37	4.105	3.252	2.859	2.626	2.470	2.356	2.270	2.201	2.145	2.098
40	38	4.098	3.245	2.852	2.619	2.463	2.349	2.262	2.194	2.138	2.091
41	39	4.091	3.238	2.845	2.612	2.456	2.342	2.255	2.187	2.131	2.084
42	40	4.085	3.232	2.839	2.606	2.449	2.336	2.249	2.180	2.124	2.077
43	41	4.079	3.226	2.833	2.600	2.443	2.330	2.243	2.174	2.118	2.071
44	42	4.073	3.220	2.827	2.594	2.438	2.324	2.237	2.168	2.112	2.065
45	43	4.067	3.214	2.822	2.589	2.432	2.318	2.232	2.163	2.106	2.059
46	44	4.062	3.209	2.816	2.584	2.427	2.313	2.226	2.157	2.101	2.054
47	45	4.057	3.204	2.812	2.579	2.422	2.308	2.221	2.152	2.096	2.049
48	46	161.448	199.500	215.707	224.583	230.162	233.986	236.768	238.883	240.543	241.882

参考文献

［1］贾俊平. 统计学[M]. 7 版. 北京：中国人民大学出版社，2018.

［2］曾五一. 统计学简明教程[M]. 2 版. 北京：中国人民大学出版社，2019.

［3］陈珍珍. 统计学[M]. 6 版. 厦门：厦门大学出版社，2018.

［4］邓力. 统计学原理[M]. 3 版. 北京：清华大学出版社，2020.

［5］田爱国. 统计学[M]. 北京：清华大学出版社，2019.

［6］梁前德. 统计学[M]. 3 版. 北京：高等教育出版社，2015.

［7］曾玉林. 统计学[M]. 长春：吉林大学出版社，2019.

［8］颜泳红，等. 统计学[M]. 2 版. 湘潭：湘潭大学出版社，2015.

［9］张琴. 统计学[M]. 成都：四川大学出版社，2017.